高职高专工学结合课程改革规划教材

交通职业教育教学指导委员会　　组织编写
交通运输管理专业指导委员会

Yunshu Guanli Shiwu
运输管理实务
（第二版）

吴毅洲　主　编
陈　涛　黄陆潮　副主编
毛晓辉　主　审

人民交通出版社

内 容 提 要

本书是高职高专工学结合、课程改革规划教材,是在各高等职业院校积极践行和创新先进职业教育思想和理念,深入推进"校企合作、工学结合"人才培养模式的大背景下,由交通职业教育教学指导委员会交通运输管理专业指导委员会根据新的教学标准和课程标准组织编写而成。

本书按照项目导向、任务驱动的教学模式,主要讲述了运输管理基础、公路货物运输、铁路货物运输、水路货物运输、航空货物运输、特殊货物运输、运输商务处理与风险防范、绿色运输等内容。书中内容深入浅出,紧贴运输管理实际业务。

本书可作为高职高专院校物流管理、公路运输与管理、连锁经营管理及相关管理类专业的教学用书,也可作为物流企业管理人员和社会从业人员的业务参考书及培训用书。

图书在版编目(CIP)数据

运输管理实务/吴毅洲主编.--2版.--北京:
人民交通出版社,2012.6
高职高专工学结合课程改革规划教材
ISBN 978-7-114-09909-0

Ⅰ.①运… Ⅱ.①吴… Ⅲ.①物流—货物运输—管理—高等职业教育—教材 Ⅳ.①F252

中国版本图书馆 CIP 数据核字(2012)第 142025 号

高职高专工学结合课程改革规划教材

书　　名:	运输管理实务(第二版)
著 作 者:	吴毅洲
责任编辑:	夏　迎
出版发行:	人民交通出版社股份有限公司
地　　址:	(100011) 北京市朝阳区安定门外外馆斜街 3 号
网　　址:	http://www.ccpress.com.cn
销售电话:	(010) 59757973
总 经 销:	人民交通出版社股份有限公司发行部
经　　销:	各地新华书店
印　　刷:	北京市密东印刷有限公司
开　　本:	787×1092　1/16
印　　张:	15.75
字　　数:	361 千
版　　次:	2007 年 7 月　第 1 版 2012 年 7 月　第 2 版
印　　次:	2016 年 12 月　第 2 版　第 2 次印刷　总第 4 次印刷
书　　号:	ISBN 978-7-114-09909-0
印　　数:	8001-10000 册
定　　价:	45.00 元

(有印刷、装订质量问题的图书由本社负责调换)

高职高专工学结合课程改革规划教材

编审委员会

主　　任：鲍贤俊（上海交通职业技术学院）

副主任：施建年（北京交通运输职业学院）

专　　家（按姓氏笔画排序）：

孔祥法（上海世纪出版股份有限公司物流中心）　　刘　念（深圳职业技术学院）

严南南（上海海事大学高等技术学院）　　杨志刚（上海海事大学交通运输学院）

逄诗铭（招商局物流集团易通公司）　　贾春雷（内蒙古大学交通职业技术学院）

顾丽亚（上海海事大学交通运输学院）　　黄君麟（云南交通职业技术学院）

薛　威（天津交通职业学院）

委　　员（按姓氏笔画排序）：

毛晓辉（山西交通职业技术学院）　　石小平（湖北交通职业技术学院）

刘德武（四川交通职业技术学院）　　向吉英（深圳职业技术学院）

孙守成（武汉交通职业学院）　　曲学军（吉林交通职业技术学院）

朱亚琪（青海交通职业技术学院）　　祁洪祥（南京交通职业技术学院）

许小宁（云南交通职业技术学院）　　严石林（湖北交通职业技术学院）

吴吉明（福建船政交通职业学院）　　吴毅洲（广东交通职业技术学院）

李建丽（河南交通职业技术学院）　　李艳琴（浙江交通职业技术学院）

肖坤斌（湖南交通职业技术学院）　　武　钧（内蒙古大学交通职业技术学院）

范爱理（安徽交通职业技术学院）　　赵继新（广西交通职业技术学院）

郝晓东（上海交通职业技术学院）　　袁炎清（广州航海高等专科学校）

阎叶琛（陕西交通职业技术学院）　　黄　浩（江西交通职业技术学院）

黄碧蓉（云南交通职业技术学院）　　程一飞（上海交通职业技术学院）

楼伯良（上海交通职业技术学院）　　谭任绩（湖南交通职业技术学院）

秘　　书：

任雪莲（人民交通出版社）

序

为了适应我国高职高专教育发展及其对教育改革和教材建设的需要,在全国交通职业教育教学指导委员会的指导下,根据 2011 年颁布的交通运输类主干专业《物流管理专业教学标准与课程标准》(适应于高等职业教育),我们组织高职高专教学第一线的优秀教师和企业专家合作编写物流管理专业系列教材(第二版),其中部分作者来自国家级示范性职业院校。

为了做好此项工作,2011 年 8 月 5~8 日在青海省西宁市召开了全国交通教育交通运输管理专业指导委员会工作扩大会议,启动了新一轮规划教材的建设工作,邀请物流企业的专家共同参与教材建设(原则上要求副主编由企业专家担任),采取主编负责制。为了保证本套教材的出版质量,我们在全国范围内选聘成立"高职高专工学结合课程改革规划教材编审委员会",确定了编写 5 门核心课程和 12 门专门化方向课程的教材主编、副主编和参编。2011 年 9 月 23~25 日在北京召开了由全国交通教育交通运输管理专业指导委员会主办、人民交通出版社承办的高职物流管理专业教材编写大纲审定会议,编审委员会审议通过了 17 种教材的编写大纲以及具体编写进度要求。2012 年 3 月 23 日、5 月 4 日、5 月 5 日在上海分三批对 17 种教材进行了审稿、定稿。本套教材按照"任务引领、项目驱动、能力为本"的原则编写,突出应用性、针对性和实践性的特点,并重组系列教材结构,力求反映高职高专课程和教学内容体系改革方向,反映当前物流企业的新理念、新技术、新工艺和新方法,注重理论知识的应用和实践技能的培养,在兼顾理论和实践内容的同时,避免片面强调理论知识的系统性,理论知识以应用为目的,以必需、够用为尺度,尽量体现科学性、先进性和广泛性,以利于学生综合素质的形成和科学思维方式与创新能力的培养。

本套教材包括:《物流信息技术应用》《运输管理实务》《仓储管理实务》《物流市场营销技术》《供应链管理实务》5 门专业核心课程教材,《集装箱运输实务》《货物配送实务》《国际货运代理》《物料采购与供应管理》等 12 门专门化方向课程教材。突出以就业为导向、以企业工作需求为出发点的职业教育特色。在内容上,注重与岗位实际要求紧密结合,与职业资格标准紧密结合;在形式上,配套提供多媒体教学课件,作为教材的配套资料挂到人民交通出版社网站供读者下载。本套教材既可满足物流管理专业人才培养的需要,也可供物流企业管理和技术人员阅读,还可作为在职人员的培训教材。

交通职业教育教学指导委员会
交通运输管理专业指导委员会
2012 年 5 月

前言 PREFACE

运输是物流过程的主要功能要素之一,是物流过程各项业务的中心活动,也是物流成本中耗费比较大的一个环节。在科学技术不断进步、生产的社会化和专业化程度不断提高的今天,一切物质产品的生产和消费都离不开运输,有效的运输管理可以为物流企业节省大量的成本,如运输线路的设计与优化、运输车辆的选择和装载以及对车队工作人员如驾驶员、装卸工的有效监督和绩效考核等。因此,搞好物流中的运输管理环节,实现合理化运输,对降低物流成本,加快物资流动的速度,提高物流运作效率,帮助企业获得更大的收益有着重要意义。

本书是高职高专工学结合、课程改革规划教材,是在各高等职业院校积极践行和创新先进职业教育思想和理念,深入推进"校企合作、工学结合"人才培养模式的大背景下,由交通职业教育教学指导委员会交通运输管理专业指导委员会根据新的教学标准和课程标准组织编写而成。

为了实现交通高职教育人才培养目标,适应物流行业发展,在基于对物流企业进行充分调研的基础上编写了本教材。全书详细讲述了作为一名物流运输管理人员所必须掌握的各种物流运输方式业务流程和技能,包括公路货物运输、铁路货物运输、水路货物运输、航空货物运输、特殊货物运输等内容,并对运输过程中的风险防范、绿色运输问题进行了介绍。

本教材在编写过程中,突出以下特点。

(1)与物流企业紧密合作,充分汲取物流企业一线操作人员对教材内容的选取意见,以典型工作活动与任务为主线,确定运输管理活动与任务,构建课程内容,确定课程目标。

(2)以实际案例为背景导入,将运输管理业务与实际工作过程相结合,通过引导思路布置学习任务,以介绍运输管理的实务操作为主线,强调职业技术能力的培养,使学生能尽快熟悉运输业务管理的工作环境,掌握作业要求和工作流程。

(3)采用情境化为导向的工作过程来组织学习内容,通过教、学、做"三位一体"的模式,理论与实践相结合,突出职业能力与素质的培养,教学组织更贴近实际工作过程,突出教材的实用性与可操作性,能够更好地适应高职高专层次的教学需要。

本书由吴毅洲担任主编,陈涛、黄陆潮担任副主编。具体分工为:广东交通职业技术学院吴毅洲编写任务一和任务二,河南交通职业技术学院靖娅青编写任务三,河南交通职业技术学院付索芝编写任务四,云南交通职业技术学院明景恕编写任务五,广东交通职业技术学院陈涛编写任务六,广东交通职业技术学院宋雷编写任务七,四川交通职业技术学院殷涛编写任务八。佛山市汽车运输集团有限公司黄陆潮参加了任务二和任务六的编写,广州长运全程物流有限公司郁勇参加了任务七的编写。全书由吴毅洲、陈涛负责统稿,山西交通职业技术学院毛晓辉担任主审。

本书在编写过程中借鉴了国内外许多专家学者的观点,参阅和引用了许多论著及报纸、杂志、网站的文献资料,在此我们谨向这些文献资料的作者以及专家学者表示衷心的感谢。

由于编者水平有限,加之编写时间仓促,书中难免存在疏漏和不足之处,恳请广大同行和读者批评指正,以便修订时完善。

编　者
2012 年 4 月

目 录 CONTENTS

任务一 运输管理基础 ········· 1
- 项目一 运输市场 ········· 2
- 项目二 运输合理化 ········· 10
- 项目三 运输与物流的关系 ········· 15

任务二 公路货物运输 ········· 19
- 项目一 公路货物运输的设施与设备 ········· 20
- 项目二 公路货物运输作业 ········· 23
- 项目三 公路货物运价 ········· 32
- 项目四 公路货物运输企业绩效评估 ········· 38

任务三 铁路货物运输 ········· 44
- 项目一 铁路货物运输设备与设施 ········· 45
- 项目二 铁路货物运输方式 ········· 49
- 项目三 铁路货物运输业务流程 ········· 54
- 项目四 铁路货物运输单证 ········· 61

任务四 水路货物运输 ········· 70
- 项目一 水路运输设备与设施 ········· 71
- 项目二 江河货物运输 ········· 81
- 项目三 远洋货物运输 ········· 86

任务五 航空货物运输 ········· 102
- 项目一 航空货物运输方式 ········· 103
- 项目二 航空货物运输业务流程 ········· 108
- 项目三 国际航空货运单证 ········· 123

任务六 特殊货物运输 ········· 134
- 项目一 危险货物运输 ········· 136
- 项目二 超限货物运输 ········· 142
- 项目三 鲜活易腐货物运输 ········· 145

任务七 运输商务处理与风险防范 ········· 154
- 项目一 运输商务谈判 ········· 156
- 项目二 运输合同及管理 ········· 166
- 项目三 货物运输风险防范 ········· 176

任务八　绿色运输 ……………………………………………………………………… 189
　　项目一　绿色运输基础 ……………………………………………………………… 191
　　项目二　绿色运输的影响因素及实现途径 ………………………………………… 208
　　项目三　绿色运输评价 ……………………………………………………………… 221
附录　技能训练评价表 ……………………………………………………………… 239
参考文献 ……………………………………………………………………………… 240

任务一 运输管理基础

内容简介

运输是国民经济运行的基础,是物流最基本的功能和关键性的活动。各级物流从业人员掌握货物运输管理专业知识,运用适当的管理理论和管理方法,有利于运输工作水平和工作效率的提高。本任务是运输管理基础,共分三个项目,分别对运输市场、运输合理化、运输和物流的关系进行学习。

教学目标

1. 知识目标
(1) 了解运输市场的构成及特征
(2) 了解影响运输需求和运输供给的主要因素
(3) 理解运输需求、供给曲线
2. 技能目标
(1) 能对运输市场变化的影响因素进行分析
(2) 能运用运输需求弹性相关理论,分析运价的变化对运输需求的影响

案例导入

2010 年中国货物运输周转量达到 137329 亿吨公里

2010 年我国全年货物运输总量 320.3 亿吨,比 2009 年增长 13.4%,货物运输周转量 137329 亿吨公里,增长 12.4%。2010 年各种运输方式完成货物运输量及其增长率如表 1-1 所示。

2010 年各种运输方式完成货物运输量及其增长率 表 1-1

指　　标	单　位	绝　对　数	较 2009 年增长率(%)
货物运输总量	亿吨	320.3	13.4
铁路	亿吨	36.4	9.3
公路	亿吨	242.5	14.0
水路	亿吨	36.4	14.0
民航	万吨	557.4	25.1
管道	亿吨	4.9	10.3
货物运输周转量	亿吨公里	137329.0	12.4
铁路	亿吨公里	27644.1	9.5
公路	亿吨公里	43005.4	15.6
水路	亿吨公里	64305.3	11.7
民航	亿吨公里	176.6	39.9
管道	亿吨公里	2197.6	8.7

2010年规模以上港口完成货物吞吐量80.2亿吨,比2009年增长15.0%,其中外贸货物吞吐量24.6亿吨,增长13.6%。港口集装箱吞吐量14500万标准箱,增长18.8%。

(资料来源:《中华人民共和国2010年国民经济和社会发展统计公报[1]》)

引导思路

(1) 运输在国民经济中的地位和作用是什么?
(2) 促使2010年中国运输需求量增长的因素有哪些?

项目一 运输市场

教学要点

(1) 对公路、铁路、航空、水路和管道运输市场进行实地调研
(2) 分组讨论公路、铁路、航空、水路和管道运输市场的特征
(3) 总结公路、铁路、航空、水路和管道运输市场的共性特征
(4) 总结影响运输需求和运输供给的因素并进行运输供需弹性分析

教学方法

可采用案例教学和分组讨论等方法。

一、情 景 设 置

运输交易与一般的商品交易不同,一般的商品交易只涉及买方和卖方,而运输交易往往受到多方的影响,物流运输市场是多层次、多要素的集合体。随着燃料价格的提高,运输成本增加,道路运输企业不得不调高货物的运价,运价的提高导致货源的萎缩,道路运输企业业务量的减少。请问如果你是道路运输企业业务经理,你怎样处理运价和业务量的关系?

二、技能训练目标

能对运输市场变化的影响因素进行分析,并运用运输需求弹性相关理论,分析运价的变化对运输需求的影响。

三、相关理论知识

(一) 运输市场的构成与特征

1. 运输市场的构成

运输交易与一般的商品交易不同,一般的商品交易只涉及买方和卖方,而运输交易往往受到四方的影响。物流运输市场是多层次、多要素的集合体,其构成可分为以下四个方面。

(1)物流运输服务需求方,是指物流运输服务的需求者,例如居民、生产企业、销售企业等。

(2)物流运输服务供给方,是指提供物流运输服务的经营者,包括公路运输企业、铁路运输企业、航空运输企业、水路运输企业等。

(3)中介方,是指在物流运输服务需求方与物流运输服务供给方之间,起到连接作用的服务性的个人及组织,例如货运代理公司、经纪人、信息咨询公司等。

(4)政府方,是指与运输有关的政府机构和各级交通运输管理部门。政府方代表国家和公众利益对物流运输市场进行监督、管理、调控,包括铁道部、交通运输部、各省交通运输厅等交通运输主管部门,以及财政、金融、税务、海关、工商、物价等部门和机构。

在物流运输市场中,需求方、供给方、中间方直接从事着客货运服务的生产和交换活动,属于市场行为主体。政府方以管理、监督、调控者的身份出现,不参与市场主体的决策过程,主要通过法律手段和必要的行政手段,制订物流运输市场运行的一般准则,起到规范物流运输市场的作用,并约束各个市场主体的行为,使物流运输市场有序运行。

2.运输市场的特征

运输市场是整个市场体系中的一个重要组成部分,由于运输生产过程、运输需求过程及运输产品的特殊性,物流运输市场除具有一般商品市场的共性外,也具有区别于其他商品市场的特殊性。它具有第三产业服务性市场的特征,这些特征表现如下。

(1)运输产品的生产、交换、消费的同步性。在其他商品市场上,商品的生产、交换和消费过程都是相对独立存在的,商品的购买、出售、消费构成一个整体循环过程,并分为相对独立的三个阶段。而物流运输市场则不同,运输产品的生产过程和消费过程是整合在一起的。在运输生产过程中,劳动者不是作用于运输对象,而是作用于运输工具。货物和运输工具是一起运行的,并且,是随着运输工具的场所变动而改变所在位置的。由于运输所创造的产品在生产过程中同时被消费掉,因此不存在任何可以存储、转移或调拨的运输"产成品"。同时运输产品又具有矢量的特征,不同的到站和发站之间的运输形成不同的运输产品,它们之间不能相互替代。因此运输劳务的供给只能表现在特定时空的运输能力之中,不能靠储存或调拨运输产品的方式来调节市场供求关系。

(2)运输市场的非固定性。物流运输市场所提供的运输产品具有服务性产业的特点,不像其他工农业产品市场可以在约定地点进行现场交易,完成商品的交换过程,而物流运输市场很难使运输交换过程在固定的约定地点完全实现。运输活动在开始提供时只是一种"承诺",即以运单、货票或运输合同等作为契约保证,随着运输生产过程的进行,通过一定时间和空间的延伸,在运输生产过程结束时,才将货物位移的实现所带来的运输劳务全部提供给运输需求者。整个市场交换行为,并不局限一时一地,具有较强的广泛性、连续性和区域性。如水路物流运输市场是由港口和水路线路在很大的范围内组成的,其生产和交换实质上是在线路上完成的。虽然水路运输过程中有起讫港口和中间港口,并且在各港口装卸货物和上下旅客,但这只是全部交换活动的一部分。离开了线路,就不能实现运输劳务交换,所以物流运输市场具有显著的非固定性。

(3)运输需求的多样性及波动性。运输活动以运输劳务的形式服务于社会,服务到运输需求的各个单位、组织或个人。由于运输需求者的经济条件、需求习惯、需求趋向等多方面存在比较大的差异,必然会对运输劳务或运输活动过程提出各种不同的要求,从而使运输需求呈现出多样性的特点,其主要表现在以下四个方面:

①及时性要求:按时或迅速将货物送达目的地;
②便捷性要求:要求托运货物、提取货物容易方便;
③经济性要求:要求在满足客户运输服务的情况下,做到便宜经济;
④安全性要求:要求在提供运输服务的同时,保证货物的安全。

另外,由于社会商品很多具有季节性的特点,因此货物运输需求也有季节性波动。特别是水果、蔬菜、饮料等产品的运输需求季节性十分明显。而正是由于运输产品无法储存的特点,在这些时候运输供需平衡难以实现,所以呈现较大的波动性。

(4)运输供给的分散性。我国物流运输单位之间关联的程度是比较小的,运输企业之间各自为政,缺乏系统的整体规划与协调,存在不平等的竞争关系,以及存在各种运输方式的不同运输企业,具有不同的经济成分和经济结构等。

(5)运输市场容易形成垄断。物流运输市场容易形成垄断的特征表现在两个方面。一方面,运输业的一定发展阶段,某种运输方式往往会在物流运输市场上形成较强的垄断势力。这主要是因为自然条件和生产力发展水平所决定的。例如,曾经许多国家都以水路运输为主,占据了多年的统治地位,其后铁路又在相当长时期成为运输业的霸主。另一方面是指运输业具有自然垄断的特征。即因历史原因、政策原因和需要巨大初期投资原因使其他竞争者不易进入市场而容易形成垄断,如我国的铁路运输。物流运输市场上出现的市场垄断力量使物流运输市场偏离完全竞争市场的要求,因此各国政府都对物流运输市场加强了监管。

(6)运输市场受到企事业单位内部运输力量的潜在威胁。许多企事业单位都组建有自己的车队或船队,有的甚至还拥有自己的铁路线路和机车车辆,这些运输力量平时主要为本企业的生产服务。但是,它们随时都有可能进入物流运输市场参与竞争,是一支不可忽视的经济力量。

(二)运输需求与运输供给分析

1. 影响运输需求的主要因素

(1)工农业生产的发展。一个国家的主要任务是发展国民经济,而国民经济的主要内容则是工农业生产。工农业生产发展了,那么对运输的需求就增加了,运输业也随之得到了发展。

(2)国际贸易的增加。随着国家进一步对外开放,国家的对外贸易量也迅速增加,并增加了对运输的需求。

(3)国家的经济政策。国家经济政策对运输需求的影响主要表现在政府对经济的扶持与干预,例如,国家为了发展某一产业,对该产业采取扶持的政策,降低贷款利率或减免税收,又例如,国家为了促进经济的发展,扩大住房建设和加大对交通设施的投入等。这些都会影响对运输的需求。

(4)自然因素。自然因素主要是农产品及其他季节性产品在不同的季节里,对运输有着不同的需求。

(5)地理因素。地理因素主要指资源的地理分布不平衡,由于资源在全球分布都不均,为了适应生产和消费的需要,必然产生在地理位置上的运输需求。

(6)社会交流和文化旅游活动。随着经济收入的提高和社会交流的发展,因经济活动、访友和旅游的需要,必然引起对运输的需求。

2. 影响运输能力供给的主要因素

(1)国家经济发展状况。一个国家的经济发展状况必然会影响运输工具的建设要求。国家工农业发展迅速,经济建设高速发展,运输的需求就会增加,相应的运输供给量也会增加。

(2)政策的倾斜方向。国家以能源、交通为重点,则对运输业的发展有利。如我国目前铁路、公路和航空运输建设的投资很大,运输能力迅速增加,已经适应了国民经济发展的要求。

(3)运输工具造价与科技发展。由于机车车辆制造业、造船业、汽车工业以及航空工业的技术进步,使运输工具成本降低,技术更精,质量更好,必然会吸引大量订单,促进运输业的发展。如果成本高,从经济利益考虑势必减少订单量,这是影响运输供给的主要因素。

(4)军事需要。包括铁路车辆、商船和民航飞机在内的各种运输工具,都是一国战时军事力量的补充。

(三)运输需求与运输供给弹性

1. 运输需求弹性

货物运输市场需求是指拥有一定货运量的全体需求者,在不同的运价下对运输工具的需求量。只要在每一运价条件下,求出所有需求者需求量的总和,即可求得市场总需求量。现列出需求表1-2,并给出需求函数计算方法如公式(1-1)。

已知: $$Q_D = f(P)$$
用反函数表示: $$P = \varphi(Q_D) \quad (1-1)$$

式中:P——运价;

Q_D——需求量。

市场需求表　　表1-2

运价(P)	甲需求量($Q_甲$)	乙需求量($Q_乙$)	丙需求量($Q_丙$)	市场需求量(Q_D)
50	2	1	3	6
40	4	2	5	11
30	8	3	7	18
20	14	6	11	31
10	21	11	14	36

在一般情况下,若运输市场运价下跌,需求者对运输工具的需求将会增加,反之则减少。需求的变动是指运价以外其他条件发生变动而导致整条需求曲线的变动,如图1-1所示。

需求量的变动是指需求者对于某种运输工具的需求量因运价涨落而发生的变化,其变动是沿一条既定的需求曲线从其一点移至另一点,如图1-2所示。

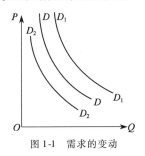

图1-1　需求的变动

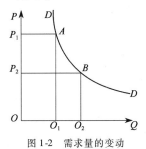

图1-2　需求量的变动

用弹性系数可以较好地反映出运价变动而引起的需求量变化的程度,计算方法如公式(1-2)。

$$运输需求弹性系数 = \frac{需求量变化的百分比}{运价变化的百分比}$$

即:
$$E = \frac{\Delta Q/Q}{\Delta P/P} = \frac{\Delta QP}{\Delta PQ} \tag{1-2}$$

如果运价变化同需求量变化处于相反方向,则弹性系数符号为负号,应根据E的绝对值是大于1、小于1或等于1来采取不同的价格策略,以提高企业的经济效益。若$|E|>1$,则采取降价来提高企业经济效益;若$|E|<1$,则采取提价来提高企业经济效益;若$|E|=1$,则采取提价与降价的方法都不影响企业的经济效益。

货运需求的价格弹性往往取决于货物的价值,价值小的货物,价格弹性较大,价值大的货物,因运价所占比重很小,故价格弹性较小。价格弹性的大小还同货物的季节性以及市场的状况有关,当某种货物急于上市推销,或某种货物不能久存时,货主情愿选择运价高但速度快的运输方式,尽快地把货物运往市场,而不去选择运价低、速度慢的运输分式,以免错失市场机会。

2. 运输供给弹性

运输供给的表示方法与运输需求相同,也可用供给表、供给函数及供给曲线来表示,供给曲线如图1-3所示。

运输供给曲线是一条由左下方向右上方延伸的平滑油线,线上任何一点表示着一定运价与一定运力供给量的关系。在一般情况下,运价上涨,运力供给量增加;运价下跌,运力供给量减少。我们把因运价的涨落而引起供给量的增减称为供给法则。

若因运价以外的其他条件所发生的变化,使整条供给曲线向右或向左移动,如图1-4所示,表示供给发生变化。

供给量的变动是由于运价的变化所引起的供给量的增加或减少。这种增减是在同一供给曲线上某一点的移动。如图1-5所示,$S'S'$为供给曲线,由A点移至B点,其供给量OQ_1增至OQ_2,是因为价格由OP_2上涨至OP_1。

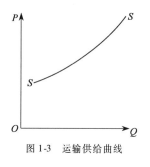

图1-3 运输供给曲线

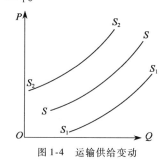

图1-4 运输供给变动

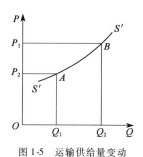

图1-5 运输供给量变动

四、技能训练准备

(1)确定要调研的公路、铁路、航空、水路和管道运输市场,并取得相关运输市场管理方的允许;

(2)将学生分为5组,每个小组选一名组长;

(3)将公路、铁路、航空、水路和管道运输市场的调研任务分配给不同的小组;
(4)教师对学生进行调研安全教育、布置调研的任务;
(5)给学生一份调查问卷的范例,学生根据本组的调查任务设计一份调查问卷;
(6)训练时间安排:4学时。

运输市场调查问卷范例

请逐项填写如下问卷,对于选择题请在选项字母上画"√"。

1. 运输市场基本信息:

运输市场名称:_____

经营单位名称:_____

通信地址:_____ 邮编:_____

网址:_____

法定代表人:_____ 联系人:_____ 手机号码:_____

电话:_____ 传真:_____ 电子邮件:_____

2. 贵运输市场地理位置邻近(可多选):

 A. 高速公路(请注明距离:_____)

 B. 国道(请注明距离:_____)

 C. 铁路(请注明距离:_____)

 (是否有铁路专用线接入? C_1. 是 C_2. 否)

 D. 机场(请注明距离:_____)

 E. 码头(请注明距离:_____)

 F. 港口(请注明距离:_____)

 G. 海关(请注明距离:_____)

 H. 工业园区(请注明距离:_____)

 I. 高科技产业开发园区(请注明距离:_____)

 J. 经济技术开发区(请注明距离:_____)

 K. 保税区(请注明距离:_____)

 L. 其他(请注明):_____

3. 贵运输市场的物流服务能力:

 A. 2005年

货物吞吐能力:_____(t/年)或_____(集装箱 TEU/年);

物流商品价值:_____(万元/年)。

 B. 2006年

货物吞吐能力:_____(t/年)或_____(集装箱 TEU/年);

物流商品价值:_____(万元/年)。

 C. 2007年

货物吞吐能力:_____(t/年)或_____(集装箱 TEU/年);

物流商品价值:_____(万元/年)。

4. 在贵运输市场中流转的商品种类主要有(可多选):

 A. 钢材   B. 有色金属   C. 建材

 D. 食品   E. 家电   F. 日用品

G. 煤炭 H. 农产品 I. 水产品
J. 集装箱 K. 其他(请注明):_____

5. 企业选择贵运输市场的原因是(请按重要性排序):_____
   A. 园区品牌好 B. 优惠条件 C. 交通方便
   D. 交易条件好 E. 租金便宜 F. 配套设施齐全,服务质量高
   G. 其他(请注明):_____

6. 影响企业选择贵运输市场的主要原因是(请按重要性排序):_____
   A. 本地物流企业发展不具规模 B. 租金太贵
   C. 离市中心太远,人员上班不方便 D. 配套设施太差
   E. 管理水平落后 F. 迁入费用昂贵
   G. 其他(请注明):_____

7. 贵运输市场在发展过程中遇到过的阻力主要有(请按重要程度排序):_____
   A. 战略定位不明确 B. 规划不充分 C. 地理位置不理想
   D. 没有优惠政策 E. 审批困难 F. 资金不能及时到位
   G. 配套设施没有及时跟上 H. 招商困难
   I. 征地困难 J. 功能单一 K. 通关不便
   M. 其他(请注明):_____

8. 贵运输市场是否有信息系统及相关设施?
   A. 无
   B. 有(投资_____万元人民币)
   其中,开发方式是什么?
   B_1. 自行开发 B_2. 委托定制开发 B_3. 外购成熟产品
   B_4. 其他(注明):_____

9. 贵运输市场典型的设施、设备主要有(可多选):
   A. 集装箱作业系统 B. 立体仓库 C. 冷库
   D. 危险品专用库 E. 条码或射频识别设备(RFID)
   F. 计算机网络系统
   G. 其他(请注明):_____
   H. 入住企业自有车辆:_____(台) 整合利用社会车辆资源:_____(台)

说明:此调查问卷只是提供参考,各组应根据调研的任务设计符合此次调研任务的调查问卷

五、技能训练步骤

(1) 以组为单位,设计一份调查问卷;
(2) 实地调研;
(3) 以组为单位完成调研运输市场的特征分析;
(4) 每组派一位代表对此次调研的过程及成果制作成PPT,与其他组进行分享。

六、技能训练注意事项

(1) 调查问卷设计合理、调查内容真实、填写认真;
(2) 对本组调研的运输市场的特征分析正确;
(3) PPT制作认真、汇报清楚。

七、技能训练评价

请完成技能训练后填写附录一。

八、技能训练活动建议

建议组织学生到中型运输市场进行参观、调研。

思考练习

1. 简答题
(1) 运输市场有哪几个方面构成?
(2) 运输市场的特征有哪些?
(3) 影响运输需求的主要因素有哪些?
2. 案例分析题

开通"绿色通道"广西采取多项措施保障香蕉运输

2009年广西出现了"香蕉丰收,低价难卖蕉农急",每斤低至0.2元的现象。据广西壮族自治区水果生产技术指导总站统计,2009年广西香蕉种植总面积达110多万亩,预计香蕉总产量达210万t,比2008年增加84.5%。由于大批香蕉集中成熟,且不宜久存,但北方大雪,交通受阻,南下收购香蕉的车辆减少。目前,广西香蕉销售形势不佳,据相关人士预计,全区仍有90多万t香蕉滞销。广西壮族自治区交通部门采取多项有力措施解决因我国部分地区遭遇大雪而造成的广西香蕉运输不畅的问题。

主要措施有:加强对区内高速公路、干线公路,尤其是对香蕉产地以及外运所经过公路的养护巡查工作,发现隐患及时排除,确保产地运输畅通;继续开通广西鲜活农产品运输"绿色通道",全自治区各收费站对运输香蕉等鲜活农产品的车辆一律免费通行,确保合法装载运输香蕉等农产品的车辆优先、快速通行;对运输香蕉产品的车辆,超限在政策规定范围内的不予处罚和卸载,经教育后放行;要求各市道路运输管理机构做好运力储备,确保香蕉农产品随到随送;致函湖南、湖北、贵州、四川等有关省区交通运输管理部门,对运输广西香蕉产品的车辆请求给予优先放行;积极协助广西壮族自治区政府协调香蕉运输线路所经省份,对广西香蕉运输提供最大通行便利。

(资料来源:新华网广西频道.经作者整理)

分组讨论回答以下问题:
(1) 运输的功能是什么?

（2）运输具有哪些作用？
（3）运输的影响因素有哪些？

项目二　运输合理化

教学要点

（1）将学生分为 5～8 组，每组利用网络搜集一个公路货物运输的案例
（2）分组讨论在案例中运输公司在运输管理方面做得合理及不合理的方面
（3）总结运输合理化的五个要素，不合理运输的表现形式，实施运输合理化的途径

教学方法

可采用讲授和分组讨论等方法。

一、情景设置

运输合理化就是在保证物资流向合理的前提下，在整个运输过程中，确保运输质量，以适宜的运输工具、最少的运输环节、最佳的运输线路、最低的运输费用将物资运至目的地。小张在某物流公司的超商部工作，负责公司车辆的调度。超商部主要负责某市几十家超市的商品配送工作，每天所要配送的超市都不完全相同。有时货物不能按时配送到超市，经常遭到客户的投诉，驾驶员也抱怨配送路线不合理，多走了路程耽误了时间。如果你是小张，你怎样规划配送线路呢？

二、技能训练目标

能够对运输合理化提出建议。

三、相关理论知识

（一）运输合理化的五要素

1. 运输合理化的意义

（1）运输合理化可以充分利用运输能力，提高运输效率，促进各种运输方式的合理分工，以最小的社会运输劳动消耗，及时满足国民经济的运输需要。

（2）运输合理化可以使货物走最合理的路线，经最少的环节，以最快的速度，取最短的里程到达目的地，从而加速货物流通。这既可及时供应市场，又可降低物资部门的流通费用，加速资金周转，减少货损货差，取得良好的社会效益和经济效益。

（3）运输合理化可以充分发挥运输工具的效能，节约运力和劳动力。不合理运输将造成大量人力、物力、财力浪费，并相应地转移和追加到产品价格中去，人为地加大了产品的价值量，提高产品价格，从而加重需求方的负担。

2. 运输合理化的五要素

运输合理化是各种经济、技术和社会因素相互作用的结果,影响物流运输合理化的因素主要有以下五个方面。

(1) 运输距离。运输活动中,运输时间、运输货损、运费、车辆周转等运输的若干技术经济指标,都与运输距离有一定关系,运输距离长短是运输是否合理的一个最基本因素。因此,物流公司在组织商品运输时,首先要考虑运输距离,尽可能实现运输路径优化。

(2) 运输环节。因为运输业务活动需要进行装卸、搬运、包装等工作,多一道环节,就会增加起运的运费和总运费。因此,减少运输环节,尤其是减少同类运输工具的运输环节,对合理运输有促进作用。

(3) 运输时间。"时间就是金钱,速度就是效益"。运输不及时,容易失去销售机会,造成商品积压或脱销,尤其是国际贸易市场。运输时间过长,还不利于运输工具周转和货主资金周转。

(4) 运输工具。各种运输工具都有其使用的优势领域,对运输工具进行优化选择,要根据不同的商品特点,分别利用铁路、水路、公路等不同的运输方式及运输工具,选择最佳的运输线路,合理使用运力,以最大限度发挥所用运输工具的作用。

(5) 运输费用。运费在全部物流费用中占很大比例,是衡量物流经济效益的重要指标,也是组织合理运输的主要目的之一。

上述因素,既相互联系,又相互影响,有的还相互矛盾,如运输时间短了,费用却不一定省,这就要求进行综合分析,寻找最佳方案。在一般情况下,运输时间短,运输费用省,是考虑合理运输的关键,因为这两项因素集中体现了物流过程中的经济效益。

(二) 不合理运输表现形式

不合理运输是指不注重经济效果,造成运力浪费、运费增加、货物流通速度降低、货物损耗增加的运输现象。物流经理应在实际工作中尽量避免不合理运输,力争使其出现的概率降低到零。物流运输不合理的表现主要有以下几种类型。

1. 对流运输

对流运输是指同一种货物或彼此间可以互相代用而又不影响管理、技术及效益的货物,在同一线路上或平行线路上作相向的运送,其运程的全部或一部分发生重叠的运输。对流运输主要有以下两类形式。

(1) 明显的对流运输,即在同一运输路线上的对流,如图1-6a)所示。

(2) 隐含的对流运输,即违反近产销原则,在平行路线上朝着相对方向上的运输,如图1-6b)所示。

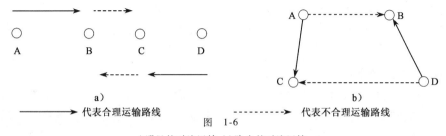

图 1-6

a) 明显的对流运输;b) 隐含的对流运输

2. 迂回运输

迂回运输是舍近求远的一种运输。由于计划不周、地理不熟、组织不当而发生的迂回,属于不合理运输。由于增加了运输路线,延长了货物在途时间,造成了运力的巨大浪费,如图 1-7 所示。

3. 倒流运输

倒流运输是指货物从销售地向产地或其他地点向产地倒流的不合理运输方式。倒流运输导致运力浪费、增加运费开支等,如图 1-8 所示。

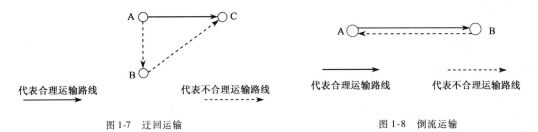

图 1-7 迂回运输　　　　　　　　　图 1-8 倒流运输

4. 重复运输

重复运输是指一种货物本可直达目的地,但因物流仓库设置不当或计划不周使其在中途卸下,再重复装运送达目的地的运输。重复运输导致增加运输环节、浪费运输设备和装卸运能力,延长了运输时间,增加了运输费用,如图 1-9 所示。

5. 过远运输

过远运输是指相同质量、价格的可以就地就近供应的货物却舍近求远的不合理运输方式,即应由距离较近的产地购进所需相同质量和价格的货物,但却超出货物合理辐射的范围,从远距离的地区运来,或应由产地就近供应,却将货物调到较远的消费地的运输现象。过远运输延长了货物运程和在途时间,导致了运力的浪费和资金的积压,增加了运输费用,如图1-10所示。

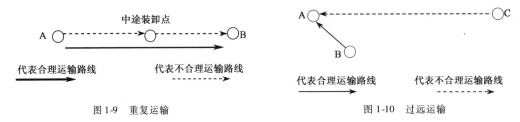

图 1-9 重复运输　　　　　　　　　图 1-10 过远运输

6. 无效运输

无效运输是指被运输的货物杂质过多,使运输能力浪费于不必要物资的运输。

7. 运力选择不当

运力选择不当是指未考虑各种运输工具的优势与劣势而不正确地选用了运输工具造成的不合理现象。常见的有:弃水走陆;铁路、水路大型船舶的过近运输;运输工具承载能力选择不当等。

8. 托运方式选择不当

货主在托运货物时没有选择对自己最有利的运输方式,从而造成运力浪费以及费用支出加大。例如,有条件选择整车托运却采取零担托运;可采用直达运输而选择了中转运输或应中转运输却选择了直达运输。

分析造成不合理运输的主要原因,首先是主观上对合理运输的重视不够,不了解所需货物的货源分布,不研究各种运输工具和运输方式的特点及费用情况;其次是受自然条件和地理因素的影响;另外,还有我国目前交通运输条件的紧张所造成的制约因素。

(三)运输合理化的实施途径

运输合理化是一个系统分析过程,常采用定性分析与定量分析相结合的方法,对运输的各个环节和总体进行分析研究,运输合理化的有效措施主要有以下几点。

1. 合理选择运输方式

各种运输方式都有各自的适用范围和不同的技术经济特征,选择运输方式时应进行比较和综合分析,要考虑运输成本和运行速度,甚至还要考虑商品的性质、数量、运距及货主需要的缓急及风险程度。

2. 合理选择运输工具

根据商品的性质、数量的不同选择不同类型和额定吨位的运输工具。

3. 正确选择运输线路

运输线路的选择,一般应尽量安排直达、快速运输,尽可能缩短运输时间,否则可安排沿路和循环运输,以提高车辆的容积利用率和车辆的里程利用率,从而达到节省运输费用、节约运力的目的。

4. 混合配送,提高运输工具的实载率

混合配送是把许多同一运输路线可以拼装的货物同车装运,提高运输工具实际运载质量。混合配送可以充分利用运输工具的额定能力,减少空驶和不满载行驶的时间,从而求得运输的合理化。

5. 提高技术装载量

提高技术装载量即充分利用运输工具的运载质量和容积,合理安排装载的货物及装载方法,以求得运输的合理化。运输活动中往往货物有轻有重,轻重商品应合理配载,在以重质货物运输为主的情况下,同时搭载一些轻泡货物,如海运矿石、黄沙等重质货物,在上面捎带运输木材、毛竹等,在基本不增加运力和不减少重质货物运输的情况下,解决了轻质货的搭运,因而效果显著。

6. 进行必要的流通加工

有些产品由于本身形态及特性原因,很难实现运输的合理化。如果针对货物本身的特性进行适当加工,就能够有效地解决合理运输的问题,例如将造纸材料在产地先加工成纸浆,压缩体积后再运输。

四、技能训练准备

(1)将学生分成5人一组,每一组调查所在地区不合理运输的表现形式;
(2)每组准备一张全国交通地图;
(3)根据每组的情况,通过网络或图书查阅以下资料:
①不合理运输的概念及表现形式;
②运输合理化的概念;
③影响运输合理化的因素;
④实现运输合理化的途径。

五、技能训练步骤

通过查阅资料,总结下列问题并撰写工作报告:
(1)不合理运输的特征及表现形式;
(2)不合理运输的危害;
(3)运输不合理的原因;
(4)使运输更合理需要改变的宏观条件。
每组派一位代表将此次调研的过程及成果制作成PPT,与其他小组分享。

六、技能训练注意事项

(1)资料的查阅范围要广泛,内容要全面;
(2)多收集一些当地货物运输的资料进行讨论。

七、技能训练评价

请完成技能训练后填写附录一。

八、技能训练活动建议

(1)收集资料时,可以查阅物流运输业务管理、运输与配送管理、物流管理与实务等方面的书籍。
(2)采用互联网收集相关资料。

思考练习

1. 简答题
(1)运输合理化的意义有哪些?
(2)运输合理化的五要素是什么,其中最重要的是哪一个?
(3)不合理运输表现形式有哪些?
2. 技能练习
有一条公路AD,全长400km,其中B、D为煤炭供应点,以"△"表示,A、C为煤炭的销售点,以"□"表示,各站点煤炭供求数量及站间距离如图1-11所示,请问如何组织运输最合理?

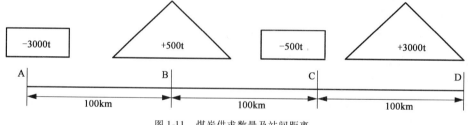

图1-11 煤炭供求数量及站间距离

项目三　运输与物流的关系

教学要点

（1）分组讨论运输在物流中的作用
（2）以"汽车运输业向第三方物流转变的实践"为题，分析运输与第三方物流的关系

教学方法

可采用讲授、案例教学和分组讨论等方法。

一、情景设置

小张就要大学毕业了，所学是管理信息系统专业，在相关的求职网站填写了自己简历，几天后收到了某物流公司的面试通知。小张打电话给该公司人事招聘主管，想了解该公司的基本状况，该人事招聘主管告诉他本公司属于第三方物流公司，该公司正准备开发一个运输管理系统，如小张能够应聘到该公司，可以加入到该项目团队。小张放下电话后，有些困惑，不明白第三方物流公司为什么要开发运输管理系统，第三方物流和运输之间是什么样的关系。如果你是人事招聘主管，你怎样给小张解释呢？

二、技能训练目标

能够理解运输与第三方物流之间的关系，在由运输向第三方物流转变时企业经营理念有哪些变化。

三、相关理论知识

（一）运输在物流中的作用

物流是通过运输、储存、装卸、包装、流通加工、配送、信息处理等基本物流活动，实现物品从供应地到接收地的实体流动过程。创造物品的空间效用和时间效用是物流系统的两项最主要的功能，分别通过运输和储存来实现，因此，运输和储存被看成是物流系统的两大支柱。随着技术进步和管理水平的提高，现代物流系统通过储存创造时间效用的功能正在弱化，而且合理地组织运输，特别是实现准时制配送，对这种弱化趋势起到了促进作用，因而使运输在物流系统中的重要地位更加突显出来，发挥的作用也更大。

1.运输是构成物流网络的基础

生产和消费是物流的源泉，就生产而言，从原材料的采购开始，便要求有相应的供应物流活动，所采购的原材料通过长途或短途运输运送到位，以保证生产的顺利展开；在生产中，有原材料、半成品的物流过程，以实现生产的流动性、延续性。部分余料、不合格物品的返修、退货及周转使用的包装容器等，需要有废弃物物流。就消费而言，无论是政府消费还

是个人消费,无论是生产性消费还是生活性消费,产品经过工业生产企业制造出来以后,都要经过空间移动才能到达消费客户。可见物流的全过程始终伴随着生产和消费的全过程,而整个物流过程的实现,则始终离不开运输。在物流网络结构系统中,运输使物品在空间位置上发生位移,称为线路活动;其他物流活动是在物流据点(物流中心、配送中心或车站、码头)上进行的,称为节点活动。按线路活动和节点活动构成物流网络,从而满足生产和消费的需要。从网络结构看,如果没有运输的线路活动,网络节点的物流客体将不存在,网络节点的物流活动如装卸、搬运等也不可能发生。

2. 运输功能在物流系统中处于核心地位

在社会化大生产条件下,产品生产和消费在空间位置上的矛盾不但不会消除,反而会随着经济全球化进程的深入不断扩大,从而增加对物流特别是运输业务的需求。我国仍处在工业化和城市化进程的加速阶段,物流需求总体规模依然保持较高水平和较快增速。

3. 运输是成本消耗最大的物流活动

有关研究表明,货物运输费用占物流总成本的1/3~2/3。对许多货物来说,运输成本和费用要占货物价格的5%~10%,也就是说,运输成本占物流总成本的比重较其他物流环节要大。从中国物流与采购联合会公布的《2011年上半年我国物流运行情况分析》中,2011年上半年社会物流总费用3.7万亿元,其中运输费用1.9万亿元,占53%;保管费用1.3万亿元,占35%;管理费用0.45万亿元,占12%。

4. 运输合理化是物流系统合理化的关键

物流合理化是指在各物流子系统合理化的基础上形成的最优物流系统总体功能,即系统以尽可能低的成本创造更多的空间效用、时间效用。或者从物流承担的主体来说,以最低的成本为用户提供更多优质的物流服务。运输是各功能的基础与核心,直接影响着其他物流子系统,只有运输合理化,才能使物流系统结构更加合理,总体功能更加优化。因此,运输合理化是物流系统合理化的关键。

(二)运输与第三方物流

1. 第三方物流

第三方物流是指供方与需方之外的物流企业所提供的物流服务业务模式。从某种意义上讲,第三方物流是物流专业化的一种形式。

(1)第三方物流的类型分为资源性第三方物流和非资源性第三方物流。资源性第三方物流一般指具有运输等基本物流设施和设备的运输从业者所提供的运输服务。非资源性第三方物流主要指各类货物运输代理从业者所提供的运输代理服务。

(2)第三方物流的优势。目前,第三方物流已经成为物流发达国家的主要经营模式,是现代化物流发展的大趋势,其优势表现在以下几点。

①使生产企业集中精力发展核心业务。第三方物流所推崇的理念是首先确定生产企业的发展优势,并把企业的资源集中在具有核心竞争力的项目上,把物流业务外包给专业物流公司。

②减少固定资本投入、加速资本周转。对于生产企业来说,物流成本在整个生产成本中占有很大的比重。据统计,我国工业品物流成本占商品成本的55%左右。企业如果自己投资物流设施设备,需要投入很大一笔资金建仓库、购设备和信息网络。这些条件对于一个缺乏实力的企业来说,是一个可望不可即的设想。如果把物流业务外包给第三方物流企业就可以省去这笔固定资本投入,把其用到其他更需要的经营业务之中去,加速企业资金周转,获得主营业务更大的效益。

（3）第三方物流拥有规模经营优势。它可以从其他物流服务商那里获得比其他用户更优惠的运输价格的运输能力，集运、汇总配载，实现货物集中供货，从而降低单位成本。同时第三方物流企业拥有自己的物流网络和针对不同的物流市场的能力，包括运输、仓储等许多主要物流信息，如运输量、报关、清关信息、运输报告等。因此他们将这些信息的获取成本分摊到多个用户中，必然会降低运营成本。

（4）灵活运用新技术实现以信息换库存，可以降低成本。在信息化技术日益发展的今天，第三方物流企业能不断地提升、更新物流信息技术和设备，而单个生产企业通常难以实现，而且不同的零售商有多样性变化的配送和信息需求。而要满足这些多样化的需求，势必增大企业库存。这时第三方物流可以利用信息技术，灵活、快捷的速度、低廉的成本优势来满足企业这种库存要求，以快速的响应和及时的物流配送来换取企业在不增大库存的情况下满足用户的需求，而这些都是生产企业一家很难做到的。

（5）提供灵活多样的服务，为用户创造更多的价值。通过第三方物流服务满足用户需求，不必因自建和租赁物流设施设备占用大量资金而使自己不能灵活经营。第三方物流能够向用户提供更多的个性化的服务，比如生产企业一时难以满足用户的暂时换货、短暂的仓储服务等。另外设施先进的第三方物流还具有对其服务的全程监控，通过先进的信息技术对在途货物跟踪监控、管理，及时发现问题，避免配送中的意外事故发生，从而保证货物及时、安全地送达用户。

2. 运输企业是第三方物流企业

按照第三方物流企业的定义，运输企业是供方和需方之外的物流运输服务提供者，也就是现代物流中常称的第三方物流企业。从现代物流的角度分析，物流运输企业大体可进行如下分类。

（1）资源型运输企业。从第三方物流类型定义的资源型运输企业一般是指具有运输等基本物流设施和设备的运输从业者。

（2）非资源型运输企业。各种货物运输代理公司就是这种非资源型运输企业，货运代理是运输服务的延伸，主要包括揽货、配载、运送、报关、装运、装拼箱、转运、编制有关运单、垫付和结算运杂费、运输咨询、提供货运信息等业务。货代企业的出现是以市场营销为出发，充分解决了市场和物流分离，市场服务与物流服务分离的状况，而提供更为专业的运输服务，同时货代企业也是现代物流企业的基础和雏形。

（3）运输关联企业，其又有以下两种分类。运输管理软件企业，许多IT企业纷纷加入到运输管理系统软件开发应用的竞争行列中，而成为现代运输行业的一个新型成员。运输装备制造企业，实际上运输装备企业发展得很早，而且一直是以机械制造企业来划定其归属的，现在从现代物流和供应链管理的思想来讲，它也是物流运输企业的重要组成部分。近十年我国物流装备企业发展很快，如各种货物运输的各种类型的载重汽车、高速火车、万吨巨轮、大型飞机、长距离输送的管道等输送设备，极大地改善了物流运输技术条件，丰富了物流运输手段，提高了物流运输效率，为实现现代物流打下了良好的基础。

四、技能训练准备

（1）将学生分为5~8组；
（2）案例讲解。

五、技能训练步骤

(1)以组为单位讨论运输在物流中的作用;
(2)根据给出的案例,分析运输业与第三方物流的关系;
(3)每组派一位代表发言。

六、技能训练注意事项

(1)对各种讨论的结果进行收集和归纳;
(2)引导学生使讨论的内容紧贴主题。

七、技能训练评价

请完成技能训练后填写附录一。

八、技能训练活动建议

建议让学生上课前在网络上搜集一些运输企业和第三方物流公司的资料。

思考练习

1.简答题
(1)运输在物流中的作用有哪些?
(2)物流运输企业可分为哪几类?
2.案例分析题

2011年上半年我国社会物流总费用较快增长,与GDP比率再次上升

2011年上半年社会物流总费用3.7万亿元,同比增长18.5%,增幅比1季度提高0.6个百分点,比去年同期提高0.7个百分点。社会物流总费用与GDP的比率为18%,而去年上半年以来一直在17.9%左右,同比提高0.1个百分点。究其原因,一是受原材料、燃料、动力价格和劳动力成本上升影响,二是受贷款利率上调以及企业资金使用效率较低影响,三是我国仍处在工业化和城市化的加速阶段,物流需求总体规模依然保持较高水平和较快增速。

在社会物流总费用中,上半年运输费用1.9万亿元,同比增长15.5%,增幅虽比去年同期回落2.9个百分点,但比1季度加快1.9个百分点,带动了社会物流总费用的较快增长。运输费用加快增长,主要是受油价以及用工成本上涨等因素影响。去年4季度以来,国内汽、柴油价格先后四次上调。2011年6月流通环节柴油价格累计同比上涨22.6%,汽油价格累计同比上涨16.9%。

上半年保管费用1.3万亿元,同比增长22.7%,增幅比去年同期加快6.6个百分点。其中,利息费用5312亿元,增长24%,增幅比1季度提高1.4个百分点,比去年同期提高14.7个百分点。利息费用的上升,主要是受利率上调影响,直接提高了企业资金使用的成本。上半年管理费用0.45万亿元,同比增长19.8%,增幅与去年同期相比大体持平。

分组讨论回答以下问题:
传统运输业和第三方物流业之间的关系是怎样的?

任务二　公路货物运输

内容简介

公路货物运输已成为物流运输中非常重要的一种方式,它具有许多优势和特点,被广泛采用。本部分主要讲述公路货物运输的设施和设备、公路货物运输作业、公路货物运价、公路货物运输企业绩效评估等内容,重点讲述公路货物运输作业流程及相关注意事项。

教学目标

1. 知识目标
(1) 掌握公路货物运输的业务流程
(2) 掌握公路货物运输业务中相关单据的填制
(3) 熟悉公路货物运输企业绩效评估指标
2. 技能目标
(1) 会选择合理的运输车辆
(2) 能选择、优化运输线路
(3) 会制订公路货物运输的车辆调度计划
(4) 能模拟进行公路货物零担运输业务的业务流程操作
(5) 会进行公路货物运输效率分析,并形成简要的分析报告
(6) 会进行公路货物运输的成本核算,并形成简要的分析报告

案例导入

2012年计划新增公路通车里程10万公里

2012年,我国将加快综合交通运输体系建设,预计新增铁路营运里程6366公里、公路通车里程10万公里、运输机场4个。3月5日,《关于2011年国民经济和社会发展计划执行情况与2012年国民经济和社会发展计划草案的报告》(简称计划草案)提交十一届全国人大五次会议审查。根据计划草案,在交通基础设施建设方面,2012年还将新改建农村公路20万公里;支持与周边国家基础设施互联互通。

计划草案中提到,国家有关部门将制订实施降低流通费用综合性工作方案,综合运用经济、法律和必要的行政手段,强化流通领域价格和收费监管,规范市场交易收费行为,加大政府对公益性流通设施和公共服务的投入,降低社会流通费用。综合性工作方案涉及公益性农贸市场扶持措施、物流企业税收优惠、仓储用地、直供直销等一揽子方案,其中在交通运输方面,继续执行鲜活农产品运输"绿色通道"政策,积极发展农产品冷链物流和粮食现代物流,加快推进西部地区取消政府还贷二级公路收费。

2011年,我国交通基础设施建设加快推进,新建铁路投产里程2167公里;新增公路通车

里程7.14万公里,改扩建国省道2万公里;改善内河航道里程1091公里;新增运输机场5个。

(资料来源:《中国交通报》)

引导思路

公路货物运输对我国国民经济起到哪些作用?

项目一 公路货物运输的设施与设备

教学要点

(1)利用互联网查找关于公路分类的相关知识
(2)分组讨论公路的分类、公路运输工具的类型
(3)实地调研公路货物运输场站

教学方法

可采用讲授和分组讨论等方法。

一、情景设置

公路货物运输中,我们会遇到很多类型的公路,你是否能够辨认出常见公路的等级?是否了解公路等级的划分?是否能够说出常见的道路运输工具的类型?

二、技能训练目标

(1)能够辨别出常见公路的等级;
(2)能够识别常见公路运输工具的性能和主要用途;
(3)能够认识到公路货物运输场站的功能。

三、相关理论知识

(一)公路货物运输的道路

1. 公路

公路的基本组成包括:路基、路面、桥梁、涵洞、隧道、防护工程、排水设备等。此外,为适应行车还设置行车标志、加油站、路用房屋、通信设施、附属工厂及绿化栽植等。

我国公路常用的路面等级及相应的面层见表2-1。

2. 公路的分级

根据交通量及其使用性质将公路划分为如下等级。

(1)高速公路,是专指汽车分向、分车道行驶并全部控制出入(全部立体交叉)的干线公

路。一般来讲,高速公路应符合下列四个条件:

路面等级及相应的面层类型　　　　　　　　　　　　　　　　表 2-1

路 面 等 级	面 层 类 型
高级路面	水泥混凝土、沥青混凝土
次高级路面	沥青灌入式、沥青碎石、沥青表面处理
中级路面	碎石或砾石(泥结或级配)、半整齐石块、其他粒料
低级路面	粒料加固土、其他当地材料加固或改善土

①只供汽车高速行驶;

②设有多车道、中央分隔带;

③设有平面、立体交叉口;

④全线封闭,出入口控制。

(2)一级公路,是指供汽车分向、分车道行驶并可根据需要控制出入的多车道公路,设计速度有 100km/h、80km/h、60km/h 三种。

(3)二级公路,是指设计速度在 60~80km/h,双向行驶且无中央分隔带的双车道公路。二级公路与一级公路的最大区别就是:一级公路有中央分隔带,分道行驶;二级公路没有中央分隔带。

(4)三级公路,是指沟通县及县以上城市的公路。《公路工程技术标准》(JTG B01—2003)规定:三级公路具有两条车道,三级公路使用年限为 10 年。

(5)四级公路,是指沟通县、乡(镇)村等的支线公路。四级公路一般只有一条车道,需在适当距离内设置错车道。

不同等级的公路,路面路基质量、路面宽度、曲线半径、交通控制和行车速度都有较大的差别,对运输质量、运输成本影响很大。在上述各等级公路组成的公路网中,高速公路及汽车专用一、二级公路在公路运输中的地位和作用相当重要。

(二)公路运输工具

公路所用的(货车)载货汽车按其载质量可分为轻型、中型和重型三种。货物运输也可分为特种货物运输、零担货物运输、集装箱运输等。集装箱牵引车是一种常用的运输车辆,牵引车俗称拖擎,是一种有动力而无装载空间的车辆,是专门用来牵引挂车的运输工具,挂车是无动力但有装载空间的车辆。二者结合在一起组成汽车列车进行货物运输。

牵引车有以下几种分类法。

(1)按驾驶室的形式分类:可分为平头式和长头式两种。平头式牵引车优点是驾驶室短,视线好;轴距和车身短,转弯半径小。缺点是由于发动机直接布置在驾驶座位下面,驾驶员受到机器振动影响,舒适感较差。

长头式牵引车的发动机和前轮布置在驾驶室的前面:其优点是驾驶员舒适感较好,驾驶员较为安全;开启发动机罩修理发动机较方便。缺点是:驾驶员室较长,因而整个车身长,回转半径较大。

(2)按拖带挂车的方式分类:可分为半拖挂方式、全拖挂方式及双联拖挂方式。

半拖挂方式:它是用牵引车来拖带半截集装箱的挂车。集装箱的质量由牵引车和挂车的车轴共同分担。另外由于后车轴承受了部分集装的质量,这种拖挂车的全长较短,便于倒车和转向,安全可靠,挂车前端的底部装有支腿,便于甩挂运输。

全拖挂方式:它是通过牵引力杆架与挂车连接,牵引车本身可作为载重货车使用,操作比半拖挂车困难。

双联拖挂方式:它是在半拖拉方式后面再加上一个全挂车。这种拖挂方式在高速行进时,后面一节挂车会摆动前进,操纵性能不好,故目前应用较少。

(三)公路货物运输场站

1. 货运站

公路运输货运站的主要功能包括货物的组织与承运、中转货物的保管、货物的交付、货物的装卸以及运输车辆的停放、维修等内容。简易的货运站点,则仅有供运输车辆停靠与货物装卸的场地。

2. 停车场

停车场(库)的主要功能是停放与保管运输车辆。现代化的大型停车场还具有车辆维修、加油等功能。停车场内的平面布置要方便运输车辆驶入、驶出和进行各类维护作业,多层车库或地下车库还需设有斜道或升降机等,以便车辆进出。

四、技能训练准备

(1)将学生分成5~8人一组;
(2)准备一些常见公路运输工具的图片;
(3)联系调研的公路货物运输场站。

五、技能训练步骤

(1)以组为单位,利用互联网查找公路的组成及分类的相关知识,各组选代表发言;
(2)分组讨论常见公路运输工具,将各组讨论的结果汇总、分类;
(3)以组为单位完成公路货物运输场站的实地调研,各组将调研的过程及所调研的场站情况写入调研报告并制作成PPT进行汇报。

六、技能训练注意事项

(1)利用互联网查询公路的组成及分类相关知识,各组在发言后应进行归纳和总结;
(2)常见公路运输工具图片的准备要充分;
(3)调研过程的记录尽量详细,可拍摄一些照片以做说明。

七、技能训练评价

请完成技能训练后填写附录一。

八、技能训练活动建议

(1)利用互联网查询公路的组成及分类工作可以安排在课外进行;

(2)建议组织学生到不同级别公路货物运输场站进行参观、调研。

思考练习

简答题

(1)平头式牵引车的优点和缺点分别有哪些?
(2)高速公路设施与设备有哪些?
(3)公路运输货运站的主要功能有哪些?

项目二　公路货物运输作业

教学要点

(1)通过调研,熟悉公路货物运输的基本程序和操作步骤
(2)会正确填写托运单
(3)掌握货物交接的基本要求和主要内容
(4)总结整车货物运输和零担货物运输业务操作的流程及注意事项

教学方法

可采用现场教学和模拟演练等方法。

一、情 景 设 置

小张大学毕业后应聘到一家道路运输企业工作,上班的第一天对公路货物运输业务作业很感兴趣,他向业务主管询问公路货物运输作业的流程。如果你是业务主管,你怎样给小张解释公路货物运输作业的基本程序、操作步骤及注意事项呢?

二、技能训练目标

能够完成公路货物运输作业。

三、相关理论知识

(一)公路货物运输业务作业流程

公路货物运输业务包括:受理托运、车辆计划与调度、货物交接、货物押运和运费的计算5个业务模块。公路货物运输业务作业流程如图2-1所示。

(二)受理托运

1.签订运输合同

承、托双方本着平等自愿的原则订立运输合同。在实际操作中,可以以双方签字确认的货物托运单作为运输合同成立的证明。

2.货物托运人填写托运单

货物托运单(包括整车、零担、联运所使用的托运单)是承、托双方订立的运输合同或运输合同的证明,其明确规定了货物承运期间双方的权利、责任。托运单的主要作用表现在以下几个方面:

(1)是公路运输部门开具货票的凭证;

(2)是调度部门派车、货物装卸和货物到达交付的依据;

(3)在运输期间发生运输延滞、空驶、运输事故时,是判定双方责任的原始记录;

(4)是货物收据、交货凭证。

图 2-1 公路货物运输业务作业流程

托运单样本如表 2-2 所示。

公路货物运输托运单 表 2-2

×××公路货物运输托运单										
托运人(单位): 经办人: 电话: 地址: 托运单编号:										
发货人: 地址: 电话: 装货地点:										
收货人: 地址: 电话: 卸货地点:										
付款人: 地址: 电话: 约定起运时间:										
约定到达时间: 需要车种:										
货物名称及规格	包装形式	件数	体积	件重(kg)	质量(t)	保险、保价价格	货物等级	计费项目	计费质量	单价
								运费		
								装卸费		
合计								计费里程		
托运人记载事项			付款人银行账号		承运人记载事项					承运人银行账号
注意事项	1.托运人请勿填写栏内项目。 2.货物名称应填写具体品名,如货物品名过多,不能在托运单内逐一填写,必须另附货物清单。 3.保险或保价的货物,在相应价格栏中填写货物声明价格						托运人签章 年 月 日				承运人签章 年 月 日
〔说明〕 1.填在一张货物托运单内的货物必须是属于同一托运人,对于拼装分卸货物,应将拼装或分卸情况在托运单记事栏内注明。易腐蚀货物、易碎货物、易溢漏的液体、危险货物与普通货物以及性质相抵触、运输条件不同的货物,不得用同一张托运单托运。托运人、承运人修改运单时,须签字盖章。 2.本托运单一式两联,第一联作受理存根,第二联作托运回执										

3. 托运单填写内容要求
(1) 准确表明托运人、发货人与收货人的名称(姓名)和地址(住所)、电话、邮政编码。
(2) 准确表明货物名称、性质、件数、质量、体积以及包装方式。
(3) 准确表明托运单中的其他有关事项。
(4) 一张托运单托运的货物,必须是同一托运人、收货人。
(5) 危险货物与普通货物以及性质相抵触的货物,不得用同一张托运单。
(6) 托运人要求自行装卸的货物,经承运人确认后,在托运单内注明。
(7) 托运单应使用钢笔或圆珠笔填写,字迹清楚,内容准确,需要更改时,必须在更改处签字盖章。

4. 填写托运单注意事项
(1) 托运货物的名称、性质、件数、质量、体积、包装方式等,应与托运单记载的内容相符。
(2) 按照国家有关部门规定需办理准运或审批、检验等手续的货物,托运单托运时应将准运证或审批文件提交承运人,并随货同行。托运人委托承运人向收货人代递有关文件时,应在托运单中注明文件名称和份数。
(3) 托运货物的包装,应当按照承运双方约定的方式包装。
(4) 托运特种货物,托运人应在托运单中注明运输条件和特约事项。
(5) 需派人押运的,托运人在办理货物托运手续时,应在托运单上注明押运人员姓名及必要的情况。

托运的货物品种不能在一张托运单内逐一填写的,应填写"货物清单",样表见表2-3。

货 物 清 单　　　　　　　　　　　　　　　　　　　表2-3

起运地点:　　　　　　　　　　　　　　　　　　　　　　　　　　　运单号码:

编 号	货物名称及规格	包装形式	件 数	新旧程度	体 积	质量(kg)	保险、保价价格
备注							

托运人:　　　　　　　　　承运人(签章):　　　　　　　　　　年 月 日

说明:凡不属于同品名、同规格、同包装的,以及搬家货物,在一张货物托运单上不能逐一填写的,可填交货物清单。

(三) 车辆计划与调度
1. 发布调度命令
发布调度命令应先详尽了解现场情况,正确、完整、清晰地书写命令内容及受令人员和车辆,先拟后发,发布时要及时核对。调度命令如涉及其他单位或个人,应同时给发。从总体上讲,车辆的时间进度安排需要达到下列目标:
(1) 车辆额定载质量的最大化;
(2) 车辆利用最大化;
(3) 距离最小化;
(4) 花费时间最少化;
(5) 满足客户在成本、服务及时间方面的要求,满足在车辆载质量和驾驶员工作时间方面的法律规定。

因此,不论是本地送货,还是长途行车作业,都可以通过以下途径达到节约运营成本的目的:

(1)增加每辆车所装载的货物,从而增加运输载质量;

(2)计划合理的送货路线,避免重复行驶;

(3)保持按计划的日常性的送货,避免特殊的送货;

(4)必要时,通过改变订单最小规模,减少送货的频率;

(5)安排返回送货,限制空载;

(6)减少驾驶员的非驾驶时间,与客户协调,使无效等待时间最短化。

2. 登记调度命令

调度员在发布命令时应先在调度安排表内登记,然后发布。发、收调度命令时,需填记调度安排表,见表2-4。

调 度 安 排 表　　　表2-4

月日	发出时刻	命　令			复核人姓名	受令人姓名	调度员姓名	阅读时刻
		号码	受令及抄知处所	内容				

3. 交付调度命令

调度员向驾驶员、车队长发布调度安排。接受调度安排的驾驶员或单位在整个完成任务的过程中详实填写车辆使用情况,见表2-5。

车辆使用登记表　　　表2-5

车牌号码:　　　　　　　　　　　　　　　　　　　驾驶员姓名:

发车时间	出发地点	发前里程数	发前油表读数	事　由	返回后里程数	返回后油表读数	证明人签名

(四)货物交接

1. 发货

车辆到达发货地点,发货人交付货物时,驾驶员应负责点数、监装,发现包装破损、异状,应提出更换或整理。如发货人给予更换或整理,则应在发货单上说明,并要在《交运物品清单》上签字,《交运物品清单》样表见表2-6。

交 运 物 品 清 单　　　　　　　　　　　　表 2-6

发站：　　　　　　　　　　　　　　　　　　　　　　货票第　号

包装	详细内容			件数或尺寸	质量	规格
	物品名称	材质	新旧程度			

托运人签章：　　　　　　　　　　　　　承运人签章：　　　年 月 日

2．运送

车辆在运送货物过程中,一方面,调度人员应做好线路车辆运行管理工作,掌握各运输车辆工作进度,及时处理车辆运输过程中临时出现的各类问题,保证车辆日运行作业计划的充分实施;另一方面,驾驶人员应及时做好运货途中的行车检查,既要保持货物完好无损、无漏失,又要保持车辆技术状况完好。

3．交货

货物运抵目的地时,驾驶员应向收货人交清货物,由收货人开具作业证明。收货人应签署接收证明,并加盖收货单位公章。

交货时,如发现货物短缺、丢失、损坏等情况,驾驶员应会同收货人和有关部门认真核实,并做出原始记录,分别由驾驶员和装卸人员开具证明文件。

如果是集装箱送到装货点装货,驾驶员仍要按上述要求办理货物交接;若是由发货人提供自备集装箱,并在驾驶员不在场的情况下装好货,驾驶员有权要求发货人掏箱,在驾驶员行使监装权力的情况下重新装箱。

货运事故发生后应努力做好以下工作：

（1）查明原因、落实责任,事故损失由责任方按有关规定计价赔偿；

（2）承运与托运双方都应采取补救措施,力争减少损失和防止损失继续扩大并做好货运事故记录；

（3）若对事故处理有争议,应及时提请交通运输主管部门或运输经济合同管理机关调解处理。

（五）货物押运

1．派遣押运人

（1）当运输的货物为活动物、需要浇水运输的鲜活植物、生火加温运输的货物、挂运的机车和轨道起重机以及特殊规定应派押运人的货物时,托运人必须派人押运。押运人数,除特定者外,每批不应超过 2 人。

（2）押运人须知包括以下内容。

①押运人应熟悉所押货物的特性,负责所押货物的安全,不得擅离职守,不得擅自登乘未经车长或站许可的车辆。

②要注意乘车安全。横过线路要一站、二看、三通过,不得跳、钻车辆,亦不得在列车、车辆移动时爬车或跳车。严禁在货车下乘凉避雨,不得蹲坐车帮和探身车外,不准在货车顶部

或货垛的高处坐卧、走动或停留,也不准在易于窜动货物的空隙间乘坐。通过铁路电气化区段,严防触电。

③严禁携带危险品,不准在货车内吸烟、生火(押运需生火加温运输的货物除外),违反规定造成后果要负经济或法律责任。

④发现危及货物、人身、行车安全的情况,要立即通知车长、车站并及时处理。

2. 掌握运输途中的路情

熟悉道路情况,是沥青路还是混凝土路?道路宽度如何?有多少个Z形急转弯和多少座桥梁?沿途要穿过多少个闹市区?还要注意雨雪天气对道路造成的危害。

同时要详细了解近几年该线路及沿途的社会治安情况。

3. 拟定预案

接到执行押运命令之后,保卫部门应迅速拟定预案。预案内容包括运送时间、地点、路线、执行押运任务的责任人和遇异常情况所采取的措施等。

4. 事前检查

详细检查车辆、警卫设备、通信器材等是否完好,手续是否齐全。

5. 依章行进

(1)严格执行押运守则和途中的规章制度,严禁途中走亲访友,严禁携带易燃易爆物品和其他无关物品。

(2)不准向无关人员透露押运事项,严禁途中无故停留。

(3)押运途中,要时刻保持高度的警惕性,服从命令、听从指挥。

(4)需要在途中就餐时,应保证双人守卫,轮流就餐。

6. 妥善排除在途故障

若车辆在途中发生故障,被迫停驶时,押运负责人应根据停车位置和当时情况,指挥驾驶员尽快抢修,排除故障。

当车辆发生交通事故,丧失继续运行能力时,押运员应组织力量想方设法保护好现场。同时,派人与附近交通管理部门取得联系,请求帮助处理,并将事故情况迅速向上级领导报告,以便尽快派人派车协助处理。

发生火灾时,指挥员应迅速组织灭火,同时要加强警戒,保护好现场。

7. 总结汇报

押运任务完成后,要进行认真总结,吸取经验和教训,并将有关情况向领导汇报。

(六)公路货物运费的结算

公路货物运费的结算业务主要有以下几个方面的工作:

(1)确定计费质量;

(2)确定计费里程;

(3)确定计时包车货运计费时间;

(4)运费计算。

(具体的计算方法在本任务的项目三中进行详解。)

四、技能训练准备

(1)将学生分成5~8人一组;

(2)选择调研的企业;
(3)模拟演练时角色的分配。

五、技能训练步骤

(1)以组为单位,选择一个公路货物运输公司;
(2)实地调研;
(3)以组为单位完成调研报告并制作成PPT,每组派一位代表对此次调研的过程及成果进行汇报,并与其他组进行分享;
(4)做好角色分配,准备好相关的单证,模拟演练。

六、技能训练注意事项

(1)实地业务调查内容要真实、填写认真;
(2)模拟演练时要进行角色分配;
(3)PPT制作认真、汇报清楚。

七、技能训练评价

请完成技能训练后填写附录一。

八、技能训练活动建议

(1)建议组织学生到不同的公路货物运输公司进行参观、调研;
(2)模拟演练可以多次进行,每次演练学生可变换不同的角色。

思考练习

1. 简答题
(1)如何理解公路货物托运单在公路运输中的作用?
(2)货物交接的注意事项有哪些?
(3)货物押运的注意事项有哪些?
2. 案例分析题

货物合同样本

托运方:	承运方:
地址:	地址:
邮编:	邮编:
电话:	电话:
法定代表人:	法定代表人:

根据国家有关运输规定,经过双方充分协商,特订立本合同,以便双方共同遵守。
第一条 领货凭证

领货时凭托运人提货单(或提货单复印件)加之指定提货人身份证并签字。如收货人是企业公司,还应出示单位提货证明,提货时须当面验收货物,事后货物出现短损,承运方概不负责。

第二条　包装要求

托运方必须按照国家主管机关规定的标准包装,没有统一规定包装标准的,应根据保证货物运输安全的原则进行包装,否则承运方有权拒绝承运。

第三条　提货期限

货物到达目的公司后,承运方电话告知收货方提货,收货方必须在三日内提取,如货物存放超过七日,每超过一日将收取货物运费的5%作仓储费;超过30天无人认领按无主处理,届时承运方有权将货物拍卖抵扣仓储费。

第四条　保价运输

保价运输费:按保价额的____‰向托运方收取。托运人可自愿向承运人进行保价运输,如同一批托运的货物价值不同,托运人应对此批货物进行分别保价(运单上另行注明),否则视为平均保价。保价货物遭受损失时,承运人按照托运人的保价额折合实际造成的损失向托运人赔偿。如低于货物实际价值保价或高于货物实际价值保价,当出现意外时,承运人不予承担这部分经济损失;如不保价遇有货物丢失、受损、被盗、被抢、雨淋、火灾、交通肇事损坏和承运人被诈骗,造成收货人不能整件提货时,承运人最多赔偿托人该批货物实际短缺部分运费的2倍。

第五条　保价期限

自托运人将货物交给承运人之日起至提货期限,此为保价期限。托运人应在货物起运之前支付保价费,若只在运单上注明保价金额或声明货物价值,视同未保价。

第六条　责任划分

货单上所记载的货物名称、数量和价值是托运人提供的,托运人应对其真实性负责。承运人在接收货物时只按件数接收,并未检查和清点每件货物内装数量是否有短损,所以承运人不承担内装货物数量和货物是否完好的经济责任。如需确认,请在发货时托运人、承运人双方当面开箱验收,并在运单上注明。

第七条　查禁或扣留

运输途中如检查部门(公安、工商、税务、海关)对货物有异议将货物扣留或进行罚款,均由托运人提供有关有效证件负责处理,并承担由此给承运人带来的一切经济损失。

第八条　违法责任

托运人不准假报货名,不准托运国家禁运物品,不准夹带危险品,否则后果自负。

第九条　各方的权利义务

(一)托运方的权利义务

1.托运方的权利:要求承运方按照合同规定的时间、地点,把货物运输到目的地。货物托运后,托运方需要变更到货地点或收货人,或者取消托运时,有权向承运方提出变更合同的内容或解除合同的要求。但必须在货物未运到目的地之前通知承运方,并应按有关规定付给承运方所需费用。

2.托运方的义务:按约定向承运方交付运杂费。否则,承运方有权停止运输,并要求对方支付违约金。托运方对托运的货物,应按照规定的标准进行包装,遵守有关危险品运输的规定,按照合同中规定的时间和数量交付托运货物。

(二)承运方的权利义务

1.承运方的权利:向托运方、收货方收取运杂费用。如果收货方不缴或不按时缴纳规定的各种运杂费用,承运方对其货物有扣压权。查找不到收货人或收货人拒绝提取货物,承运方应及时与托运方联系,在规定期限内负责保管并有权收取保管费用,对于超过规定期限仍无法交付的货物,承运方有权按有关规定予以处理。

2.承运方的义务:在合同规定的期限内,将货物运到指定的地点,按时向收货人发出货物到达的通知。对托运的货物要负责安全,保证货物无短缺,无损坏,无人为的变质,如有上述问题,应承担赔偿义务。在货物到达以后,按规定的期限,负责保管。

(三)收货人的权利义务

1.收货人的权利:在货物运到指定地点后有以凭证领取货物的权利。必要时,收货人有权向到站,或中途货物所在站提出变更到站或变更收货人的要求,签订变更协议。

2.收货人的义务:在接到提货通知后,按时提取货物,缴清应付费用。超过规定提货时,应向承运人交付保管费。

第十条 违约责任

(一)托运方责任

1.由于在普通货物中夹带、匿报危险货物,错报笨重货物质量等招致吊具断裂,货物摔损,吊机倾翻,爆炸,腐蚀等事故,托运方应承担赔偿责任。

2.由于货物包装缺陷产生破损,致使其他货物或运输工具、机械设备被污染腐蚀、损坏、造成人身伤亡的,托运方应承担赔偿责任。

3.在托运方专用线或在港、站公用线,专用线自装的货物,在到站卸货时,发现货物损坏、缺少,在车辆施封完好或无异状的情况下,托运方应赔偿收货人的损失。

4.罐车发运货物,因未随车附带规格质量证明或化验报告,造成收货方无法卸货时,托运方应偿付承运方卸车等存费及违约金。

(二)承运方责任

1.承运方如将货物错运到货地点或接货人,应无偿运至合同规定的到货地点或接货人。如果货物逾期达到,承运方应偿付逾期交货的违约金。

2.运输过程中货物灭失短少、变质、污染、损坏,承运方应按货物的实际损失(包括包装费,运杂费)赔偿托运方。

3.联运的货物发生灭失、短少、变质、污染、损坏,应由承运方承担赔偿责任的,由终点阶段的承运方向负有责任的其他承运方追偿。

4.在符合法律和合同规定条件下的运输,由于下列原因造成货物灭失、短少、变质、污染、损坏的,承运方不承担违约责任:

(1)不可抗力;

(2)货物本身的自然属性;

(3)货物的合理损耗;

(4)托运方或收货方本身的过错。

第十一条 争议解决

因本合同引起的或与本合同有关的任何争议,甲乙双方可友好协商解决;协商不成,双方同意将争议提请至当地仲裁委员会进行仲裁。

第十二条 生效

本合同经双方授权代表签字并加盖公章或合同专用章后生效,有效期至××××年××月×日。

货物经收货人签收后则表明此合同已完结,承运人不承担签收后货物短损等问题。

附属:货物运输单为本合同不可分割的一部分,与本合同具有同等的法律效应。

本合同正本壹式贰份,合同双方各执壹份;合同副本壹式____份,送……等单位各留壹份。

托运方:	承运方:
授权代表:	授权代表:
职位:	职位:
签字/盖章:	签字/盖章:
签约时间:　年　月　日	签约时间:　年　月　日

分组讨论回答以下问题:

在签订运输合同时应注意哪些事项?

项目三　公路货物运价

教学要点

(1)对公路货运运价进行实地调研

(2)分析公路货物运费的基本构成及计算方法

(3)总结公路货物运杂费所包含的主要内容及计算的注意事项

教学方法

可采用案例教学和分组讨论等方法。

一、情 景 设 置

小张刚到一家道路运输企业工作,接到一个客户的电话,客户有约2t的货物需从上海运往北京,让小张给一份公路运费的报价。小张由于刚到公司上班,对运价的计算不熟,于是查找相关资料,发现公路运价的计算方法有整批货物运费计算、零担货运费计算、计时包车运费计算等多种方式,小张不知该选择哪种计算方式。你是否能帮小张解决这个问题?

二、技能训练目标

(1)能够对公路货物运费进行计算;

(2)熟悉公路货物运杂费所包含的主要内容及计算的注意事项。

三、相关理论知识

(一)公路货物运价的类型

公路运价是公路运输经营者因提供公路运输服务而提取的运费的基准价格,它以运输产品价值为基础,以供求关系为依据,所以,运价包括客运运价(票价)、行李包裹运价和货物运价。在这里我们仅讨论货物运价。

1. 公路货物运输费用的计算

(1)整批货物运费的计算公式:

整批货物运费(元) = 吨次费(元/t) × 计费质量(t) + 整批货物运价[元/(t·km)] × 计费质量(t) × 计费里程(km) + 货物运输其他费用(元)

其中,整批货物运价按货物运价价目中的价格计算。

(2)零担货运费的计算公式:

零担货物运费(元) = 计费质量(kg) × 计费里程(km) × 零担货物运价[元/(kg·km)] + 货物运输其他费用(元)

其中,零担货物运价按货物运价价目中的价格计算。

(3)集装箱运费的计算公式:

重(空)集装箱运费(元) = 重(空)箱运价[元/(TEU·km)] × 计费箱数(TEU) × 计费里程(km) + 箱次费(元/TEU) × 计费箱数(TEU) + 货物运输其他费用(元)

(4)计时包车运费的计算公式:

包车运费(元) = 包车运价[元/(t·h)] × 包用车辆吨位(t) × 计费时间(h) + 货物运输其他费用(元)

其中,包车运价按照包用车辆的不同类别分别制订。

由以上公路货物运费的计算公式可以看出,计算公路货物运费,关键在于明确公路货物运输的运价价目、计费质量(箱数)、计费里程(时间)以及货物运输的其他费用。

2. 公路货物运价价目

根据不同的要求,公路货物运价可以有不同的分类。

(1)按货物托运数量及发运情况划分。

①整车运价。整车运价适用于一批按质量、体积或形状要求,需要以一辆车装载,按整车托运的货物,一般是指一次托运货物计费质量达到3t或3t以上时的运价。

②零担运价。零担运价适用于每批不够整车运输条件,而按零担托运的货物,一般是指一次托运货物计费质量不足3t时的运价。由于零担货物批量小,到站分散,货物种类繁多,在运输中需要比整车花费较多的支出,所以同一品名的零担运价要比整车运价高。

③集装箱运价。集装箱运价是指运用集装箱运输货物时所规定的运价。集装箱运价一般有单独制订的集装箱运价和以整车或零担为基础计算的集装箱运价两种形式。集装箱运输价格一般低于零担运价,高于整车运价。

(2)按吨(箱)次费划分。

①吨次费:对整批货物运输,在计算运价费用的同时按货物质量加收吨次费。

②箱次费:对汽车集装箱运输,在计算运价费用的同时加收箱次费。箱次费按不同箱型分别确定。

③按运价计价形式划分。

a. 计程运价:以吨·千米(t·km)或以千克·千米(kg·km)为单位计价;

b. 计时运价:以吨·小时(t·h)为单位计价;

c. 长距价:适用于长途运输的货物,一般实行递远递减的运价结构;

d. 短距价:适用于短途运输的货物,一般按递近递增的原则,采取里程分段计费的办法计费;

e. 加成运价:适用于一些专项物资、非常规运线单程货物的运输,以及特殊条件下货物的运输和特种货物的运输等。

④按运价与运距的关系划分。

a. 与运距无关的运价:指运距变化而运价率不变的运价,适用于发到作业费(又称吨次费,即承运、交付货等环节上的费用)和中转作业费较高的货物运输;

b. 与运距有关的运价:指随运距变化而有不同运价率的运价,适用于运输费用占主导的货物运输。

⑤按运价适用的范围划分。

a. 普通货物运价:普通货物实行分等计价,以一等货物为基础,二等货物加15%,三等货物加30%;

b. 特种货物运价;

c. 大型特型笨重货物运价:一级大型特型笨重货物在整批货物基本运价的基础上加40%~60%;二级大型特型笨重货物在整批货物基本运价的基础上加60%~80%;

d. 危险货物运价:一级危险货物在整批(零担)货物基本运价的基础上加60%~80%;二级危险货物在整批(零担)货物基本运价的基础上加40%~60%;

e. 贵重、鲜活货物运价:贵重、鲜活货物在整批(零担)货物基本运价的基础上加40%~60%。

⑥其他类型的运价。

a. 协议运价:指由承、托双方自由协商达成的运价。这种运价在不受运价管制的地区或不受管制的时期适用。

b. 站到站运价:指托运人和收货人自己完成所有货物的集运和交付,承运人只负责在站到站之间的货物运送时的运价。

c. 服务时间运价:运价的高低与运输服务时间挂钩。运输时间短,运价高;反之,运价低。如正好在规定的时间完成运输,则按标准运价计费。

d. 总量运价:总量运价适合于零担运输,即托运人给予承运人的累计运量达到一定数额,便享受运价优惠。运量越大,优惠越大。

e. 限额赔偿运价:限额赔偿是指如果在运输中出现货损货差,承运人只赔偿某一限额,而不是货物的全部价值。这种运价低于正常运价。

3. 公路运输运费的计价标准

(1)计费质量(箱数)。

①计量单位:整批货物运输以"t"为单位;零担货物运输以"kg"为单位;集装箱运输以"TEU"为单位。

②计费质量(箱数)的确定:

a. 一般货物。整批、零担货物的计费质量均按毛重(含货物包装、衬垫及运输需要的附属物品)计算。零担货物起码计费质量为1kg,质量在1kg以上,尾数不足1kg的,四舍五入。集装箱的计费箱数为实际箱数。货物计费质量一般以起运地过磅质量为准。起运地不能或不便过磅的货物,由承、托双方协商确定计费的质量。

b.轻泡货物。车辆装运整批轻泡货物后的高度、长度、宽度,以不超过有关道路交通安全规定为限度,货物的计费质量按车辆标记吨位计算。零担运输轻泡货物以货物包装最长、最宽、最高部位计算体积,按每立方米折合333kg计算其计费质量。

c.包车运输的货物。包车运输的货物按车辆的标记吨位计算其计费质量。

d.散装货物。如砖、瓦、砂、石、矿石、木材等散装货物,按体积由各省、自治区、直辖市统一规定的质量换算标准计算其计费质量。

e.由托运人自理装车的货物,托运人应装足车辆额定吨位,未装足的,按车辆额定吨位计算其计费质量。

f.统一规格的成包成件货物,根据某一标准件的质量计算全部货物的计费质量。

g.接运其他运输方式的货物,无过磅条件的,按前程运输方式运单上记载的质量计算。

h.拼装分卸的货物按最重装载量计算。

(2)计费里程。

公路货物运输计费里程以"km"为单位,尾数不足1km的,进整为1km。货物运费的计费里程的确定,按装货地点至装卸地点的实际载货的营运里程计算。营运里程以省、自治区、直辖市交通行政主管部门核定的营运里程为准,未经核定的里程,由承、托双方商定。

同一运输区间有两条(含两条)以上营运路线可供行驶时,应按最短的路线计算计费里程或按承、托双方商定的路线计算计费里程。

拼装分卸的货物,其计费里程为从第一装货地点起至最后一个卸货地点止的载重里程。

出入境汽车货物运输的境内计费里程以交通主管部门核定的里程为准;境外里程按毗邻国(地区)交通主管部门或有权认定的部门核定的里程为准。未核定里程的,由承、托双方协商按车辆实际运行里程计算。

因自然灾害造成道路中断,车辆需绕道行驶的,按实际行驶里程计算。

城市市区里程按当地交通主管部门确定的市区平均营运里程计算;当地交通主管部门未确定的,由承、托双方协商确定。

(3)计时包车货运计费时间。

①计时包车货运计费时间以"h"为单位,起码计费时间为4h;使用时间超过4h,按实际包用时间计算。

②整日包车,每日按8h计算;使用时间超过8h的,按实际使用时间计算。

③时间位数不足0.5h的舍去,达到0.5h的进整为1h。

(4)运价的单位。各种公路货物运输的运价单位分别为:

①整批运输:元/(t·km);

②零担运输:元/(kg·km);

③集装箱运输:元/(TEU·km);

④包车运输:元/(吨位·h)。

出入境运输涉及其他货币时,在无法按统一汇率折算的情况下,可使用其他自由货币为运价单位。

4.公路货物运输的其他费用

除吨(箱)次费用、运价费用外,公路货物运输其他费用还包括调车费、延滞费、装货(箱)落空损失费、排障费、车辆处置费、检验费、装卸费、车辆通行费、保管费、道路阻塞提车费、运输变更手续费。

(1)调车费。调车费是应托运人要求,车辆调往外省、自治区、直辖市或调离驻地临时外出驻点参加营运,调车往返空驶者,可按全程往返空驶里程、车辆标记吨位和调出省基本运价的50%计收调车费。

(2)延滞费。发生下列情况,应按计时运价的40%核收延滞费:

①因托运人或收货人责任引起的超过装卸时间定额;

②应托运人要求运输特种或专项货物需要对车辆设备改装、拆卸和清理延误的时间;

③因托运人或收货人造成不能及时装箱、卸箱、掏箱、拆箱、冷藏箱预冷等。

由托运人或收、发货人责任造成的车辆在国外停留延滞时间延滞费,按计时包车运价的60%～80%核收。

(3)因承运人责任引起货物运输期限延误,应根据合同规定,按延滞费标准,由承运人向托运人支付违约金。

(4)装货(箱)落空损失费。应托运人要求,车辆开至约定地点装货(箱)落空造成的往返空驶里程,按其运价的50%计收装货(箱)落空损失费。

(5)道路阻塞停运费。汽车货物运输过程中,如发生自然灾害等不可抗力造成的道路阻滞,无法完成全程运输,需要就近卸存、接运时,卸存、接运费用由托运人负担。其中,已完运程收取运费;未完运程不收运费;托运人要求回运,回程运费减半;应托运人要求绕道行驶或改变到达地点时,运费按实际行驶里程核收。

(6)车辆处置费。应托运人要求,运输特种货物、非标准箱等需要对车辆改装、拆卸和清理所发生的工料费用,均由托运人负担。

(7)车辆通行费。车辆通过收费公路、渡口、桥梁、隧道等发生的费用,均由托运人负担。

(8)运输变更手续费。托运人要求取消或变更货物托运手续,应核收变更手续费。因变更运输,承运人已发生的有关费用,应由托运人负担。

(二)公路货物运价的特点

1. 区域性强

公路运输成本水平受自然条件的影响大,不同地形、气候条件下成本差异较大,必然使运输价格出现较大差异。由于运输产品不能储存,不同条件下的运价不能相互替代。所以,公路运输不能制订全国统一运价。

2. 车型、运距、运量对运价均有影响

车型、运距、运量对运输效率影响大,造成运输成本的差异,在运价上必须给予补偿。因此,公路运输的运价一般会采取差价或加价的方法补上,根据不同情况制订不同的运价。

3. 货物种类对运价的影响

货物种类不同,对车型的要求、运输的要求也不同,运输企业承担的风险不同,造成成本差异,所以应对不同的货物制订不同的运价。

4. 运输质量对运价的影响

一方面,高水平的服务质量会增加产品的使用价值,增加货物的收益。例如,运送速度的提高可以减少货物在途时间,增强运输的时间效用,加速货物周转,即加速了货物的资金周转。另一方面,为提高运输质量,运输企业要支付较高的成本。因此,运价要依据运输质量的不同采取优质优价原则,制订不同的运价。

四、技能训练准备

（1）调研表格的设计；
（2）训练地点：教室。

五、技能训练步骤

（1）确定计费质量；
（2）确定计费里程；
（3）确定计时包车货运计费时间；
（4）运费计算。

六、技能训练注意事项

（1）调查问卷设计要合理，调查内容应真实，填写问卷要认真；
（2）查阅资料的范围要相对广泛；
（3）掌握运费结算的流程。

七、技能训练评价

请完成技能训练后填写附录一。

八、技能训练活动建议

建议在训练过程中根据当地实际公路货物运输业务进行训练。

思考练习

1. 简答题
（1）公路运输运价的基本组成有哪几部分？
（2）公路运输运价的特点有哪些？

2. 技能练习
（1）某货主向某汽车运输公司托运食用植物油 5t，承运人公布的一级普货费率为 1.5 元/t·km，吨次费为 16 元/t，该批货物运输距离为 75km，查运价分级表知该批货物为普货三级，计价加成 30%，途中通行收费 45 元。请计算货主应支付的运费为多少？
（2）某人包用运输公司一辆 8t 货车 3h40min，包车运价为 15 元/(t·h)，应包用人要求对车辆进行了改装，发生工料费 120 元，行驶里程总计 150km。请计算包用人应支付多少运费？
（3）某商人托运两箱毛绒玩具，每箱规格为 1.0m×0.8m×0.8m，毛重 185.3kg，该货物运费率为 0.002 5 元/(kg·km)，运输距离 120km。请计算货主需要支付多少运费？

项目四　公路货物运输企业绩效评估

教学要点

（1）分组讨论某一公路货物运输企业的绩效情况
（2）总结公路货物运输绩效评估指标
（3）对公路货物运输企业绩效评估结果进行分析

教学方法

可采用案例教学和分组讨论等方法。

一、情 景 设 置

某公路货物运输公司王经理欲系统地了解本公司的业绩状况，以便为企业今后的生产经营做出合理规划，并对本公司的经营效益及效率进行分析，王经理的这份绩效评估报告应采用什么指标体系呢？

二、技能训练目标

能够建立公路运输企业绩效评价指标体系并对绩效评估结果进行分析。

三、相关理论知识

（一）物流企业运输绩效评估指标体系

对公路货物运输企业绩效的评估，实质是对其公路货物运输服务能力、竞争能力、学习能力的综合衡量。许多外国公路货物运输企业都有一整套完善、科学的公路货物运输绩效评估体系，而我国的公路货物运输企业对管理的绩效评估作用认识不足，多是对职能部门的工作完成状况进行评估，而不是对公路货物运输活动进行动态和全程的评估。因此，我国公路货物运输企业需要制订出科学合理的公路货物运输绩效评估体系。

结合公路货物运输企业的生产经营特点，设置公路货物运输企业绩效评估指标体系应考虑以下5个方面：服务质量、服务成本、市场能力、信息利用能力和学习能力。

1. 服务质量

服务质量是公路货物运输企业绩效的核心部分。按照业务流程，将其分为运输前服务质量、运输中服务质量和运输后服务质量。

（1）运输前服务要素评估指标。

①目标车辆可得率：客户需要车辆时，用其衡量需求可得性的情况；
②目标交付时间：企业向客户计划或者承诺的货物交付时间；
③沟通能力：企业在运输前与客户的信息沟通能力。

(2)运输中服务要素评估指标。

①托运的方便性:客户通过多种方式进行托运的可能性和每种方式的方便程度;

②托运处理时间:从顾客开始填写托运单到验收货物完毕时的时间长度;

③货物跟踪能力:对运输货物所处状态进行跟踪的能力;

④准时交货率:准时交货的数目与交货总数目的比率;

⑤交货柔性:物流企业满足客户紧急发货或延迟发货的可能性以及应对突发事件的能力;

⑥货损货差率:服务过程中损失的货物总吨数与运输货物总吨数的比率。

(3)运输后服务要素评估指标。

①运单完成率:一定时期内完成的运单数量与运单总数的比率;

②运单处理正确率:一定时期内正确地处理运单总数与运单总数的比率;

③退货或调换率:一定时期内由于错装、错卸、错交,导致退货或换货总量与发货总量的比率;

④货物赔偿率:一定时期内由于货物丢失、损坏、运输误期及违约等原因所造成的赔偿金额与同期运输总收入的比率;

⑤客户投诉率:一定时期内客户投诉次数与总服务次数的比率;

⑥客户投诉处理时间:企业对客户投诉进行调查,采取补救措施,最终达到客户要求的总时间;

⑦顾客满意度:对公路货物运输服务表示满意的客户与接受调查的客户总数的比率,可以通过定期和不定期的客户调查问卷来获得。

2.服务成本

单位产品的公路货物运输成本通过公路货物运输费用与产品总量的比值来确定,根据产品本身的特点,可以按单位体积、单位成本、单位产品数量的公路货物运输费用来衡量。

(1)运输系统成本。运输企业提供一体化物流服务所发生的整个公路货物运输系统的成本。

(2)公路货物运输成本控制水平。公路货物运输成本控制水平反映了公路货物运输企业对成本的控制能力。

$$公路货物运输成本控制水平 = \frac{采取措施而节约的运输成本 - 为采取成本控制所支付的费用}{采取措施前的运输成本}$$

3.市场能力

(1)市场占有率。某公路货物运输企业的市场份额与同行业总份额的比率。

(2)市场增长率。某公路货物运输企业市场增长份额与该企业市场占有份额的比率。

(3)市场应变能力。对于公路货物运输市场变化的觉察、识别、采取行动以及信息反馈的能力,可采用十分制来量化。

4.信息利用能力

信息利用能力是指公路货物运输企业拥有可靠的计算机网络和物流信息管理系统,以高效地提供物流信息,为物流作业提供及时有效支持的能力。

(1)基础设施水平。这是公路货物运输企业信息化的基础条件,包括硬件规模和普及率、信息网络应用状况和物流信息标准化、电子化应用状况等。

(2)物流管理信息化水平。利用物流信息系统(ERP软件、GPS系统、GIS系统、运输调度系统、仓储管理系统、订单管理系统等)有效控制和管理物流的各个环节的能力,它是反映公路货物运输企业信息技术能力的关键指标,可以从物流信息系统的功能性(如在线下单、网上报价、在途查询、决策支持能力)、集成性、系统适用性3个方面来评估。

(3)信息传递效率水平。这是指信息传递的可得性、准确性和及时性等。

(4)信息活动主体水平。这是指员工利用计算机网络和物流信息管理系统的能力。

5.学习能力

未来企业的竞争就是学习能力的竞争,最成功的企业将是"学习型组织"的企业。让工作学习化,学习工作化,每个员工全身心地投入工作和学习,使企业的创造力和竞争力随着员工创造力的增长而不断发展。因此,学习能力应作为公路货物运输企业业绩评估的重要指标。

(1)员工素质。这是指企业员工的知识水平、修养、自信和相互信任程度等。

(2)员工满意度。这是指员工对工作的满意程度、积极性。

(3)信息渠道的畅通程度。这是指组织内部获得所需各种信息的渠道的通畅程度。

(4)知识和信息共享程度。这是指企业成员之间交流经验,探讨业务技能,互相帮助学习所需技能的程度。

(5)对学习的重视程度。这是指企业对员工进行培训,并建立评估和激励体系,对组织成员的学习和创新给予支持和奖励的力度。

纵观上述指标体系,可以看出物流企业运输绩效是一个相当复杂的概念,应先确定各指标权重,然后再采用数学方法进行处理。目前比较常用的公路货物运输企业绩效评估方法主要有关键业绩指标法(KPI)、标杆法(或基准法)、数据包络分析法(DEA)、主成分分析法、层次分析法(AHP)等。这些方法各有千秋,企业可以根据实际情况进行选择。在企业绩效评估中应用广泛且容易操作的方法是关键业绩指标法。

关键业绩指标法指运用关键业绩指标进行绩效考评,是在现代企业受到普遍重视的方法,它符合一个重要的管理原理,即"二八理论"。这一方法的关键是建立合理的关键业绩指标。运用关键业绩指标法进行物流企业绩效评价包含以下程序。

第一,由绩效管理部门将企业的整体目标及各个部门的目标传达给相关员工;第二,各部门将自己的工作目标分解为更详细的子项目;第三,对关键业绩指标进行规范定义;第四,根据企业绩效考评制度及有关规定,由各相应权限部门进行考评操作,得出考评结果;第五,将考评结果所得的数据应用于管理工作的有关方面,改进组织效率。

目前我国物流业还处于起步阶段,未形成一套完善的公路货物运输服务绩效评估指标体系和评估方法,该领域的研究主要是与实践结合较少的理论研究。因此,在公路货物运输企业绩效的评估研究中,应该结合具体环境和企业进行实证研究,从企业长远发展出发,针对企业具体的评估目的、评估思路、评估指标、评估方法等过程进行阐述,以建立最符合企业需要的评估系统。

(二)评估结果的分析方法

在前面,我们已整理出许多公路货物运输绩效评估指标,然而,针对这些指标,如何判断其数据是好是坏,要不要进行改善,就必须有判断好坏的基准。比较的基准有三种方法,如图2-2所示。

1.同行业其他公司的状况或本行业的平均值

这就是竞争比较。一般竞争对象明确的企业,如能和同行业其他公司的状况做比较,就能判断自身的优劣。企业经营原本就是企业间的竞争，因此是否优于竞争对象就极为重要。在公路货物运输业中，性质相近的公司很多，即使不是直接竞争的公司，只要规模、作业性质差不多，都可作为比较学习的对象。但收集这种竞争性的比较资料较不易，除了一些属于一般性的财务资料可从相关刊物中获得外，其他较详细的资料很少，当然还可以通过参观、沟通来

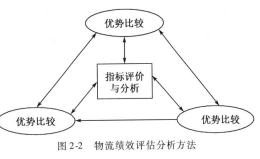

图2-2　物流绩效评估分析方法

取得。但目前在国内各公司资料不全与极端保密的情形下，要做到这一点并不容易。

2. 企业过去的状况

这是趋势比较法，除了了解和比较同行业其他公司的状况外，将企业本身前后期的营运作业情况作比较，可清楚地知道企业如今是处于成长还是衰退的状况。例如，本期算出驾驶员生产率为100 000 t·km，但该数据究竟比过去变好还是变坏了，就必须经过比较才能下结论，成长的100 000 t·km与衰退的100 000 t·km代表的意义将完全不同。而且，即使与A公司比较此"100 000 t·km"的数据稍差，但若A公司营运正逐渐恶化，而本公司人员生产率有逐渐提升的趋势，这也是一项积极的信息。所以，进行企业自身若干时期资料的比较，注意其变化趋势是绝对必要且有效的。

3. 目标或预算

这是对目标的比较。公司的自我分析，除应注意趋势的变化外，还应对照公司根据营运状况设定的目标或预算值进行比较，以了解公司运作水准是否达到了预期的目标。其结果可作为管理者今后计划的方向或为重新设定新目标值提供参考。

(三) 评估指标的分析

在评估过程中，首先是获得营运作业涉及的各项评估指标，然后选择比较的基准，依照指标反映的状况进行分析。

分析是为了了解事情真相并找出问题所在而对物流系统所作的详细探讨。因此，评估指标分析，是指对实际数据的分析，通过分析出现问题并整理出需采取的行动，以决定改善对策。分析步骤如图2-3所示。

图2-3　指标分析步骤

对于问题，应耐心地加以发掘确认，找出真正的问题点，且对于需要改善的问题点，从其营运作业的机能以及各种角度上探讨其发生原因，进而提出解决方案。

有时，问题点并非由单一指标即可明显看出，必须配合二、三个不同项目指标才能找出真正问题，因而对于指标数据的分析，应从以下两方面来进行。

1. 单一指标分析法

以单一指标来评估营运生产率，即单一指标分析法。有些指标在单独使用时，往往会忽略其他重要的层面。例如用工作率衡量车辆工作状况，就会忽略了出车时间的利用程度。

2. 多元指标分析法

找出互有关系的指标，由多个相关性指标来分析公司现状，即同时以多个指标来评估生产率即为多元指标分析法。在评估过程中应注意各种指标所占权重。

多元指标相互之间并不一定是周延的(周延是指指标间的配合掌握,完全没有遗漏)。

上述两种方法都有局限性。在何时使用何种方式进行分析,需要分析人员自己判断,以作出对公司最有效的分析。

(四)改善问题的步骤及要点

改善就是要打破现状,使事情做得更好。因此,一旦找出问题并加以检讨之后,必定会产生改善构想。而这种改善其原则应是以科学(客观)的观点配合企业所追求的目的,选取最佳方式。现状改善是一种实务工作,可模仿以往的或他人所采行的方法进行,或以改善构想要点作为改善基准进行。当然也有通过创新而获良好改善成果的。不论是采用何种改善方式,都应依基本的改善步骤来进行现状改善。

(1)由问题点决定亟待解决的问题。在这一步中就是要进行问题的评估,也就是预测每一问题对公司未来营运绩效的影响程度,根据影响程度的不同安排解决的时间。问题经评估后,其重要性通常可分为下列四级。

①错误的警示:对公司影响程度很小的问题,应予以忽略。

②非紧急性:对将来可能会有影响,可先延后,将来再解决。

③稍微的紧急性:指必须在下一规划周期之前解决的问题,应在此阶段制订出改善的计划及日期。

④紧急的问题:指必须立即处理的问题。

(2)收集事实,调查比较各个事实之间相互关系,确定改善目标。

(3)分析事实,检查改善方法。这一步希望全体工作人员共同献计献策,朝着轻松(减轻劳动强度、提高熟练程度)、良好(维持、提升的品质)、迅速(缩短作业时间)、低廉(降低成本)、安全(防止事故)的改善目标来寻求改善方案。

(4)将构想出的改善方案提报检核,并做好实施的准备。

(5)先试行改善,且详细追踪记录实施结果。

(6)评价试行实施结果,并使之标准化。检查改善效果,若确实较改善前的情况有进步,就考虑将改善的方式标准化,以作为往后的依据。在最后的步骤要针对新的作业方式拟定日后管理制度,确定长期的改善效果,以便追踪衡量。

(7)设定管制标准,执行管理。

四、技能训练准备

(1)找一家公路货物运输企业,建立绩效评价指标体系并计算相关指标,对其进行绩效评价;

(2)对计算的各评价指标进行分析,完成评价报告。

五、技能训练步骤

(1)选择典型的公路货物运输企业;

(2)搜集所选定企业的相关资料;

(3)对其进行绩效评价;

(4)对评价指标进行分析,完成评价报告。

六、技能训练注意事项

(1) 资料查阅的范围要相对广泛;
(2) 绩效评价方法的选取要正确。

七、技能训练评价

请完成技能训练后填写附录一。

八、技能训练活动建议

建议在训练过程中根据当地实际公路货物运输业务进行训练。

思考练习

1. 简答题

(1) 物流企业运输绩效评估指标有哪些?
(2) 公路货物运输企业指标分析有哪几个主要步骤?

2. 技能训练

(1) 找一家物流运输企业,对其进行绩效评价,先建立评价指标体系,然后计算相关指标。

(2) 对上题评价指标进行分析,完成评价报告。评价的方式有教师评价、小组内部成员评价和第三方评分组成员评价,建议教师评价占60%的权重,小组内部成员评价占20%的权重,第三方评分组成员评价占20%的权重,将三者评价综合得分作为该项目的评价分。

任务三　铁路货物运输

内容简介

本部分主要介绍铁路货物运输相关的基本知识和业务技能,包括铁路货物运输设备与设施、铁路货物运输方式、铁路货物运输业务流程及铁路货物运输单证等内容。

教学目标

1. 知识目标
(1) 掌握铁路货物运输的概念
(2) 了解铁路货物运输的技术装备及设施
(3) 掌握铁路货物运输业务流程
(4) 掌握国内铁路货物运输相关单证的概念
2. 技能目标
(1) 能解释铁路货物运输的概念
(2) 能应用铁路货物运输业务流程

案例导入

随着改革开放的深化以及经济产业结构的调整,交通运输企业焕发出前所未有的活力,各种运输方式发展迅猛。铁路货物运输虽然运量逐年增长,但市场份额却逐年下降。零散货物大量流向公路,相当一部分由铁路运输的大宗物资改走公路和水路,铁路货物运输原有的垄断地位已不复存在。在保持主要货运品类运量逐年增长势头的同时,铁路运输面临着越来越严峻的挑战。2010 年全国铁路运输主要品类见表 3-1。

表 3-1　2010 年全国铁路运输主要品类

品　类	单　位	2010 年完成	比 2009 年%	"十一五"完成	比"十五"%
煤	万吨	200 043	14.3	836 499	61.4
冶炼物资	万吨	85 500	10.1	372 789	48.1
粮食	万吨	10 109	-0.3	54 737	8.4
石油	万吨	13 834	4.5	72 619	10.3
化肥农药	万吨	8 618	3.1	42 352	29.6
集装箱	万吨	8 612	20.1	37 146	33.9

(资料来源:《中华人民共和国铁道部 2010 年铁道统计公报》)

引导思路

(1) 铁路货物运输的主要品类有何特点?
(2) 哪些因素导致了铁路货物运输面临严峻的挑战?

项目一　铁路货物运输设备与设施

教学要点

（1）利用网络收集常见的铁路货物运输设备与设施的资料
（2）分小组讨论，比较各种铁路货物运输设备的适用性
（3）根据货物特点选择合适的运输设施与设备

教学方法

采用讲授、案例教学和分组讨论等方法。

一、情　景　设　置

铁路运输是利用机车车辆等技术设备沿敷设轨道运行的运输方式。假设有一批货物需要通过铁路运输，请根据公司所运输货物的性质、特点，选择合适的铁路运输设备与设施。

二、技能训练目标

通过学习和分组讨论，掌握各种运输设备的特点，能根据货物的性质、特点选择合适的铁路运输设备。

三、相关理论知识

铁路运输的设备与设施主要包括：铁路线路、货运场站、铁路机车及铁路车辆、铁路信号。

（一）铁路货物运输线路

1. 概念

铁路线路（Railway Line）是指在路基上铺设轨道，供机车车辆和列车运行的土工构筑物。铁路线路是机车车辆和列车运行的基础，由轨道、路基、桥涵、隧道建筑物组成。

（1）轨道。它是引导列车行驶方向，支撑其载重并传递给路基或桥面的线路上部建筑物。轨道由钢轨、轨枕、道床、连接零件、防爬设备等部分组成。

（2）路基、桥涵、隧道建筑物。这些部分是轨道的基础，是铁路线路的下部建筑。

①路基，由天然土、石、沙筑成，由路基本体、排水设施和防护加固设备组成。

②桥涵，是铁路穿越沟谷障碍、河流等的设施。

③隧道，是铁路穿越山岭、湖泊、城市的设施。它可以克服高程障碍，缩短铁路建筑长度。

2. 种类

（1）正线。正线是指连接两车站并贯穿或直股伸入车站的线路，可分为区间正线和站内

正线,连接车站的部分为区间正线,贯穿或直股伸入车站的部分为站内正线。

(2)站线。站线是车站内除正线外的线路,包括到发线、编组线、调车线、停车线、牵出线、货物线及站内指定用途的其他线路。

(3)段管线。段管线是指机务、车辆、工务、电务、房产等段专用并由其管理的线路。

(4)岔线。岔线是因特殊需要,在区间或站内接轨,通往路内外单位的专用线路。如工业企业线、专用线、支线等。

铁路线路应当经常保持完好状态,使列车能按规定的最高速度安全、平稳和不间断地运行,以保证铁路运输部门能够质量良好地完成运输任务。

(二)铁路货物运输场站

1. 概念与分类

铁路货物运输场站,简称货运站,是铁路运输物资集散、列车停靠的场所,专门办理货物装卸、联运或换装等作业。

为提高铁路运输效率与运输能力,在铁路货运场站,除了办理货物运输的各项作业外,还要办理与列车运行相关的各项作业,如列车的接发、会让与越行、车站列车解体与编组、机车的换挂与车辆的检修等。

货运站按其性质分为装车站、卸车站和装卸车站。按其办理的货物种类又可分为综合性货运站和专业性货运站。

2. 主要设备

货运站一般应具有下列主要设备:

(1)运转设备。包括各种用途的股道,如到发线、调车线、牵出线、货物线、走行线及存车线等。

(2)场库设备。包括仓库、雨棚、站台、堆放场以及取送货物的道路及停车场。

(3)装卸设备。包括各种装卸机械和搬运机械等。

(三)机车车辆

1. 铁路机车

机车是铁路运输的牵引车,也称为动力车。按照原动力划分,机车可分为以下3种类型:

(1)蒸汽机车。这是早期的铁路机车类型。它利用燃煤将水加热成水蒸气,再将水蒸气送入气缸,借以产生动力,来推动机车的车轮转动。

(2)内燃机车。以柴油作燃料让内燃机运转发电机产生电流,再由电流驱动电动机使其带动车轮转动。

(3)电力机车。利用机车上的受电弓将高压电流自轨道上空的接触电线网直接输入至机车内的电动机,以电流驱动电动机,使之带动机车车轮转动。

三种不同类型的机车比较如表3-2。

2. 铁路货物运输车辆

铁路货物运输车辆是运送货物的工具,它本身没有动力装置,需要把车辆连挂在一起由机车牵引,才能在线路上运行。按照车辆的用途或车型可分为通用货车和专用货车。

(1)通用货车的类型。

①棚车。棚车是铁路上主要的封闭式车型。棚车较多采用侧滑开门,可使用小型叉车、手推车、手车等进入车厢内装卸。也有车顶设滑动式顶棚,拉开后和敞车类似,可采用吊车

从上部装卸。棚车用于运送需防晒、防潮、防雨雪的货物和防止丢失、散失等较贵重的货物,包括各种粮谷、日用工业品及贵重仪器设备等。一部分棚车还可以运送人员和马匹。

三种不同类型的机车比较表 表3-2

项 目	蒸 汽 机 车	内 燃 机 车	电 力 机 车
构造	简单	复杂	复杂
造价	低廉	较高	较高
运行速度	最小	较高	最高
功率	最小	较大	最大
热能效率	最低	较高	最高
空气污染度	最严重	轻微	没有
维护难易度	容易	困难	容易

②敞车。敞车是铁路上的一种主要车型。敞车没有车顶,但设有车厢挡板(槽帮),主要用于装运建材、木材、钢材、袋装或箱装杂货和散装的矿石、煤炭等货物。

③平车。平车是铁路上大量使用的一种车型。平车无车顶和车厢挡板,车体自重较小,装运吨位可相应提高,无挡板制约,装卸较方便,必要时可装运超宽、超长的货物,主要用于装运大型机械、集装箱、钢材、大型建材等。在平车的基础上,采用相应的技术措施,可发展成集装箱车、车载车、袋鼠式车等,以满足现代物流运输的要求,提高载运能力。

(2)专用货车的类型。

①保温及冷藏车。保温及冷藏车是指能够保持一定温度并能进行冷冻运输的车辆。目前我国以成列使用机械保温车为多,车内装有制冷设备,可自动控制车内温度。保温及冷藏车主要用于运送新鲜蔬菜、鱼、肉等易腐货物。

②罐车。罐车是铁路上用于装运气、液、粉等货物的专用车辆。有横卧圆筒形、立置筒形、槽形、漏斗形。罐车分为装载轻油用罐车、黏油用罐车、酸类罐车、水泥罐车、压缩气体罐车多种。罐车主要运送液化石油气、汽油、盐酸、酒精等液体货物。

③特种车。特种车是装运特殊货物的车辆。有长大货物车、牲畜装运车、煤车、矿石车、矿砂车等。

车号,包括型号及号码,是识别车辆的最基本的标记。型号又有基本型号和辅助型号两种。基本型号代表车辆种类,用字母表示。我国部分铁路货车的种类及基本型号如表3-3所示。

我国部分铁路货车的种类及基本型号 表3-3

顺 序	车 种	基本型号	顺 序	车 种	基本型号
1	棚车	P	8	集装箱专用车	X
2	敞车	C	9	家畜车	J
3	平车	N	10	罐车	G
4	矿砂车	A	11	水泥车	U
5	煤车	M	12	长大货物车	D
6	矿石车	K	13	活鱼车	H
7	保温车	B	14	特种车	T

(四)信号设备

1. 概念

铁路信号设备是指用特定的物体(包括灯)的颜色、形状、位置,向铁路行车人员传达有关机车车辆运行条件、行车设备状态以及行车的指示和命令等信息的设备。

信号设备大体上可以分为车站联锁设备、区间闭塞设备、机车信号和列车运行控制设备、调度监督和调度集中、驼峰调车、道口信号设备等。

铁路信号设备是组织指挥列车运行,保证行车安全,提高运输效率,传递信息,改善行车人员劳动条件的关键设施。

2. 设备构成

铁路信号的基础设备有:信号继电器、信号机、轨道电路、转辙机等。

(1)信号继电器是铁路信号中所用各类继电器的统称。安全型继电器是信号继电器的主要定型产品,采用24V直流系列的重弹力式直流电磁继电器,其基本结构是无极继电器。电磁原理使其吸合,依靠重力使其复原。利用其接点控制相应的电路。

(2)信号机和信号表示器构成信号显示,用来指示列车运行和调车作业的命令。

(3)轨道电路用来监督列车对轨道的占用和传递行车信息。站内采用25 Hz反映列车占用情况。移频轨道电路是移频自动闭塞的基础,通过它发送各种行车信息。

(4)转辙机用于完成道岔的转换和锁闭,是关系行车安全的最关键设备。

四、技能训练准备

(1)学生每5人为一个小组,每个小组选一名组长;

(2)卡片若干张;

(3)教师现场指导;

(4)训练时间安排:1学时。

五、技能训练步骤

(1)以每位学生为单位,在卡片上写出铁路货物运输车辆的类型(每张卡上写3种,所有卡片不重复);

(2)教师列举出需要通过铁路运输货物的名称、大小、质量、性质,各组通过卡片问询法,收集每位学生根据货物而选择的铁路货物运输车辆;

(3)以组为单位确定选择的铁路货物运输车辆;

(4)每组派一位代表陈述结果。

六、技能训练注意事项

(1)卡片填写要认真,一丝不苟;

(2)卡片汇总后要进行归类;

(3)铁路货物运输车辆的选择要有理有据、要准确。

七、技能训练评价

请完成技能训练后填写附录一技能训练评价表。

八、技能训练活动建议

建议组织学生到铁路货物运输站场进行现场参观,实地了解相关的铁路货运设施设备。

思考练习

1. 简答题
(1)铁路机车的作用是什么?
(2)铁路货物运输场站具体办理哪些业务?
(3)铁路货物运输车辆有哪些类型?
2. 案例分析题

铁路建设或能缓解公路治超压力

"铁路货运能力不足,是超载很重要的一个外部因素。而从2011年2月铁道部部长换人后,新上任的铁道部部长盛光祖调整了'十二五'期间的建设重点。'十二五'规划的第一条就是要建设货运通道,这是很明智的做法。"有业内专家如此表示。

据了解,铁道部在"十二五"规划中,再次确定了铁路建设中长期规划的铁路建设总体规模内容,包括高铁网络、快速铁路网络和铁路货运网络体系,并重点强调"强化重载货运网"。同时,在铁道部"十二五"期间的铁路建设重点中包含了"建成拉萨至日喀则等西部干线,建成山西中南部、蒙西至华中地区等煤运通道"等货运线的建设内容。

"实际上建设货运通道的技术难点要远低于建设高铁,技术也很成熟。铁路货运能力增强以后,煤炭运输回归到铁路上,进而就能减轻公路上煤炭、矿石等大宗货物运输的压力。到时候超载超限车就不会那么多了。"该专家分析道。

近年来,京藏高速公路堵车频发,且一堵就是好几天,而在堵车的队伍里,运煤的车辆为数众多。"随着铁路货运线一条条建起来,公路治超治限的压力就能够大幅减轻,至少京藏高速公路堵车这种事情不会这么严重。"

分组讨论回答以下问题:
(1)铁路货物运输有哪些优势?
(2)案例中的煤炭、矿石等大宗货物运输应选择何种铁路货运车辆比较合适?

项目二 铁路货物运输方式

教学要点

(1)利用网络,收集铁路货物运输方式的类型
(2)由小组讨论,明确各种铁路货物运输方式的特点

（3）根据实例，选择合适的铁路货物运输方式

教学方法

采用案例教学和分组讨论等方法。

一、情 景 设 置

铁路货物运输方式的划分按照运输条件、运输速度、货物特性等的不同而不同。某物流公司现有一批货物需要通过铁路运输，这批货物包括：鲜活易腐货物、整批货物、普通货物、阔大货物、危险货物、贵重商品、易损货物等，请根据所要运输货物的大小、质量、性质等，选择不同的铁路货物运输方式。

二、技能训练目标

通过学习，能根据所要运输货物的大小、质量、性质等，为物流企业选择不同的铁路货物运输方式。

三、相 关 理 论

（一）普通货物运输和特殊货物运输

铁路货物运输方式按运输条件的不同分普通货物运输和特殊货物运输。

（1）普通货物运输是指在铁路运输过程中，按一般条件办理的货物运输业务，如煤、粮食、木材、钢材、矿建材料等货物的运输。

（2）特殊货物运输包括超长/集重/超限货物、危险货物、鲜活货物等需要特殊运输条件的货物运输业务。

①阔大货物运输。阔大货物运输是指一些长度长、质量大、体积大的货物运输业务，包括超长货物、集重货物和超限货物。

②危险货物运输。危险货物运输是指在铁路运输中，凡具有爆炸、易燃、毒蚀、放射性等特性，在运输、装卸和储存保管过程中，容易造成人身伤亡和财产毁损而需要特殊防护的货物运输业务。

③鲜活货物运输。鲜活货物运输是指在铁路运输过程中需要采取制冷、加温、保温、通风、上水等特殊措施，以防止腐烂变质或死亡的货物，以及其他托运人认为须按鲜活货物运输条件办理的货物运输业务。鲜活货物分为易腐货物和活动物两大类。易腐货物主要包括肉、鱼、蛋、奶、鲜水果、鲜蔬菜、鲜活植物等；活动物主要包括禽、畜、蜜蜂、活鱼、鱼苗等。

④灌装货物运输。灌装货物运输是指用铁路罐车运输。

（二）整车、零担和集装箱运输

铁路货物运输方式按一批货物的质量、体积、性质、形状分为整车运输、零担运输和集装箱运输。"一批"是铁路运输货物的计数单位，铁路承运货物和计算运输费用等均以批为单位。按一批托运的货物，其托运人、收货人、发站、到站和装卸地点必须相同。

由于货物性质、运输的方式和要求不同,下列货物不能作为同一批进行运输:易腐货物和非易腐货物;危险货物和非危险货物;根据货物的性质不能混装的货物;投保运输险的货物和未投保运输险的货物;按保价运输的货物和不按保价运输的货物;运输条件不同的货物。

不能按一批运输的货物,在特殊情况下,如不致影响货物安全、运输组织和赔偿责任的确定,经铁路有关部门承认也可按一批运输。

1. 整车运输

整车运输是指一批货物至少需要一辆货车的运输。具体地说,凡一批货物的质量、体积或形状需要以一辆或一辆以上货车装运的,均应按整车托运。

(1)整车运输的条件。

①货物的质量与货种。

我国现有的货车以棚车、敞车、平车和罐车为主。标记载质量(简称为标重)大多50t和60t,棚车容积在100m^3以上,达到这个质量或容积条件的货物,即应按整车运输。

②货物的性质与形状。

有些货物,虽然其质量、体积不够一车,但按性质与形状需要单独使用一辆货车时,应按整车运输。如:需要冷藏、保温、加温运输的货物;规定限按整车运输的危险货物;易于污染其他货物的污秽品;蜜蜂;不易计算件数的货物;未装容器的活动物。

(2)整车分卸。

整车分卸的目的是为解决托运人运输的数量不足一车而又不能按零担办理的货物的运输。这类货物又常是工农业生产中不可缺少的生产资料,为了方便货主,可按整车分卸运输。其条件为:

①运输的货物必须是不得按零担运输的货物,但蜜蜂、使用冷藏车装运需要制冷或保温的货物以及不易计算件数的货物,不能按整车分卸办理;

②所到站必须是同一径路上两个或三个到站;

③必须在站内卸车;

④在发站装车必须装在同一货车内作为一批运输。

注意:按整车分卸办理的货物,除派有押运人外,托运人必须在每件货物上拴挂标记,分卸站卸车后,对车内货物必须整理,以防偏重或倒塌。

(3)准、米轨直通运输。

所谓准、米轨直通运输是指使用一份运输票据,跨及准轨(轨距1 435mm)与米轨(轨距1 000mm)铁路,将货物从发站直接运至到站。

不办理直通运输的货物有鲜活货物及需要冷藏、保温或加温运输的货物;罐装运输的货物;每件质量超过5t(特别商定者除外)、长度超过16m或体积超过米轨装载限界的货物。

2. 零担运输

一批货物的质量、体积、性质或形状不需要一辆铁路货车装运(用集装箱装运除外),即属于零担运输,简称为零担。

(1)零担运输的条件。

为了便于装卸、交接和保管,有利于提高作业效率和货物安全,除限按整车办理的货物外,一件体积最小不得小于0.02m^3(一件质量在10kg以上的除外)、每批件数不超过300件的货物,均可按零担运输办理。

（2）零担货物的分类。

①普通零担货物,简称普零货物或普零,即按零担办理的普通货物;

②危险零担货物,简称危零货物或危零,即按零担办理的危险货物;

③笨重零担货物,简称笨零货物或笨零,是指一件质量在 1t 以上,体积在 $2m^3$ 以上或长度在 5m 以上,需要以敞车装运的货物;或是货物的性质适宜敞车装运和吊装吊卸的货物;

④零担易腐货物,简称鲜零货物或鲜零,即按零担办理的鲜活易腐货物。

（3）整零车种类。

装运零担货物的车辆称为零担货物车,简称为零担车。零担车的到站必须是两个（普零）或三个（危零或笨零）以内的零担车,称为整装零担车（简称为整零车）。由上述两种分法的组合,则有一站（两站或三站）直达整零车和一站（两站或三站）中转整零车。

危零货物只能直接运至到站,不得经中转站中转。

（4）整零车组织条件。

①一站整零车。

车内所装货物不得少于货车标重或容积的 90%。

②两站整零车。

第一到站的货物不得少于货车标重的 20% 或容积的 30%,第二到站的货物不得少于货车标重的 40% 或容积的 60%,两个到站必须在同一径路上且距离不得超过 250km,但符合下列条件之一可不受距离限制:

a. 第二到站的货物质量达到货车标重的 50% 或容积的 70%;

b. 两个到站为相邻中转站;

c. 第一到站为中转站,装至第二到站的货物符合第一到站的中转范围。

③三站整零车。

危零、笨零货物不够条件组织一站或两站整零车时可以组织同一径路上三个到站的整零车,但第一到站与第三到站间的距离使用集装箱装运货物或运输空集装箱的除外。

3. 集装箱运输

使用集装箱装运货物或运输空集装箱,称为集装箱运输。集装箱运输适合于运输精密、贵重、易损的货物。凡适合集装箱运输的货物,都应按集装箱运输。

（三）快运货物运输

为加速货物运输,提高货物运输质量,适应市场经济的需要,铁路开办了快运货物运输（简称快运）,在全路的主要干线上开行了快运货物列车。

托运人按整车、集装箱、零担运输的货物,除不宜按快运办理的煤、焦炭、矿石、矿建等品类的货物外,托运人都可要求铁路按快运办理,经发送铁路局同意并切实作好快运安排,货物即可按快运货物运输。

托运人按快运办理的货物应在"铁路货物运输服务订单"内用红色戳记或红笔注明"快运"字样,经批准后,向车站托运货物时,须提出快运货物运单,车站填写快运货票。

（四）班列运输

货运五定班列（简称班列）是指铁路开行的发到站间直通、运行线和车次全程不变,发到日期和时间固定,实行以列、组、车或箱为单位报价、包干办法,即定点、定线、定车次、定时、定价的货物列车。班列按其运输内容分为集装箱货物班列(简称集装箱班列)、鲜活货物班列(简称鲜活班列)、普通货物班列(简称普通班列)。

四、技能训练准备

(1)学生每5人为一个小组,每个小组选一名组长;
(2)卡片若干张;
(3)教师现场指导;
(4)训练时间安排:2学时。

五、技能训练步骤

(1)以每位学生为单位,在卡片上写出铁路货物运输的方式;
(2)教师列举出需要通过铁路运输货物的名称、大小、质量、性质,各组通过卡片问询法,收集每位学生根据货物而选择的铁路货物运输的方式;
(3)以组为单位确定选择的铁路货物运输方式;
(4)每组派一位代表陈述结果。

六、技能训练注意事项

(1)卡片填写要认真,一丝不苟;
(2)卡片汇总后要进行归类;
(3)选择的铁路货物运输方式要有依据、要准确。

七、技能训练评价

请完成技能训练后填写附录一。

八、技能训练活动建议

建议组织学生到物流企业、铁路货运站场进行调研。

思考练习

1.简答题
(1)铁路阔大件运输货物包括哪些?
(2)什么是特殊货物运输?
(3)零担货物运输有哪些特点?
(4)哪些货物不能作为同一批进行运输?
2.案例分析题

货损责任谁承担？

2005年4月25日某食品冷藏库（以下简称冷库）委托藁城市某果品供销公司（以下简称果品公司）与藁城站签订了铁路货物运输合同（即货物运单）。约定由藁城站承运雪梨一整车2400件（重40t，价值96200元），发往重庆东站，收货人为某大型超市。在货物运单托运人记事栏中言明"运输15天不烂"，付运费6816.14元，并向保险公司不足额投保货物运输险3万元。藁城站在货物运单上注明"易腐货物"，当日将雪梨装入P3100916号栅车承运，货物运到期限9天。5月14日，该车雪梨到达重庆东站。5月15日卸车时，发现腐烂变质2293件，完好货物107件，重庆东站即编制了货物记录载明："藁城发重庆东整车雪梨，卸检后未施封，两侧车门螺栓拧紧，开门车内有腐臭味，全批纸箱外有不同程度湿迹，开检见内货腐烂变质严重，卸后清点整理，完好货物107件，其余全部腐烂变质，车底有9m长、2.1m宽的湿迹。"

分组讨论回答以下问题：

(1) 雪梨的运输应选择何种铁路货物运输方式最为合适？

(2) 对于案例中的货损，藁城站是否有赔偿责任？

项目三　铁路货物运输业务流程

教学要点

(1) 利用网络，收集铁路货物运输业务流程的相关资料

(2) 通过小组讨论，明确铁路货物运输各业务流程的关键点

(3) 根据实例，设计合适的铁路货物运输流程

教学方法

可采用讲授、情境教学、案例教学和分组讨论等方法。

一、情　景　设　置

铁路货物运输的基本程序见图3-1。

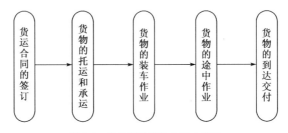

图3-1　铁路货物运输的基本程序

铁路货物运输的各作业环节通过相关的铁路货物运输单证来划分托运人、承运人、收货人三者之间的责任，核收相关费用。铁通货运公司主要经营铁路货物运输业务，你作为该公司的业务员，将如何进行托运受理、承运、送达交付等相关操作。

二、技能训练目标

通过学习、讨论后掌握各种铁路货物运输业务流程各环节的关键点,会进行货物的托运、受理、承运、送达交付等相关业务的操作。

三、相关理论知识

(一)货运合同的签订

货运合同是承运人将货物从发站运输至指定地点,托运人或收货人支付运输费用的合同。货运合同的当事人是承运人、托运人与收货人。根据《合同法》、《铁路货物运输合同实施细则》的规定,承、托双方必须签订货运合同。

铁路货运合同有预约合同和承运合同,都属于书面形式的合同。

1. 预约合同

预约合同以"铁路货物运输服务订单"作为合同书,预约合同签订过程就是订单的提报与批准过程。

(1)订单提报。

托运人应于每月19日前向铁路提报次月集中审定的订单,其他订单可以随时提报。

托运人办理整车货物(包括以整车形式运输的集装箱)运输应提出订单一式两份;与铁路联网的托运人,可通过网络向铁路提报。

订单内容应正确填写,字迹清楚,不得涂改。

(2)订单审定。

订单审定方式有集中审定、随时审定、立即审定等。集中审定是指为编制次月月统计划,对每月19日前提报的次月订单进行定期审定;随时审定是指对未列入月编计划的订单进行随时受理随时审定;立即审定是指对抢险救灾等必须迅速运输的物资审定的方式。

2. 承运合同

承运合同即"货物运单"(简称为"运单")。托运人按要求填写运单提交承运人,经承运人审核同意并承运后承运合同成立。运单是托运人与承运人之间为运输货物而签订的一种货运合同或货运合同的组成部分。因此,运单既是确定托运人、承运人、收货人之间在运输过程中的权利、义务和责任的原始依据,又是托运人向承运人托运货物的申请书、承运人承运货物和核收运费、填制货票以及编制记录和理赔的依据。

零担货物和以零担形式运输的集装箱货物使用运单作为货运合同。整车货物与以整车形式运输的集装箱货物的货运合同包括经审定的订单和运单。

(二)铁路货物的托运、受理、承运

1. 托运

托运是指货物托运人或发货人向承运人提出要求运输货物的行为。货物托运人在办理托运时,须与运输单位签订货物托运合同,办理运输手续。

在进行货物托运时,发货人应向车站按批提出货物运单一份,如使用机械冷藏车运输的货物,同一到站、同一收货人可数批合提一份运单。对于整车要求分卸的货物,除提出基本货运单一份外,每一分卸站应另增加分卸货物运单两份(分卸站、收货人各一份)。

托运人所托运的货物应符合一批的要求,不得将不能按一批托运的货物作为一批托运。

(1)整车货物的托运。

铁路实行计划运输,发货人要求铁路运输整车货物,应向铁路提出月度要车计划,车站根据要车计划受理货物。

(2)种类较多货物的托运。

对同一批托运的货物因货物种类较多,发货人不能在运单内逐一填记,或托运集装箱货物,以及统一包装内有两种以上的货物,发货人应提出物品清单一式三份,其中一份由发运站存查,一份随同运输票据递交到达站,一份退还发货人。对在货物运单和物品清单内所填记事项的真实性,发货人应负完全责任,谎报货物品名,则应按有关规定核收违约罚款。

(3)凭证明文件运输的货物。

对根据中央或省(市、自治区)法令,需凭证明文件运输的货物,发货人应将证明文件与货物运单同时提出,并由发货人在货物运单记载事项一栏内注明文件名称、号码、车站,在证明文件背面注明货物托运数量,并加盖车站日期戳,退还发货人或按规定留在货运站存查。

2. 受理

车站对托运人提出的货物运单,经审查符合运输要求,在货物运单上签上货物搬入或装车日期后,即为受理。包括包装、标记、进货与验货等关键环节。

(1)包装。

对于托运的货物,发货人应根据货物的性质、质量、运输要求以及装载等条件,使用便于运输、装卸,并能保证货物质量的包装。对有国家包装标准或专业标准要求的应按其规定进行包装。对没有统一规定包装标准的货物,车站应会同发货人研究制订货物运输包装暂行标准。

(2)标记。

发货人托运零担货物时,应在每件货物上标明清晰、明显的标记,在使用拴挂的标记(货签)时,应用坚韧材料制作,在每件货物两端各拴挂、粘贴或钉固一个。不宜使用纸制货签的托运货物,应使用油漆在货件上书写标记,或用金属、木制、布、塑料板等材料制成的标记。标签上填写的内容必须与运单相应内容一致。

发货人托运有特殊储运要求的货物时,应在包装上标打包装储运图示标志。对于危险货物,还应在包装上按规定标打危险货物包装标志。

(3)进货与验货。

进货。托运人凭车站签证后的货物运单,按指定日期将货物搬入货场指定的货位即为进货。托运人进货时,应根据货物运单核对是否符合签证上的搬入日期,品名与现货是否相符。经检查无误后,方准搬入货场。

验货。进货验收是为了保证货物运输安全,划清承运人与托运人之间的责任,避免因托运人检查疏忽使不符合运输要求的货物进入运输过程,造成或扩大货物的损失。检查的内容主要有以下几项:

①货物的名称、件数是否与货物运单的记载相符;

②货物的状态是否良好;

③货物的运输包装和标记及加固材料是否符合规定;托运人托运货物,应根据货物的性质、质量、运输种类、运输距离、气候以及货车装载等条件;使用符合运输要求、便于装卸和保证货物安全的运输包装;

④货物的标记(货签)是否齐全、正确;
⑤货件上的旧标记是否撤换或抹消;
⑥装载整车货物所需要的货车装备物品或加固材料是否齐备。

3．承运

(1)承运前的保管。

托运人将货物搬入车站,经验收完毕后,一般不能立即装车,需在货场内存放,这就产生了承运前保管的问题。

整车货物,发站实行承运前保管的,从收货完毕填发收货证起,即负责承运前保管责任。

零担货物和集装箱运输的货物,车站从收货完毕时即负保管责任。

(2)承运。

零担和集装箱运输的货物由发站接收完毕,整车货物装车完毕,发站在货物运单上加盖车站日期戳时起,即为承运。

承运是货物运输合同的成立,从承运起承托双方就要分别履行运输合同的权利、义务和责任。因此,承运意味着铁路负责运输的开始,是承运人与托运人划分责任的时间界线。同时承运标志着货物正式进入运输过程。

(三)铁路货物的装卸

凡在铁路车站装车的货物,发货人应在铁路指定的日期将货物运至车站,车站在接受货物时,应对货品、件数、运输包装、标记等进行检查。对整车运输的货物如发货人未能在铁路指定的日期将货物运至车站,则自指定运至车站的次日起至再次指定装车之日或将货物全部运出车站之日止由发货人负责。

铁路货物的装车或卸车的组织工作,凡在公共装卸场所内由承运人负责。有些货物虽然在车站公共装卸场所内进行装卸作业,由于在装卸中需要特殊的技术或设备、工具,仍由托运人或收货人负责组织。

在车站公共装卸场所以外进行的装卸作业,装车由托运人、卸车由收货人负责。此外,前述由于货物性质特殊,在车站公共装卸场所也由托运人、收货人负责。此类货物有:罐车运输的货物;冻结的易腐货物;未装容器的活动物、蜜蜂、鱼苗等;一件质量超过1t的放射性同位素;用人力装卸带有动力的机械和车辆。

其他货物由于性质特殊,经托运人或收货人要求,并经承运人同意,也可由托运人或收货人组织装车和卸车。此类货品有:气体放射性物品、尖端保密物资、特别贵重的展览品、工艺品等。

货物装卸不论由谁负责,都应在保证安全的条件下,积极组织快装、快卸,以缩短货车停留时间,加快货物运输。

由托运人装车或收货人卸车的货车,车站应在货车调到之前,将时间通知托运人或收货人,托运人或收货人在装卸作业完成后,应将装车或卸车结束时间通知车站。由托运人、收货人负责组织装卸的货车,超过规定的装卸车时间标准或规定的停留时间标准时,承运人向托运人或收货人核收规定的货车使用费。

(四)铁路货物的途中作业

货物在运输途中发生的各项货运作业,称为途中作业。货物的途中作业包括货物的交接与检查、货物的换装整理、托运人或收货人提出的运输合同的变更与解除、运输阻碍的处理。

1. 货物的交接与检查

主要检查货物的装载、加固状态,车辆篷布苫盖状态,施封及门、窗、盖、阀的关闭情况,货车票据完整情况。

2. 货物的换装整理

货物的换装整理是指装载货物的车辆在运输过程中,发生可能危及行车安全和货物完整情况时,所进行的更换货车或货物整理作业。

在运输途中发现货车装载偏重、超载、货物撒漏以及因车辆技术状态不良,经车辆部门扣留,不能继续运行,或根据站车交接检查的规定需换装整理时,由发现站及时换装整理。

3. 货物运输合同的变更和解除

货物运输合同的变更:托运人在货物托运后,由于特殊原因需要变更的,经承运人同意,对承运后的货物可以按批在货物所在的途中站或到站办理变更到站和收货人。

货物运输合同的解除:整车货物和大型集装箱在承运后挂运前,零担和其他型集装箱在承运后装车前,托运人可以向发站提出取消托运,经承运人同意,运输合同即告解除。

4. 运输阻碍的处理

因不可抗力(如风灾、水灾、雹灾、地震等)的原因致使行车中断,货物运输发生阻碍时,铁路局对已承运的货物,可指示绕路运输;或者在必要时先将货物卸下,妥善保管,待恢复运输时再行装车继续运输,所需装卸费用,由装卸作业的铁路局负担。因货物性质特殊(如动物死亡,易腐货物腐烂,危险货物发生燃烧、爆炸等)绕路运输或卸下再装,可造成货物损失时,车站应联系托运人在要求时间内提出处理办法。

(五)铁路货物的到达、交付

1. 到货通知

凡由铁路负责卸车的货物,到达站应在不迟于卸车完毕的次日内用电话、书信、电报、邮件等方式向收货人发出催领通知。此外,收货人也可与车站商定其他通知方法。同时,到达站应在货票内注明发出催领通知的方法和时间。

2. 货物交付

货物的交付工作包括票据交付(内交付)和现货交付(外交付)两部分。

收货人应于铁路发出或寄发催领通知的次日(不能实行催领通知或会同收货人卸车的货物为卸车的次日)起算,在两天内将货物提走,超过这一期限将收取货物暂存费。从铁路发出催领通知日起(不能实行催领通知时,则从卸车完毕的次日起)满30天仍无人领取的货物(包括收货人拒收,发货人又不提出处理意见的货物),铁路按无法交付货物处理。

收货人在领取货物时,应出示提货凭证,并在货票上签字或盖章。在提货凭证未到或遗失的情况下,则应出示单位的证明文件。收货人在到达站办妥提货手续和支付有关费用后,铁路将货物连同运单一起交给收货人。

收货人要求领取货物时,须向铁路提出提货凭证(若提货凭证未到或遗失,则应出示单位的有效证明文件),经与货物运单和货票核对后,由收货人在货票丁联上盖章或签字,收清一切费用,在运单和货票上加盖交付日期戳。交付货运员凭收货人提出的加盖了交付日期戳的货物运单向收货人点交货物,然后在货物运单上加盖"货物交讫"戳记,并记明交付完毕的时间,将运单交还收货人,凭此将货物搬出货场。

(六)运到期限

铁路在现有技术设备条件和运输工作组织水平基础上,根据货物运输种类和运输条件将货物由发站运至到站而规定的最长运输限定天数,称为货物运到期限。

1. 货物运到期限的计算

货物运到期限按日计算。起码日数为3天,即计算出的运到期限不足3天时,按3天计算。

运到期限由下述三部分组成:

(1) 货物发送期间($T_发$)为1天。货物发送期间是指车站完成货物发送作业的时间,它包括发站从货物承运到挂出的时间。

(2) 货物运输期间($T_运$)。货物运输期间是货物在途中的运输天数。每250运价公里或其未满为1天;按快运办理的整车货物每500运价公里或其未满为1天。

(3) 特殊作业时间($T_特$)。特殊作业时间是为某些货物在运输途中进行作业所规定的时间,具体规定如下:

① 需要中途加冰的货物,每加冰1次,另加1天;
② 运价里程超过250km的零担货物和1t、5t型集装箱另加2天,超过1000km加3天;
③ 一件货物质量超过2t、体积超过3m³或长度超过9m的零担货物另加2天;
④ 整车分卸货物,每增加一个分卸站,另加1天;
⑤ 准、米轨间直通运输的货物另加1天。

对于上述五项特殊作业时间应分别计算,当一批货物同时具备几项时,累计相加计算。

若运到期限用 T 表示,则:

$$T = T_发 + T_运 + T_特 \tag{3-1}$$

式中:$T_发$——货物发送期间;
　　　$T_运$——货物运输期间;
　　　$T_特$——特殊作业时间。

【例3-1】 广安门站承运到石家庄站零担货物一件,质量为2300kg,计算运到期限。已知运价里程为274km。

【解】

① $T_发 = 1$ 天;
② $T_运 = 274/250 = 1.096 = 2$ 天;
③ 运价里程超过250km的零担货物另加2天,一件货物质量超过2t的零担货物另加2天,$T_特 = 2 + 2 = 4$ 天。

所以这批货物的运到期限为:

$$T = T_发 + T_运 + T_特 = 1 + 2 + 4 = 7 \text{ 天}$$

2. 班列运到期限

班列运输的运到期限,按列车开行天数(始发日和终到日不足24小时按1天计算)加2天计算,运到期限自班列始发日开始计算。

3. 货物运到逾期的处理

所谓货物的运到逾期,是指货物的实际运到天数(用 $T_实$ 表示)超过规定的运到期限时,即为运到逾期。货物的实际运输天数是指从起算时间到终止时间的这段时间。

(1)起算时间:从承运人承运货物的次日(指定装车日期的,为指定装车日的次日)起算。

(2)终止时间:到站由承运人组织卸车的货物,到卸车完了时止;由收货人组织卸车的货物,货车调到卸车地点或货车交接地点时止。

若货物运到逾期,不论收货人是否因此受到损害,铁路均应向收货人支付违约金。违约金的支付是根据逾期天数和运到期限天数,按承运人所收运费的百分比(见表3-4)进行支付违约金。

①快运货物运到逾期,除按规定退还快运费外,货物运输期间按250运价公里或其未满为1天,计算运到期限仍超过时,还应按上述规定,向收货人支付违约金。

②超限货物、限速运行的货物、免费运输的货物以及货物全部灭失时,若运到逾期,承运人不支付违约金。运到逾期违约金比例见表3-4。

运到逾期违约金比例表　　　　　　表3-4

逾期总天数占运到期限天数	违约金比例
不超过1/10时	运费的5%
超过1/10,但不超过3/10时	运费的10%
超过3/10,但不超过5/10时	运费的15%
超过5/10时	运费的20%

四、技能训练准备

(1)学生每5人为一个小组,每个小组选一名组长;
(2)卡片若干张;
(3)教师现场指导;
(4)训练时间安排:2学时。

五、技能训练步骤

(1)每组均以每位学生为单位,在卡片上写出铁路货物运输业务流程的某一个环节(小组内成员书写不可重复);
(2)各组组长组织小组成员互相询问各环节的主要任务和关键之处;
(3)教师巡视,抽查各组训练情况;
(4)每组派一位代表陈述结果。

六、技能训练注意事项

(1)卡片填写要认真,一丝不苟;
(2)铁路货运流程描述要准确,各环节的关键之处要避免出错。

七、技能训练评价

请完成技能训练后填写附录一。

八、技能训练活动建议

建议组织学生到物流企业及铁路货运站场进行参观。

思考练习

1. 简答题

(1) 铁路货运合同有几种形式?

(2) 请简要描述铁路货运流程?

(3) 验货检查的内容是什么?

(4) 在规定的货物运到期限内没有收到货物,收货人应该怎么办?

2. 技能练习

托运人在某火车站托运摩托车100辆,每件质量为85kg,纸箱包装,托运人在运单"托运人记载事项"栏内写明每件体积为2m×0.6m×0.9m,要求按零担运输。该火车站能否受理?为什么?

项目四 铁路货物运输单证

教学要点

(1) 利用网络,收集铁路货物运输单证样本

(2) 通过小组讨论,明确铁路货物运输单证的作用和填写要求

(3) 填写铁路货物运输单证

教学方法

可采用讲授和分组讨论等方法。

一、情景设置

铁路货物运输单证是划分承运人、托运人、收货人责任和权利的重要依据。铁达货运公司主要经营铁路货物运输业务,请你编制相关的铁路货物运输单证。

二、技能训练目标

通过学习,能编制铁路货物运输单证。

三、相 关 理 论

(一)铁路货物运输服务订单

货物运输服务订单在铁路运输企业办理货物运输和运输服务时使用,是铁路货物运输合同的组成部分,分为整车货物运输和零担、集装箱、班列运输两种。

1.铁路整车货物运输服务订单

(1)铁路整车货物运输服务订单(以下简称订单)是托运人和承运人双方关于铁路货物运输的要约和承诺。它主要包括货物运输的时限、发站、到站、托运人、收货人、品名、车种、车数、吨数等以及相关的服务内容。

订单取代了传统的要车计划表,使承、托运人双方的权利、义务和责任更加明确,使用更加方便。

(2)填制要求。整车货物订单一式两份,由托运人正确填写,内容完整,字迹清楚,不得涂改。铁路货运计划人员受理,并经审定合格后加盖人名章,返还托运人1份,留存1份。与铁路联网的托运人,可通过网络直接向铁路提报订单。

铁路货物运输服务订单(整车)见表3-5。

2.零担、集装箱、班列运输服务订单

托运人在办理零担、集装箱、班列货物运输时,将填写好的零担、集装箱、班列服务订单一式两份,提报给装车站,车站随时受理并根据货场能力、运力,安排班列开行日期和在订单上加盖车站日期戳,交与托运人1份,留存1份。铁路部门据此安排运输,并通知托运人将货物搬入仓库或集装箱内。

(二)国内铁路货物运单

1.概念

国内铁路货物运单(以下简称铁路运单)是承运人与托运人之间,为运输货物而签订的一种运输合同。

铁路运单一律以目的地收货人作记名抬头,一式两份。正本随货物同行,到目的地交收货人作为提货通知;副本交托运人作为收到托运货物的收据。在货物尚未到达目的地之前,托运人可凭运单副本指示承运人停运,或将货物运给另一个收货人。

托运人按货物运单填记的内容向承运人交运货物,承运人按货物运单记载接收货物,核收运输费用,并在运单上盖章后,运输合同即告成立。托运人、收货人和承运人双方即开始负有法律责任。托运人对其在运单和物品清单内所填记事项的真实性,应负完全责任。

2.运单的种类

①现付运单:黑色印刷;
②到付或后付运单:红色印刷;
③快运货物运单:黑色印刷,将"货物运单"改为"快运货物运单"字样;
④剧毒品专用运单:黄色印刷,并有剧毒品标志图形。

3.运单的传递过程

货物运单:托运人→发站→到站→收货人
领货凭证:托运人→发站→托运人→收货人→到站

表3-5

铁路货物运输服务订单(整车)

提表时间：　　　年　　月　　日
要求运输时间：　　年　　月　　日
受理号码：

发站单位盖章	省/部名称 _____ 代号 ____ 发站单位名称 _____ 代号 ____ 地　址 _____ 电话 ____

顺序	到局	到站	到站电报略号	专用线		收货单位			货物			吨数	车种	车数	特征代号	换装港	终到港	报价(元/吨)(元/车)	备注
				名称	代号	省/部	名称	代号	品名名称	代码			代号						
1																			
2																			
3																			
4																			
5																			
6																			
7																			
8																			
9																			

供托运人自愿选择的服务项目（由托运人填写）
1.发送人综合服务　　5.清运、消纳垃圾
2.实施货物运输　　　6.代购、代加工、加装加固材料
3.仓储保管　　　　　7.代对货物进行包装
4.篷布服务　　　　　8.代办一关三检手续

说明或其他要求事项
保价运输

承运人登章
年　月　日

4. 运单填写方法

(1) 第一部分:托运人填写表3-6。

表3-6

托运人填写				
发站		到站(局)		
到站所属省(市)自治区				
托运人	名称			
	住址		电话	
收货人	名称			
	住址		电话	

①"发站"栏和"到站(局)"栏,应分别按《铁路货物运价里程表》规定的站名完整填记,不得简称。到达(局)名,填写到达站主管铁路局名的第一个字,例如:(哈)、(上)、(广)等,但到达北京铁路局的,则填写(京)字。

②"到站所属省(市)、自治区"栏,填写到站所在地的省、直辖市、自治区名称。

③托运人填写的到站、到达局和到站所属省(市)、自治区名称,三者必须相符。

④"托运人名称"和"收货人名称"栏应填写托运单位和收货单位的完整名称,如托运人或收货人为个人时,则应填记托运人或收货人姓名。

⑤"托运人地址"和"收货人地址"栏,应详细填写托运人和收货人所在省、市、自治区城镇街道和门牌号码或乡、村名称。托运人或收货人装有电话时,应记明电话号码。如托运人要求到站于货物到达后用电话通知收货人时,必须将收货人电话号码填写清楚。

(2) 第二部分:货品名称如表3-7。

货 物 名 称　　　　　　　　　　　　　　　　表3-7

货物名称	件 数	包 装	货物价格	托运人确定质量(kg)
合计				

"货物名称"栏应按《铁路货物运价规则》附表二"货物运价分类表"或国家产品目录,危险货物则按《危险货物运输规则》附件一"危险货物品名索引表"所列的货物名称完全、正确填写。托运危险货物应在品名之后用括号注明危险货物编号。"货物运价分类表"或"危险货物品名索引表"内未经列载的货物,应填写生产或贸易上通用的具体名称。但须用《铁路货物运价规则》附件一相应类项的品名加括号注明。

按一批托运的货物,不能逐一将品名在运单内填记时,须另填物品清单一式三份,一份由发站存查,一份随同运输票据递交到站,一份退还托运人。

需要说明货物规格、用途、性质的,在品名之后用括号加以注明。

对危险货物、鲜活货物或使用集装箱运输的货物,除填记货物的完整名称外,还应按货物性质,在运单右上角用红色墨水书写或用加盖红色戳记的方法,注明"爆炸品"、"氧化剂"、"毒害品"、"腐蚀物品"、"易腐货物"、"X 吨集装箱"等字样。

"件数"栏,应按货物名称及包装种类,分别记明件数,"合计件数"栏填写该批货物的总件数。

承运人只按质量承运的货物,则在本栏填记"堆"、"散"、"罐"字样。

"包装"栏记明包装种类,如"木箱"、"纸箱"、"麻袋"、"条筐"、"铁桶"、"绳捆"等。按件承运的货物无包装时,填记"无"字。使用集装箱运输的货物或只按质量承运的货物,本栏可以省略不填。

"货物价格"栏应填写该项货物的实际价格,全批货物的实际价格为确定货物保价运输保价金额或货物保险运输保险金额的依据。

"托运人确定质量"栏,应按货物名称及包装种类分别将货物实际质量(包括包装质量)用公斤记明,"合计质量"栏,填记该批货物的总质量。

(3)第三部分:托运人记载事项。

托运人记载事项:	保险:

"托运人记载事项"栏填记需要由托运人声明的事项。

①货物状态有缺陷,但不致影响货物安全运输,应将其缺陷具体注明。

②需要凭证明文件运输的货物,应将证明文件名称、号码及填发日期注明。

③托运人派人押运的货物,注明押运人姓名和证件名称。

④托运易腐货物或"短寿命"放射性货物时,应记明容许运输期限;需要加冰运输的易腐货物,途中不需要加冰时,应记明"途中不需要加冰"。

⑤整车货物应注明要求使用的车种、吨位、是否需要苫盖篷布。整车货物在专用线卸车的,应记明"在××专用线卸车"。

⑥委托承运人代封的货车或集装箱,应标明"委托承运人代封"。

⑦使用自备货车或租用铁路货车在营业线上运输货物时,应记明"××单位自备车"或"××单位租用车"。使用托运人或收货人自备篷布时,应记明"自备篷布×块"。

⑧国外进口危险货物,按原包装托运时,应注明"进口原包装"。

⑨笨重货件或规格相同的零担货物,应注明货件的长、宽、高度,规格不同的零担货物应注明全批货物的体积。

⑩其他按规定需要由托运人在运单内记明的事项。

(4)第四部分:托运人盖章或签字。

托运人盖章或签字:
年　月　日

"托运人盖章或签字"栏,托运人于运单填记完毕,并确认无误后,在此栏盖章或签字。

(5)第五部分:领货凭证如表 3-8。

表 3-8

领 货 凭 证

发站	
到站	
托运人	
收货人	

货物名称	件数	质量

托运人盖章或签字
发站承运日期戳

领货凭证各栏,托运人填写时(包括印章加盖与签字)应与运单相应各栏记载内容保持一致。

货物在承运后,变更到站或收货人时,由处理站根据托运人或收货人提出的"货物变更要求书",代为分别更正"到站(局)"、"收货人"和"收货人地址"栏填记的内容,并加盖站名戳记。

5. 运单填写的基本要求

货物运单格式由两部分组成,左侧为运单,右侧为领货凭证。运单和领货凭证背面分别印有"托运人须知"和"收货人领货须知"。每批货物均应填写货物运单。一张货物运单,根据栏目要求分别由托运人和承运人填写,务必做到正确、完备、真实、详细、清楚。

①正确:要求填记的内容和方法符合规定。

②完备:要求出记的事项,必须填写齐全,不得遗漏。如危险货物不但填写货物的名称,而且要填写其编号。

③真实:要求实事求是地填写,内容不得虚假隐瞒。如不能错报、匿报货物品名。

④详细:要求填写的品名应具体,有具体名称的不填概括名称,如双人床、沙发、立柜不能填写为家具。

⑤清楚:填写字迹清晰,应使用钢笔、毛笔、圆珠笔或加盖戳记、打字机打印或印刷等方法填写,不能用红色墨水填写,文字规范,以免造成办理上的错误。

⑥更改盖章:运单内填写各栏有更改时,在更改处,属于托运人填记事项,应由托运人盖章证明;属于承运人记载事项,应由车站加盖站名戳记。

(三)铁路货票

1. 概念

铁路货票是一种财务性质的票据。在车站,货票具有货物运输合同运单副本的性质,是发站向托运人核收运输费用的收款收据,也是处理货运事故,向收货人支付运到逾期违约金和补退运杂费的依据;在运输过程中,货票是货物运输凭证,跟随货物一直到达目的站。

作为铁路运营的主要票据之一,铁路货票是铁路部门运输统计、财务管理、货流货物分析的原始信息,也是运输调度指挥作业不可缺少的基础依据。

2. 内容

铁路货票票面所记载的内容基本上包括了关于货物的运输、流向、货物名称、数量、包装、质量、计费等信息。根据运单填制的货票如表3-9,印有固定号码为四联复写式票据。

货 票　　　　　　　　　　　　　　　　　　　　　　　　表3-9

货　票									
计划号码或运输号码						NO:			
				××铁路局					
						甲联　发站存查			
发站		到站(局)		车种车号		货车	承运人/托运人装车		
						标重			
经由		货物运到期限		施封号码或铁路棚布号码					
运价里程		集装箱号码		保价金额		现付金额			
						费别	金额	费别	金额
托运人名称及地址						发到运费		运行运费	
收货人名称及地址						印花税		京九分流	
货物品名	品名代码	件数	货物质量	计费质量	运价号	运价率	建设基金	电气化附加费	
集装箱号码									
记事						合计			

甲联为发站存查联;乙联为报告联,由发站按顺号装订,定期上报铁路局;丙联为承运证,交托运人凭以报销。后(到)付货票丙联随货物递交到站。由到站上报到局,作为发、到(及通过局)局间清算运费的依据;丁联为运输凭证,随货物送交到站存查。

(四)承运货物收据

承运货物收据是专用于内地对港、澳贸易的单证,既是承运人出具的货物收据,也是承运人与托运人签订的运输契约的证明。中国内地通过铁路运往港、澳地区的货物,一般委托中国对外贸易运输公司承办。当出口货物装车发运后,对外贸易运输公司即签发承运货物收据交给托运人,作为对外办理结汇的凭证。承运货物收据只有第一联为正本,反面印有

"承运简章",载明承运人的责任范围。

四、技能训练准备

(1)学生每5人为一个小组,每个小组选一名组长;
(2)铁路货物运输单证样本若干张;
(3)教师现场指导;
(4)训练时间安排:2学时。

五、技能训练步骤

(1)以小组为单位,各成员分工填写不同的铁路货物运输单证;
(2)教师把握时间,时间到后请小组成员互换单证;
(3)小组成员审查、修正其他成员所填的单证;
(4)每组派一位代表陈述结果。

六、技能训练注意事项

(1)正确:就是填记的内容和方法符合规定,正确无误;
(2)完备:就是对应填记的项目必须填写齐全,不漏项目;
(3)真实:要求实事求是填写,内容真实、不得虚假隐瞒;
(4)清晰:字迹清晰,文字规范,不任意简化或代用。

七、技能训练评价

请完成技能训练后填写附录一。

八、技能训练活动建议

建议组织学生到物流企业、铁路货物运输站场进行参观、调研,了解单证的缮制过程。

思考练习

1.简答题
(1)简述铁路货物运单的传递过程?
(2)货物运单的性质和转递过程?
(3)运单的填写有哪些要求?
2.案例分析题

有领货凭证,承运人就必须交付货物吗?

某年7月底8月初,某市木品贸易有限公司(以下简称木品公司)与某化工轻工材料公司(以下简称化工公司)口头达成180t天然橡胶的买卖协议。同年8月13日,木品公司在湛江东站委托某物资中转有限公司(以下简称中转公司)代办到站为天津杨柳青站(隶属天津车务段管辖),收货人为化工公司,180t橡胶的装车和托运由化工公司在场验货、监装。装车后,中转公司持三车橡胶的货物运单到湛江东站办理托运,称货主要见到领货凭证才给运费,湛江东站确认货物已装车后先办理了承运,在货物运单和领货凭证上加盖的承运日期戳为8月13日,湛江东站未填制货票,装好的货车保留在站内。8月15日上午,中转公司到湛江东站补交了运费,湛江东站填制了货票,并将丙联交给中转公司。货票上显示的制票时间为8月15日上午。当日下午,托运人木品公司与中转公司一起来到湛江东站,木品公司称化工公司未付货款,要求立即取消三车橡胶的托运。湛江东站要求木品公司提出领货凭证,而其未能提出。次日上午按湛江东站要求,木品公司出具了记载请求理由及承责内容的单位证明和货物运输变更要求书。湛江东站为其办理了取消三车橡胶的托运手续,收回货票丙联,清退了运费。8月23日化工公司持领货凭证到杨柳青站查询,得知三车橡胶已在发站取消了托运。经查,在8月13日至8月15日期间,化工公司凭木品公司提供的领货凭证、货票丙联的复印件和虚假的增值税发票先后共付给木品公司货款2304000元。化工公司向湛江东站索赔未果,遂以天津车务段、湛江东站为被告向北京铁路运输中级法院起诉请求赔偿损失。

(资料来源:都乐网. 经作者整理)

分组讨论回答以下问题:
(1)承运人是否必须向领货凭证持有人交付货物?
(2)承运人该不该赔偿化工公司的损失?
(3)货票、货运单、领货凭证在货物运输责任划分中各起什么作用?

任务四 水路货物运输

内容简介

水路货物运输是利用船舶、排筏和其他浮运工具,在江河湖泊人工水道以及海洋上运送旅客和货物的一种运输方式。本部分主要讲述水路货物运输工具、运输航道与港口及港口的装卸设备;水路货物运输的特点及其业务流程;班轮运输及远洋运输中的各种单证。

教学目标

1. 知识目标:
(1)了解水路货物运输的相关概念
(2)理解航次租船的概念及特点
(3)理解班轮运输的相关概念以及特点
(4)了解水路货物运输的设备与设施

2. 技能目标:
(1)能根据货物选择水路货物运输的方式
(2)能操作水路货物运输的发货与托运、到达与接收业务
(3)会填制水路货物运输过程中的各种单证
(4)会根据不同的运输对象选择合适的港口装卸设备

案例导入

长江中上游诞生首个亿吨港

2011年1月3日,武汉新港管理委员会宣布,武汉新港2010年货物吞吐量首次突破1亿吨,集装箱量达到65万标箱,成为长江中游及上游首个亿吨大港。

为了发挥长江黄金水道优势,增强为中西部区域服务的综合能力,更好地整合港口岸线资源,促进生产要素向长江沿岸聚集,2008年5月,湖北省委、省政府做出建设武汉新港的战略决策,决定将武汉和鄂州、黄冈、咸宁4市港口统一规划建设,并确立了"亿吨大港、千万标箱"的发展目标。

武汉新港规划港口岸线627km,规划区现有27个港区;港区及腹地面积达9300km^2,人口1100多万人,地区生产总值、固定资产投资总额均占湖北全省的40%以上。

据武汉新港管理委员会介绍,两年来,湖北省加快推进武汉新港规划建设,积极开展招商引资与对外交流,投资强度加大,项目进展顺利。两年完成投资116.8亿元,推进了29个港航基础设施项目、21个集疏运项目及15个产业、物流园区项目建设。

通航领域不断拓展,区域辐射能力增强,武汉新港已成为中部地区走向海外的重要门户。恢复开通了武汉至上海洋山港"江海直达"航线,只需2天即可从武汉到达洋山港,为出

口物流利用黄金水道构筑了一条快速通道,每标箱可节约运输成本550美元,并使湖北货物接转欧洲干线班轮时间缩短一周。

据介绍,"十二五"期间,武汉新港将建设各类项目111个,投资总概算1766亿元。到2015年,武汉新港集装箱吞吐量将达到200万标箱,货物吞吐量将突破2亿吨,初步建成集现代航运物流、综合保税服务、先进港口设施和经济技术开发于一体的现代枢纽港。

(资料来源:中国水运报)

引导思路

(1)水路货物运输有什么优点?
(2)水路货物运输的发展存在哪些障碍?

项目一 水路运输设备与设施

教学要点

(1)利用网络,收集水路货物运输设备与设施的相关资料
(2)由小组讨论,水路货物运输中要使用的各种运输设施、设备
(3)确定不同运输对象使用的运输设备与设施的差异

教学方法

可采用讲授、案例教学等方法。

一、情 景 设 置

水路货物运输设备与设施是水路货物运输得以顺利进行的基础。假设有一批给定的货物在给定的港口情况下,请同学们思考该次水路货物运输需要用到的各种设备和设施。

二、技能训练目标

通过学习、讨论分析后,明晰各类水路货物运输设备与设施的性能与用途。

三、相关理论知识

(一)水路运输工具

水路运输的基本工具是船舶,船舶是能航行或停泊于水域内,用以执行作战、运输、作业等各类船、舰、舢板、筏及水上作业平台等的总称。船舶是水上运输和工程作业的主要工具,其种类繁多、数目庞大。船舶的分类见表4-1。

船舶的分类　　　　　　　　　　　　表 4-1

分类方式	船舶类型
按用途	民用船和军用船
按船体材料分	木船、铜船、水泥船和玻璃船等
按动力装置分	蒸汽机船、内燃机船、汽轮机船、电动船和核动力船等
按航行区域分	远洋船、近洋船、沿海船和内河船等
按航行状态分	排水量船、滑行艇、水翼船、气垫船、冲翼艇等
按推进器形式分	螺旋桨船、平旋推进器船、喷水推进器船、喷气推进器船、明轮船等

运输船舶通常又称为商船,是指载运旅客与货物的船舶。一般将其简单分为客船和货船两大类。

客船是用于运输旅客及其行李和邮件的运输船舶,因其多为定期定线航行,故又称客班船。国际海上人命安全公约中规定,凡载客超过 12 人者均视为客船。

目前物流中广泛使用的水上运输工具是货船。货船是运送货物的船舶的统称,一般不载旅客,分为干货船、液货船、驳船和拖船。

1. 干货船

干货船是用于装载干货的船舶,常见的干货船有以下几种类型:

①杂货船:又称普通货船,也是目前最基本的一种货船,主要装运各种成捆、成包、成箱和桶装的杂货件。

②载驳船:又称母子船、载货驳船,是专门用以载货驳船为运输单元的船舶。其主要特点是载驳船在到达中转港时,由母船起重设备卸下驳船,然后用拖船将载货的载驳船拉到目的港,不需占用码头泊位,不需货物换装倒载。

③滚装船:借助轮子滚上滚下装卸作业的船舶。

④集装箱船:以载运集装箱或以集装箱为主的混装运输船舶。

⑤冷藏船:具有冷藏设备,用来装运易腐货物或低温货物的专用船舶。冷藏船温度范围为 $-25 \sim 15℃$,要根据货种不同选择适宜的温度。

⑥散货船:专门用于载运粉末状、颗粒状、块状等散堆货物,如谷物、矿砂、煤炭、化肥、水泥等的船舶。有普通散货船、专用散货船、兼用散货船及特种散货船等。

2. 液货船

液货船是指用于载运液态货物的船舶,其运量在现代商船队中占有重要的比例(约 44.7%)。主要有油船、液化气船、液体化学品船等。

①油船:装运散装石油和成品油的液货。一般分为原油船和成品油船。

②液化气船:是专门装运液化气的液货船。

③液体化学品船:是专门装运各种散装液体化学品的液货船。

3. 驳船、拖船和推船

驳船是内河运输货物的主要运载工具,本身一般无自航能力,需拖船或推船等机动船带动形成船队进行运输。其特点是设备简单,吃水浅,载货量大,并可根据货物运输要求而随时编组,适合各港口之间的货物运输,少数增设了机动装置的驳船成为机动驳船。驳船按载货用途不同分干杂货舱口驳船、散货甲板驳船、油驳船、滚装驳船等。

拖船是用于拖带其他船只或浮动建筑物的船舶。其船身较小,而功率较大,自身并不载运货物。拖船有海洋拖船、内河拖船和港口拖船之分。

推船是专门用于顶推非自航货船的机动船舶。与拖船相比,顶推航行时,拖船在前,推船在后,整个船队有较好的机动性。

(二)船舶的航行性能

(1)浮性:是指船舶在各种装载情况下,保持一定浮态,漂浮于水面的一定位置的能力。浮性是船舶的最基本性能。

(2)稳性:船舶受到外力作用离开原来平衡位置而发生倾斜,当外力消除后能自行恢复到原来平衡位置的能力,就称为稳性。

(3)抗沉性:船舶在一个舱或几个舱破损进水的情况下,仍能漂浮于水面,并保持一定浮态和稳性(不至于沉没和倾覆)的能力称为抗沉性。其实质是研究船舶破损后的浮性和稳性,是关系到船舶安全的一个重要性能指标。

(4)快速性:船舶的快速性就是指对一定排水量的船舶,主机以较小的功率消耗达到较高航速的性能。快速性是船舶的一项重要技术性能,对船舶的经济性影响很大。

(5)适航性:适航性是指船舶在多变的海况中的运动性能,又称耐波性,通常是指船舶在风浪中的摇摆性能。

(6)操纵性:船舶在航行时能够保持原来方向或按照驾驶员意图改变到所需航向的性能,称为操纵性。其中,船舶保持其航向不变的能力,称为航向稳定性;船舶改变其航向的能力称为回转性或灵敏性。

(三)水路运输航道与港口

1.航道

(1)航道的概念及分类。

航道是船舶进出港的通道,是指沿海、江河、湖泊、运河、水库内船舶或排筏可以通航的水域,它是以水上运输为目的所规定或建造的船舶航行通道。

根据船舶通航的频繁程度分别采用单向航道和双向航道。根据航道的形成条件可分为海上航道、内河航道和人工航道。

①海上航道:海上航道属自然水道,其通过能力几乎不受限制。每一海区的地理、水文情况都反映在该区的海图上。船舶每次的运行都是依据海图,并结合当时的气候条件、海况和船舶本身的技术性能进行计算并在海图上标出。

②内河航道:内河航道大部分是利用天然水道加上引航的航标设施构成的,与海上航道相比,其通行条件差别很大,反映在不同的通航水深(如各航区水深不同)、不同的通行时间(如有的区段不能夜行)和不同的通行方式(如单向或双向过船)等方面。因此,在进行综合规划时,还应考虑航道分级和航道标准化。

③人工航道:人工航道是指人工开凿、主要用于船舶通航的河流,又称运河。人工航道可使船舶缩短航行路程,降低运费,方便生产和生活,扩大船舶航行的范围,进而形成一定规模的水运网络。著名的国际通航运河主要有苏伊士运河、巴拿马运河和基尔运河。我国有世界上最古老、最长的人工运河——京杭大运河。

(2)航道的等级。

根据我国《内河通航标准》(GB 50139—2004),我国内河航道分为七级:

①一级航道:可通航3000t内河船舶的航道。

②二级航道:可通航2000t内河船舶的航道。
③三级航道:可通航1000t内河船舶的航道。
④四级航道:可通航500t内河船舶的航道。
⑤五级航道:可通航300t内河船舶的航道。
⑥六级航道:可通航100t内河船舶的航道。
⑦七级航道:可通航50t内河船舶的航道。

目前,我国四级以上的高等级航道仅占总里程的11.3%,航道的通过能力、整治标准、渠化程度还需要提高。同时,我国的航道运力分布也极不均衡,长江三角洲、珠江三角洲占我国航道运力的80%以上,2007年长江干线航道的年运输量已经超过11亿t,相当于16条京广铁路的运输量。

(3)航道的航行条件。

为保证船舶正常安全航行和获得一定的运输效益,航道必须具备一定的航行条件。

①有足够的航道深度。航道水深是限制船舶吨位和通过能力的主要因素。航道深度是指全航线中所具有的最小通航保证深度,它取决于航道上关键性的区段和浅滩上的水深。航道深浅是选用船舶吃水量和载质量的主要因素。航道深度增加,可以航行吃水深、载质量大的船舶,同时会提高整治和维护航道的费用。

②有足够的航道宽度。航道宽度视航道等级而定。通常单线航行的情况比较少,双线航行最普遍,在运输繁忙的航道上还应考虑三线航行。

③有适宜的航道转弯半径。航道转弯半径是指航道中心线上的最小曲率半径。一般航道转弯半径不得小于最大航行船舶长度的4~5倍,最低不得小于船舶长度的3倍。

④有合理的航道许可流速。航道许可流速是指航线上的最大流速。船舶航行时,上水行驶和下水行驶的航线往往不同,下水在流速大的主流区行驶,上水则尽量避开流速大的水区而在缓流区内行驶。航道上的流速不宜过大,否则不经济,比较经济的船舶静水速度一般为9~13km/h,即2.5~3.6m/s。

⑤有符合规定的水上外廓。水上外廓是保证船舶水面以上部分通过所需要的高度和宽度。水上外廓的尺度按航道等级来确定,通常一、二、三、四级航道上的桥梁等建筑物的净空高度,取20年一遇的洪水期最高水位来确定,五、六级航道则取10年一遇的洪水期最高水位来确定。

2. 港口

(1)港口的定义。

港口是指位于江、河、湖、海或水库沿岸,具有一定设备条件,能提供船舶停靠、上下旅客、装卸货物,办理客、货运输或其他专门业务的场所。其任务是为船舶提供能安全停靠的设施,及时完成货物和旅客由船到岸或由岸到船以及由船到船的转运,并为船舶提供补给、修理等技术服务和生活服务。

现代港口不仅是交通运输的枢纽、水陆运输的衔接点、贸易往来的门户和窗口,而且在发展国内外贸易,促进国际友好往来,以及科学技术与文化的交流中也起着重要的作用。同时,港口也是物流加工、仓储、运输、船舶维修、口岸服务、金融服务、劳动服务等多种功能的"经济场所"。

(2)港口的分类。

按照不同的分类标准,港口可分为多种类型,详见表4-2。

港 口 的 分 类　　　　　　　　　　表 4-2

分类标准	港 口	含 义
按用途分类	商港	以一般商船和客货运输为服务对象的港口,如我国的上海港、大连港、天津港、广州港,国外的鹿特丹港、安特卫普港、伦敦港
	渔港	为渔船停泊、鱼货装卸、鱼货保鲜、冷藏加工、修补渔网、渔船生产及生活物资补给的港口,如我国舟山的定海港
	工业港	供大型企业输入原材料及输出制成品而设置的港口,如大连地区的甘井子化工码头、上海市的吴泾焦化厂煤码头及宝山钢铁总厂码头
	避风港	供船舶在航行途中或海上作业过程中躲避风浪的港口
	旅游港	为海滨休憩活动的海上游艇设置的港口
	军港	供舰船停泊并取得供给的港口
按地理位置分类	海港	在自然地理条件和水文气象方面具有海洋性质的港口
	河港	位于河流沿岸,且有河流水文特征的港口,如我国的南京港、武汉港
	运河港	位于运河上的港口,如我国的徐州港
按地位分类	国际性港	靠泊来自世界各国港口的船舶的港口,如我国的上海港和大连港,国外的鹿特丹港和伦敦港等。
	国家性港	主要靠泊往来于国内港口的船舶的港口
	地区性港	主要靠泊往来于国内某一地区港口的船舶的港口
按潮汐的影响分类	开敞港	港内水位潮汐变化与港外相同的港口
	闭合港	在港口入口处设闸,将港内水域与外海隔开,保证在低潮时港内仍有足够水深的港口,如英国的伦敦港
	混合港	即兼有开敞港池和闭合港的港口,如比利时的安特卫普港

(3) 港口的构成。

港口的主要功能是集散旅客与货物,现代港口其构成从平面布置上看,由水域和陆域两大部分组成。因此对港口的基本要求:一是要有良好的水域,保证进出港船舶航行安全;二是要有功能齐全的陆上设施与机制健全、运行灵活的管理机构,以保证高效、安全的集散旅客与货物。

①港口水域:港口水域是供船舶进出港,以及在港口运转、锚泊和装卸作业使用的。因此要求它有足够的深度和面积,水面基本平静,流速和缓,以便船舶安全停泊和技术操作。港口水域包括港池、航道和锚地。

②港口陆域:港口陆域是供旅客上下船,以及货物的装卸、堆存和转运使用的。因此陆域必须有适当的高程、岸线长度和纵深,以便于安置长大设备、仓库和堆场、铁路、道路,以及各种必要的生产、生活设施。

(4) 港口的水工建筑物。

水工建筑物指的是大部分处于水中或经常与水接触,特别是遭受海水侵蚀等的一类建筑物。因此,它们的结构和材质必须异常坚固和经久耐用。根据各种不同的用途,港口的水工建筑物大体可分为防护建筑物、码头建筑物和护岸建筑物三大类。

①防护建筑物:防护建筑物多数用于海港,以防止波浪对港内的冲击,也有的用来防止泥沙、流冰进入港内。这种建筑物常建在水域外围的深海中,要经受巨大的波浪冲击,因此

要做得既稳重又坚固,规模往往很大,以便能阻抗深水波浪的侵袭。

②码头建筑物:码头是港口的主要组成部分,码头上的建筑物也是港口的主要水工建筑物。

③护岸建筑物:港口陆域和水域的交界地带除停靠船舶的码头岸线外,其他未被利用的天然岸坡因经常遭受潮汐、水流和波浪的作用,造成边坡土质比较松软,非常容易被冲刷而引起坍塌,这会影响陆域及其建筑物的安全,同时也会影响水域的深度,护岸建筑物的作用就是要对这种岸边进行加固。

(四)港口装卸设备

港口装卸设备主要是指装卸货物的起重机械和用于搬运货物的运输机械。现代港口装卸工作基本上都由机械来完成,它们在港口承担待运货物的装卸。

港口装卸机械可分为起重机械、输送机械、装卸搬运机械和专用机械四种类型。目前港口应用的装卸机械有百余种,其中应用较广的有30种左右。

1. 起重机械

起重机械是指能够垂直升降货物并具有水平运移功能的机械。它的工作特点是间歇重复工作,在每一工作循环中有空载时间。起重机械主要是各种起重机,港口使用较多的有门座起重机、门座抓斗卸船机、桥式抓斗卸船机、龙门起重机和浮式起重机等。集装箱码头主要使用岸边集装箱起重机。

(1)门座起重机(如图4-1)。门座起重机是旋转臂架起重机的一种,因有门形底座(门座)而得名,又称门吊、门机。它有起升、旋转、变幅、行走4个能协调工作的机构。门座起重机沿地面轨道行走。门座下可通行铁路车辆和汽车。这种起重机臂架长,起升高度大,各机构工作速度快,因而工作范围大,生产率高,且可配装不同的取物装置。例如,配装吊钩可装卸件货和钢材等重件,配装抓斗可装卸散货,换用专用吊具可装卸集装箱,因而通用性强。中国生产5t、10t、16t、60t等不同起重量级别的门座起重机。

图4-1 双主梁门座起重机

(2)门座抓斗卸船机。门座抓斗卸船机是由门座起重机派生出来的专用机械,又称带斗门机,多用于海港散货卸船作业。结构形式同门座起重机相似,但在门座上装有承接散货用的漏斗和胶带输送机系统,吊具为抓斗。抓斗自船舱抓取散货后,经起升、变幅,将散货卸入门座上的漏斗内,再由胶带输送机系统输送到堆场。门座上的漏斗可以移动,使变幅行程减至最小,因而生产率比一般通用门座起重机高,臂架系统结构强度也较高。我国制造的门座抓斗卸船机的生产率约为800t/h,适用于中小港口的散货卸船作业。

(3)桥式抓斗卸船机(如图4-2)。桥式抓斗卸船机是具有较高生产率的散货专用卸船机械,它同门座抓斗卸船机的区别在于它的水平移动抓斗是靠抓斗小车在起重机桥架轨道上行驶来实现的,而不靠臂架的俯仰来实现,因而有较高的水平移动速度和生产率。目前这种卸船机的生产率可高达2500t/h左右。

图4-2 桥式抓斗卸船机

(4)岸边集装箱起重机(如图4-3)。岸边集装箱起重机是为集装箱装卸船的专用起重机,布置于集装箱码头前沿,外形同桥式抓斗卸船机相似。岸边集装箱起重机有多种类型,我国目前采用的是前后两片门框和拉杆组成门架,门架沿码头前沿轨道行驶,桥架支承在门架上。为了避免船舶靠离码头时碰撞,桥架的外伸悬臂有的可以俯仰,有的可以伸缩。行走小车沿桥架的轨道往返行驶吊运集装箱,目前常用起升速度,空载时为70～120m/min,重载时为35～50m/min,小车行走速度约为120～150m/min,并配有专用集装箱吊具和减摇装置,起重量一般在40t以下,每小时可吊运集装箱20～30标准箱。

图4-3 岸边集装箱起重机

(5)龙门起重机。龙门起重机是水平主梁支承在两片刚性支腿上的桥架起重机,起重小车在主梁的轨道上行走。龙门起重机有轨道式和轮胎式两种,轨道式的沿地面轨道行走,轮胎式的移动灵活。主要用于堆场装卸、堆码集装箱。我国生产的轮胎式龙门起重机的起重量为40t,轮距跨度内可放6排集装箱,跨高可堆码4层集装箱。

(6)浮式起重机。浮式起重机是装在平底船或专用船上的臂架起重机,又称浮吊或起重船。因具有较大的起重量和机动性,同时不受水位变化的影响,所以在海港、河港的装卸作业中应用广泛。在水位差较大的河港,浮式起重机常同缆车配套从事装卸作业。

2. 输送机械

输送机械是指能连续不断输送货物的机械,又称连续运输机械,可在任意平面,即水平面、倾斜面,直至垂直面上输送货物。输送机可分为有牵引构件的和无牵引构件的两类。前者利用带条、链条、绳索等带动承载构件输送货物,主要是带式输送机和链式输送机;后者则利用重力、惯性、摩擦、气流等输送货物,主要是气力输送机。

(1)带式输送机。港口带式输送机因用于大宗散货的装船、转运和堆垛等作业而形成各种专用机械,如煤炭装船机、矿砂装船机。有的国家矿砂装船机的生产率已达20000t/h,带速达6m/s。利用输送机进行大宗散货的卸船作业也可获得较高的生产率。在美国密西西比河沿岸某些煤码头,利用链斗卸船机从煤驳卸煤,生产率可达3600t/h。链斗卸船机也可用于散粮的卸船作业。它是由能行走的门座、链斗提升机和胶带输送机等组成。夹皮带输送机是用两层胶带夹紧货物进行输送的带式输送机,又称压带输送机,也用于散货的卸船作业。

(2)气力输送机。气力输送机是利用风机在封闭管路中形成的气流输送散粒货物的机械,又称风动输送机。风机从管路系统中吸气,货物随气流从吸嘴处被吸入料管,高速气流使散粒货物在料管中呈悬浮状输送;然后经分离器使散粒货物与气流分离并经卸料器卸出,输送过程即告完成。这种输送机在港口多用于散粮卸船作业,因而又称吸粮机。它的优点是设备简单,清舱效果好;缺点是能耗大,不能输送粒径较大的和黏结性较大的货物,工作时噪声大。

3. 装卸搬运机械

在港口用于装车卸车、货物堆码以及货物短距离水平运输的机械,有叉式装卸车、跨运车、翻车机、螺旋卸车机、牵引车及挂车等。

(1)叉式装卸车。叉式装卸车是在轮胎式底盘的前方装有升降式门架和货叉的装卸搬运机械,简称叉车或铲车。广泛用于码头、库场、舱内和车内。工作时将货叉插入货板,然后提升货叉举起货物,进行堆码作业。叉车结构紧凑,机动性好,能在库内或舱内狭窄的通道上行走。如果配备不同的取物装置如串杆、旋转货夹、货斗、抱夹等,能装卸多种货物。大型叉式装卸车配上专用的集装箱吊具,即成为集装箱专用叉式装卸车。叉式装卸车按动力装置可分为内燃叉式装卸车和蓄电池叉式装卸车;按结构形式则有平衡重式、前移式、插腿式、侧叉式、转叉式等多种。

(2)跨运车。跨运车是由门形车架、带有抱叉的提升架和轮胎式行走机构组成的搬运机械,又称跨车。一般由内燃机驱动。跨运车适用于长大件货,如钢材、木材、长大箱体的搬运堆码作业。工作时,门形车架跨在货物上,由抱叉抱起货物后进行搬运和堆码。随着集装箱运输的发展,有些国家的港口采用跨运车在码头前沿和库场间搬运集装箱并在库场内进行堆码作业。这种集装箱专用跨运车装有集装箱吊具,当门形车架跨在集装箱上时,吊具降落在集装箱上,用液压旋锁锁紧集装箱,然后进行吊运。吊具的起升高度应满足堆码2~3层

(3)翻车机。翻车机是倾翻铁路敞车,卸出所载散货的专用卸车机。它有较高的生产率,适用于大型专业散货码头。翻车机按结构分为转子翻车机和侧倾翻车机两种。转子翻车机应用较多,卸车时,运载散货的敞车进到翻车机的转子平台上,用压车机构压住,然后同转子一起转动160°~180°,散货即卸入转子下面的漏斗中,再用给料器和带式输送机运出。现代翻车机每次可容纳两辆敞车,两者之间用旋转车钩联结以实现车列不解体卸车作业,这样使卸车效率大为提高。原来转子式翻车机每卸一车散货约需3min,而现代翻车机每卸一车不到1min。

(4)螺旋卸车机。螺旋卸车机是我国在20世纪70年代制造的卸出铁路敞车所载散煤的专用机械。由螺旋机构、摇摆机构、起升机构、行走机构等组成。卸车时,打开敞车侧门,螺旋机构从敞车上方横压在车内散货上旋转,将散煤卸出,然后由车厢下方的胶带输送机接运。单向螺旋卸车机从一侧卸车,双向螺旋卸车机从两侧卸车。螺旋卸车机轨道铺在铁路卸车线两侧。它一边沿轨道移动,一边卸车,生产率为每小时300~400t。

四、技能训练准备

(1)学生每5人为一个小组,每个小组选一名组长;
(2)卡片若干张;
(3)教师现场指导;
(4)训练时间安排:2学时。

五、技能训练步骤

(1)以每位学生为单位,在卡片上写出各类水路运输的设备与设施;
(2)教师分配给各小组以不同运输包装的货物(散装货物、件装货物、集装箱货物等)以及货物的质量、装货港、卸货港等信息,各组通过卡片问询法,收集每位学生相应批次的水路货物运输对水路运输设备、设施的要求;
(3)以组为单位确定对每批货物使用到的水路运输设备与设施;
(4)每组派一位代表陈述结果。

六、技能训练注意事项

(1)卡片填写要认真,态度严谨;
(2)卡片汇总后要进行归类;
(3)陈述可能用到的各类水路运输设备与设施的理由要充分、准确。

七、技能训练评价

请完成技能训练后填写附录一。

八、技能训练活动建议

建议组织学生到水路运输企业及港口码头进行参观。

思考练习

1. 简答题
(1) 根据《内河航道标准》，我国内河航道分为几级？
(1) 水路货物运输工具主要有哪些？各有什么作用？
(2) 港口主要有哪几部分构成？各有什么功能？
(3) 常见的港口装卸机械主要有哪几类？
2. 案例分析题

中远集团的发展

2011年，中远集团拥有和控制各类现代化商船近800艘，5700多万载重吨，年货运量超4亿吨，远洋航线覆盖全球160多个国家和地区的1600多个港口，船队规模位居中国第一、世界第二。其中集装箱船队规模在国内排名第一、世界排名第五，干散货船队世界排名第一，专业杂货、多用途和特种运输船队综合实力居世界前列，油船船队是当今世界超级油轮船队之一。中远集团在全球范围内投资经营着32个码头，总泊位达156个，集装箱码头吞吐量保持全球第五。

中远集团拥有丰富的物流设施资源，拥有和控制各种物流车辆超过4000台，堆场249万平方米，仓库297万平方米，在家电、化工、电力、融资等领域为客户提供高附加值服务，创造多项业界记录。

中远集团拥有含30万吨级、50万吨级的各类型船坞16座，业务涉及大型船舶和海洋工程建造、改装及修理，生产设备装配水平、生产管理水平国内领先，技术能力、生产效率及生产成本等指标居世界前列，是中国最大的修船企业及技术最先进的造船企业。

中远集团已形成以北京为中心，以中国香港、美洲、欧洲、新加坡、日本、澳洲、韩国、西亚、非洲等九大区域公司为辐射点的全球架构，正在形成完整的航运、物流、码头、船舶修造的全球业务链。

中远集团是最早进入国际资本市场的中国企业之一，早在1993年中远投资就在新加坡借壳上市，目前在境内外拥有中国远洋、中远太平洋、中远国际、中远投资、中远航运等多家上市公司。2010年5月30日，英国著名财经媒体《金融时报》发布了最新的全球500强企业排行榜（FT Global 500），中国远洋位列第450位，这是中国远洋自2008年以来连续第三年蝉联该榜单。

作为一家中国的跨国公司，中远很早就注重承担广泛的"企业公民"责任。2001年，中远集团就建立起了包括国际环境管理体系、职业安全卫生管理体系在内的综合管理体系，成为中国国内首家获得三大管理体系认证的企业。2005年，中远正式加入联合国"全球契约"计划，更加自觉和积极地践行"全球契约"十项基本原则并努力实现可持续发展。中远集团可持续发展报告连续四年被联合国全球契约评为典范报告，成为唯一一家连续四年登上全球契约典范报告榜的亚洲企业。

中远集团积极践行可持续发展领导力蓝图，于2011年1月正式加入联合国全球契约领导力(LEAD)项目,并成为其督导委员会(Steering Committee)成员企业之一。

中远集团把积极履行企业社会责任与企业发展战略相结合,积极培育"绿色竞争力",主要国际化经营指数正接近联合国"全球跨国公司 100 强"标准,正逐步确立国际航运、物流码头和修造船领域系统集成者的地位,正朝着"全球发展,和谐共赢"的世界航运领先企业和打造"百年中远"的世纪愿景迈进。

分组讨论回答以下问题:
(1)中国远洋公司具有哪些发展优势?
(2)中国远洋公司的发展给我们什么启示?

项目二　江河货物运输

教学要点

(1)利用网络,收集江河货物运输企业资料
(2)分小组讨论江河货物运输存在的必要性、优势以及适合江河运输的货物情形
(3)根据不同货物选择适合的江河货物运输方式

教学方法

采用案例教学和分组讨论等方法。

一、情 景 设 置

陆路上一般货物运输的方式主要有:铁路运输、航空运输、道路运输、江河运输四种。某物流公司现有一批货物需要运输,这批货物包括:鲜活易腐货物、危险货物、整批货物、普通货物等,请根据所要运输货物的大小、质量、性质等,来选择不同的货物运输方式。

二、技能训练目标

通过学习、讨论分析后,能根据所要运输货物的大小、质量、性质等,为物流企业选择合理的货物运输方式。

三、相关理论知识

(一)江河运输的定义及分类

1.定义

江河运输又称内河运输,它是利用船舶和江河、湖泊等通航水域进行运输的方式,是水上运输的重要组成部分,同时,它还是连接内陆腹地(Inland Area)和沿海地区(Coastal Region)的纽带,对一个国家的国民经济和工业布局起着重要作用,也是国际货运输方式之一。

2.江河货物运输的分类

（1）按货物运输组织形式分为直达运输、中转运输和多式联运等。

（2）按货物的性质和特点分为普通大宗货物运输和特种货物运输。

（3）按货物的包装状况分为散装货物运输、件杂货运输、集装箱运输和单元滚装运输等。

（4）按水路货物运输合同承租期限分为航次租船运输、定期租船运输、包运租船运输。

（二）江河运输的业务流程

1. 江河运输的托运

江河货物运输的托运主要有三项工作，即填写货物运单、提交货物和支付费用。

（1）填写货物运单。水路货物运单一般为6联。第一联为起运港存查联；第二联为解缴联，起运港航运公司留存；第三联为货运收据联，起运港交于托运人留存；第四联为船舶存查联，承运船舶留存；第五联为收货人存查联；第六联为货物运单联，是提货凭证，收货人交款、提货、签收后交到达港留存。

运单应当按照下列要求填制：

①一分运单，填写一个托运人、收货人、起运港、到达港。

②货物名称。填写具体品名，名称过繁的，可以填写概括名称。

③规定按质量和体积计费的货物，应当填写货物的质量和体积。

④填写的各项内容应当准确、完整、清晰。

⑤危险货物应填制专门的危险货物运单（红色运单）。

（2）提交货物。

①托运人应当按双方约定的时间、地点将货物运抵指定港口暂存或直接装船，并及时办理港口、海关、检验、检疫、公安和其他货物运输所需的各项手续，并将已办理各项手续的单证送交承运人。

②托运人托运货物的名称、件数、质量、体积、包装方式、识别标志等应当与运输合同的约定相符。

③需要具备运输包装的货物，应根据货物的性质、运输距离及中转等条件做好货物的包装。托运人应当保证货物的包装符合国家规定的包装标准；没有包装标准的，货物的包装应当保证运输安全和货物质量。

④需要随附备用包装的货物，托运人应当提供足够数量的备用包装，交承运人随货免费运输。

⑤托运危险货物时，托运人应当按照有关危险货物运输的规定，妥善包装，制作危险品标志和标签，并将其正式名称和危险性质以及必要时应当采取的预防措施书面通知承运人。

⑥托运人应当在货物的外包装或表面正确制作识别标志和储运标志。识别标志的内容包括发货复核、货物名称、起运港、中转港、到达港、收货人、货物总件数。

⑦除有约定外，运输过程中需要饲养照料的活动物、植物，以及保密物品、稀有贵重物品和文物、有价证券、货币等，托运人应当向承运人申报并随船押运。

⑧托运人托运易腐货物和活的动植物时，应当与承运人约定运到期限和运输要求；使用冷藏船装运易腐货物的，应当在订立运输合同时确定冷藏温度。

⑨托运笨重、长大货物，应当在运单内载明总件数、总质量和总体积（长、宽、高），并随附清单标明每件货物的质量、长度和体积（长、宽、高）。单件货物质量或者长度超过标准的（沿海：质量5t，长度12m；长江、黑龙江干线：质量3t，长度10m）应当按照笨重、长大货物托运。

⑩散装液体货物只限于整船、整舱运输,由托运人在装船前验舱认可后才能托运装载。对整船散装的货物,如果托运人在确定质量时有困难,则需要承运人提供船舶水尺计量数作为其确定质量的依据。

(3)支付费用。

托运人按照约定向承运人支付运费。如果约定在装运港船上交货且运费由收货人支付的,则应当在运输单证中载明,并在货物交付时向收货人收取。如果收货人约定在指定目的地交费时,托运人应交纳货物运输保险费、装运港口作业费等项费用。

2.江河运输的到达与接收

(1)货物的到达。

在运送货物的准备和执行过程中,承运人应当做到如下几点:

①承运人应当按照运输合同约定的时间、地点、方式和数量接收货物,并使船舶处于适航状态,妥善配备船员、装备船舶和配备供应品,并使干货舱、冷藏舱、冷气舱和其他载货处于适于安全收受、载运和保管货物。

②承运人应当妥善地装载、搬移、积载、运输、保管、卸载所运货物。

③承运人应当在约定期间内(没有约定时,则是指在合理期间内)将货物安全运送到约定地点。

④承运人应当在按照约定的航线将货物运送到约定的到达港。

⑤承运人对运输的活的动、植物,应当保证航行中所需的淡水。

(2)货物的接收。

承运人交付货物的过程也就是收货人接收提取货物的过程,承运人应做到以下几点:

①承运人将货物运抵到达港后,应当在24h内向收货人发出到货通知。到货通知的时间,信函通知的,以发出邮戳为准;电传、电报、传真通知的,以发出时间为准;采用数据电文形式通知的,以该数据电文进入收件人指定特定系统的时间为通知时间;收件人未指定特定系统的,以该数据电文进入收件的任何系统的首次时间为通知时间。承运人发出到货通知后,应当每10天催提一次,满30天收货人不提取或者找不到收货人,承运人应当通知托运人的,托运人在承运人发出通知后30天内负责处理该批货物。托运人未在规定期限内处理货物,承运人可以将该批货物作无法交付货物处理。

②运输合同约定由收货人委托港口作业的,货物抵到达港后由港口作业,当收货人没有委托时,承运人可以委托港口经营人员进行作业,由此产生的费用和风险由收货人承担。

③应当向承运人支付的运费、保管费、滞期费、共同海损的分摊费、承运人为货物垫付的必要费用以及应当向承运人支付的其他运输费用等,这些费用没有付清时,又没有提供适当担保的,承运人可以留置相应的运输货物,但另有约定的除外。

④承运人对收集的地脚货物,应当物归原主,不能确定货主的,应当按照无法交付货物处理。

⑤承运人交付货物时,应当核对证明收货人单位或身份以及经办人身份的有关证件。

3.收货人收货

收货人接到到货通知后办理提货手续,主要有三项工作,即提交收货凭证、检查验收货物和支付费用。

①提交取货凭证:收货人接到到货通知后,应当及时提货,不得因对货物检验而滞留船舶。接到到货通知后满60天,收货人不提取货物且托运人也未处理该批货物,承运人可将

该批货物作为无法交付货物处理。

②收货人应向承运人提交证明收货人单位或者经办人身份的有关证件及由托运人转寄的运单提货联或有效的提货凭证,供承运人审核。如果货物先到,而提货单未到或单证丢失的,收货人还需提供银行的保函。

③检查验收货物:收货人在到达港提取货物前或者承运人在到达港交付货物前,可以要求检验机构对货物进行检验。要求检验的一方应当支付检验费用,但是有权向造成货物损失的责任方追偿。收货人提取货物时,应当与运输单证核对货物是否相符,检查包装是否受损、货物有无灭失情况。核对与检查时应做到:

a. 发现货物损坏、灭失时,交接双方应当编制货运记录,当确认不是承运人的责任时,应标志普通记录。

b. 发生的运输事故按《国内水路运输规则》的规定,分清责任,根据责任承担相应后果。

c. 收货人在提取货物时没有提出货物的数量和质量异议时,视为承运人已经按照运单的记载交付货物,除非收货人提出相反的证明。

④支付费用:按照约定在提货时支付运费,并须付清滞期费、包装整修费、加固费以及其他中途垫款等。因货物损坏、灭失或者迟延交付所造成的损害,收货人有权向承运人索赔;承运人可依据有关法规、规定进行抗辩。托运人或者收货人不支付运费、保管费以及其他费用时,承运人对相应的运输货物享有留置权,但另有约定的除外。查验货物无误并交清所有费用后,收货人在运单提货联上签收,取走货物。

四、技能训练准备

(1)一批需要通过江河运输的货物相关数据(货物种类、数量、起讫点等);
(2)将所有学生分成3个小组;
(3)教师现场指导;
(4)训练时间安排:2学时。

五、技能训练步骤

(1)每组学生为单位,分别扮演货物托运人、江河航运公司、货物收货人;
(2)依据江河运输的操作环节及程序,各小组依据自己扮演的角色,进行相关业务操作,并记录业务操作内容;
(3)以组为单位,将各小组的业务操作内容上交。

六、技能训练注意事项

(1)在训练时,可以根据当时的实际情况适当增加技能训练内容中的业务题;
(2)根据当地的实际,灵活运用流程;
(3)训练中的操作要认真、仔细。

七、技能训练评价

请完成技能训练后填写附录一。

八、技能训练活动建议

建议组织学生到江河运输企业进行实地调研业务流程。

思考练习

1. 简答题

(1) 请绘图说明江河运输的业务流程?

(2) 江河货物运输的托运主要有哪三项工作?

(3) 收货人接到到货通知后办理提货手续时,主要有哪几项具体工作?

2. 案例分析题

中国长江航运集团的发展

中国长江航运集团(简称中国长航),是我国内河最大的骨干航运企业集团。中国长航前身可追溯至清朝末年官督商办的招商局,至今有130多年历史。截至2009年12月31日,集团拥有资产总额524亿元,从业人员约7.97万人。2009年,完成货运量1.3亿吨,货运周转量2818亿吨千米,实现营业收入354亿元。现有全资子企业16家、控股子企业5家,分布在长江沿线省市及深圳、珠海经济特区,在美国、德国、新加坡、中国香港等国家和地区设有子公司、合资公司或驻外机构。

中国长航主要经营航运、船舶制造及修理、燃油贸易等业务。

航运:主要依托长江流域和中国沿海的大型石化、冶金、电力、建材、汽车等企业,为其提供原材料和产成品服务。以江海联运为核心能力,是我国航运业中唯一拥有远洋、沿海、长江、运河全程物流服务能力的企业,航线覆盖长江干线及主要支流、沿海、远洋。截止2009年年底,拥有和控制船舶运力744万载重吨。所属公司长航凤凰主要经营长江、沿海、远洋的干散货运输业务。长航油运主要从事沿海、近洋、远洋石油、化工品运输业务。南京长江油运公司主要从事长江石油、化工品运输业务。深圳公司主要从事长江、沿海及国际航线的商品车滚装运输和仓储配送服务。上海长江轮船公司和重庆长江轮船公司经营长江、沿海、近洋的集装箱运输业务。长航国际海运公司主要经营长江、沿海、近洋的件杂货运输业务。

船舶制造及修理:主要由长航船舶重工总公司负责管理,下辖金陵船厂、江东船厂、青山船厂、宜昌船厂等造船厂和红光港机厂、长航电机厂等工业企业。能建造20万吨级以下各类型船舶,年造船能力超过500万载重吨。所属船厂是我国造船工业出口创汇的重要基地,产品主要出口欧美市场。2009年,完成工业总产值约150亿元,占长江流域规模以上造船企业总产值的20%。

燃油贸易:与中国石化合资的中石化长江燃料有限公司,是全国内河最大的水上成品油销售企业,主要从事长江干线、沿海的水上成品油及国际船舶保税油销售、运输、储存专业化经营,在长江沿线共有80余个加油站(点)。年销售燃油量200万吨以上,占长江水上燃油销售量的60%。

中国长航经营的长江游船旅游业务,拥有各类游船30余艘,其中所属长江轮船海外旅游总公司拥有星级涉外豪华游船12艘,是国内最大的游轮旅游企业,曾多次完成党和国家领导人及外国元首政要的警卫考察接待任务,享有"国宾船队"美誉。

长期以来,中国长航始终坚持"诚信、优质、共赢"的经营理念,以安全、优质、高效的服务,创造了良好的经济效益和社会效益,为长江流域和沿海省市的经济发展和社会进步做出了重大贡献。在流域抢险救灾、军事战备及国家重要接待任务中,发挥了中央企业的骨干作用。

中国长航以"世界内河第一,江海物流领先"为企业愿景目标,以中国沿江、沿海战略客户为基础,努力提升江海洋联运和全程物流服务核心竞争力,竭诚为长江流域及沿海关系国计民生的战略客户提供全方位物流服务,共同创造价值,力争用五年时间成为全球航运前十企业、国货国运的著名品牌,为中国经济发展做出更大的贡献。

(资料来源::http://www.china-csc.com/ShowClassA.asp?ClassID=10)

分组讨论回答以下问题:

(1)根据中国长江航运的发展,谈谈中国的江河运输具有哪些优势?

(2)如何拓展江河货物运输业务?

项目三 远洋货物运输

教学要点

(1)利用网络,收集远洋货物运输业务流程资料

(2)由小组讨论,远洋运输业务的类型及其业务内容

(3)设计操作远洋货物运输的业务流程

教学方法

采用情境教学和案例教学等方法。

一、情 景 设 置

远洋货物运输业务流程包括:定期船运输(班轮)业务流程和不定期船运输(租船运输)业务流程。中国远洋航运集团公司主要经营远洋进出口货物运输业务,你作为公司的业务员,将如何操作进出口货物的远洋运输业务。

二、技能训练目标

通过学习、讨论分析后,能操作进出口货物的远洋运输业务流程。

三、相关理论知识

远洋货物运输是指利用海路及远洋船舶将进出口货物运送至目的港的一种运输方式,

在运输设备、运输要求和运输组织等方面与江河运输有很大区别。最重要的远洋运输营运方式是租船运输和班轮运输。

(一)航次租船运输

1.航次租船方式

航次租船又名"程租船",是一种由船舶所有人向租船人提供特定的船舶,在特定的两港或数港之间从事一个特定的航次或几个航次承运特定货物的方式。简单地说,对这种方式可用四个"特定"来概括,即特定的船舶、特定的货物、特定的航次、特定的港口。航次租船方式可分为:

①单程租船(Single Voyage Charter):单程租船也称为单航次租船,即所租船舶只装运一个航次,航程终了时租船合同即告终止。运费按租船市场行情由双方议定,其计算方法一般是按运费率乘以装货或卸货数量或按照整船包干运费计算。

②往返租船(Round Trip Charter):往返租船也称为来回航次租船,即租船合同规定在完成一个航次任务后接着再装运一个回程货载,有时按来回货物不同分别计算运费。

③连续航次租船(Consecutive Trip Charter):即在同样的航线上连续装运几个航次。往往在货运量较大,一个航次运不完的时候,可以采用这样的租船方式,这种情况下,平均航次船舶租金要比单航次租金低。

④航次期租船(Trip Charter on Time Basis):航次期租船又称日租租船,它是航次租船的一种变形,也是以完成一个航次运输为目的,但租金按完成航次所使用的日数和约定的日租金率计算。在装货港和卸货港的条件较差,或者航线的航行条件较差,难于掌握一个航次所需时间的情况下,采用航次期租船。这种租船方式对船舶所有人比较有利。因为采用这种租船方式可以使船舶所有人避免难以预测的情况而使航次时间延长所造成的船期损失。

2.航次租船的特点

(1)船舶的营运调度由船舶所有人负责,船舶的燃料费、物料费、修理费、港口费、淡水费等营运费用也由船舶所有人负担。船舶所有人负责配备船员,负担船员的工资、伙食费。

(2)规定一定的航线和装运的货物种类、名称数量以及装卸港。

(3)船方除对船舶航行、驾驶、管理负责外,还应对货物运输负责。

(4)航次租船的"租金"通常称为运费,运费按货物的数量及双方商定的费率计收,在多数情况下,运价按货物装运数量计算。

(5)在租船合同中需要订明货物的装、卸费由船舶所有人或承租人负担。在租船合同中需要订明可用于装、卸时间的计算方法,并规定延滞费和速遣费的标准及计算办法。

(6)船租双方的责任义务,以定程租船合同为准。

3.航次租船经营

航次租船经营与班轮经营相比具有如下经营特点:

(1)受载货类方面。航次租船所承运的货类虽不多,但数量很大,一般均需整船载运,且具有以下一些特征:货源分布广、批量大;货物的流量和流向易受世界政治经济和国家政策等因素的影响而不稳定;相当数量的货类具有运输季节性;货物的价值相对都比较低;对运送速度的要求不高。

(2)营运航线方面。航次租船所行驶的航线范围很广,类似于漂泊流浪,追逐大宗货流的生成区域,且具有以下一些特征:根据航次租船合同确定船舶营运航线;在营运航线内基本上没有中途挂靠港口;航次间的营运航线具有连续性,但缺乏规律性;就国际航运整体而言,营运航线遍及全世界。

(3) 投入船舶方面。航次租船所投入的船舶种类很多,船舶之间的技术状况差异很大,一般具有以下一些特征:投入的船舶大多是专用船舶;单船吨位相对较大,油轮及干散货船尤为显著;航速一般较低;除专用船舶有特殊要求外,一般的船舶结构和设施均比较简单。

(4) 计收运价方面。航次租船的租金常被习惯地称为运费。但是,航次租船的运费不同于班轮运价,一般具有以下特征:航次租船营运的具体航线都不事先制定固定的运价;每一航次的运费率往往需要经过承租双方讨价还价后才能确定;费率水平通常都取决于市场船货供求状况;计收运费的费率单位比较灵活,一般为:元/货吨或整船包干运费;油轮航次运输使用特殊的费率单位,即运价指数。

(5) 营运组织方面。航次租船在营运组织方面不像班轮营运组织那样严谨和复杂,通常具有以下一些特征:船货结合在时间和地点上是不固定的和无规则的;经营条件比较简单,只要拥有一艘船舶即可开展航次租船经营活动;经营技术相对比较复杂,须使船舶能不间断地从事连续的航次生产活动;经营及营运调度依赖于在航次市场中获得的机会。

(二) 定期租船运输

1. 定期租船定义

定期租船又称期租船,是指由船舶所有人按照租船合同的约定,将一艘特定的船舶在约定的期间,交给承租人使用的租船。这种租船方式不以完成航次数为依据,而以约定使用的一段时间为限。在这个期限内,承租人可以利用船舶的运载能力来安排运输货物;也可以用以从事班轮运输,以补充暂时的运力不足;还可以以航次租船方式承揽第三者的货物,以取得运费收入。当然,承租人还可以在租期内将船舶转租,以谋取租金差额的收益。关于租期的长短,完全由船舶所有人和承租人根据实际需要商洽而定。

2. 定期租船的主要特点

(1) 船长由船舶所有人任命,船员也由船舶所有人配备,并负担他们的工资和给养,但船长应听从承租人的指挥,否则承租人有权要求船舶所有人予以撤换。

(2) 船舶的营运调度由承租人负责,并负担船舶的燃料费、港口费、货物装卸费、运河通行费等与营运有关的费用,而船舶所有人则负担船舶的折旧费、维修保养费、船用物料费、润滑油费、船舶保险费等船舶维持费。

(3) 租金按船舶的载重吨、租期长短及商定的租金率计算。

(4) 租船合同中订有关于交船和还船,以及关于停租的规定。

(5) 较长期的定期租船合同中常订有"自动递增条款"(Escalation Clause)以保护船舶所有人在租期中因部分费用上涨而使船舶所有人的盈利减少或发生亏损的损失。由于租金一经确定,通常在租期内不再变动,如果合同中订有"自动递增条款",在规定的费用上涨时,按约定租金即可按相应的比例提高。

3. 定期租船合同

(1) 定期租船合同的主要条款。

定期租船合同的主要条款包括:船舶状况、船舶交付与归还、船舶租金、船舶使用范围与航行区域、停租转租。

(2) 定期租船合同的特征。

① 出租人提供配备船员的船舶。这一点是与光船租赁的主要区别,正由于出租人负责配备船员,因此也就必须负责船员的工资、给养、船舶的维修保养、物料以及船舶的保险等费

用,并享有船舶所有权和管理权。而承租人则负责燃料、淡水、港口使用、货物装卸等费用,并享有船舶调动权和经营权。

②按约定租期支付租金。在定期租船合同下,租金是根据租期和船舶状况来确定的,因此这与提单运输,航次租船合同不同。

③按约定用途使用船舶。虽然定期租船合同和航次租船合同都有约定运载的货物,但前者通常只约定一个大的货物种类而不详细列明,而后者则约定具体的货物种类。

4. 定期租船合同与航次租船合同的区别

定期租船合同具有财产租赁合同和运输合同的双重性,因为承租人根据定期租船合同在一定时期内取得对船舶的调动权和使用权。另外,承租人租赁船舶,在多数情况下是为了承运第三人的货物,且合同中有许多条款是直接规定货物运输的,因此,它又具有运输合同的某些特征。其与航次租船合同的不同主要体现在以下3个方面:

(1) 出租人地位不同。

在定期租船合同中,承租人享有出租人让与的经营权,因此,在其承揽第三者货物时,通常以自己的名义签发提单交与托运人,承租人为承运人,他与托运人、收货人具有最密切的合同关系,而出租人与第三人无合同关系。

另外,这种经营权的区别,使得定期租船合同的船东(出租人)为了保证其船舶的安全,就会在合同中加入有关航区、可装运货物范围等航次租船合同中没有的规定。

(2) 在营运成本方面不同。

在航次租船合同中由船方负担的航次成本在定期租船下转由租船人承担,因而在定期租船中会有关于燃油消耗量、航速的规定。

(3) 在时间损失上不同。

航次租船的时间损失由船方承担,因此,在航次租船合同中有关于装卸时间的规定。而在定期租船合同中,时间损失由租船人承担,因此,定期租船合同中有关于停租的规定。

5. 租船运输程序

租船业务按时间顺序分为询价、报价、还价、接受和签订租船合同5个环节进行,租船人和船东按照这一程序,通过租船经纪人互通情况,讨价还价,最后达成一致,签订合同,实现租船运输。

①询价。又称询盘,通常是由承租人以自己期望的租赁条件,直接或通过租船经纪人寻求租用所需船舶的行为,即货求船。承租人发出的询价内容包括需要承租的船舶类型和装运货物的种类、数量、装运港、转运期限、租船方式以及租金等事项。

②报价。又称报盘或发盘,是由船舶所有人对承租人询价的回应。若是船舶所有人先提出询价,则报价由承租人提出。报价的主要内容是关于租金的水平、选用的船舶合同范本以及范本条款的修订和补充等。

③还价。也称还盘,是询价双方通过平等谈判、协商、讨价还价的过程。还价意味着询价人对报价人报价的拒绝和新的询价开始,因此,报价人收到还价后还需要对是否同意还价条件做出答复,或再次做出新的报价。这种对还价条件作出答复或再次作出新的报价称为返还价或称返还盘。

④接受。也称受盘,船舶所有人和承租人经过反复多次还盘后,最后达成一致意见即可成交。按照国际通常的做法,成交后交易双方当事人应当签署一份"订租确认书",就商谈租船过程中双方承诺的主要条件予以确认,对于细节问题还可进一步商讨。

⑤签订租船合同。签订确认书只是一种意向合同,正式签订租船合同才意味着最终成交。租船合同要明确租船双方当事人的权利和义务,双方当事人签署后即可生效。

(三)班轮运输

班轮运输又称作定期船运输,系指按照规定的时间表在一定的航线上,以既定的挂港顺序、有规则地从事航线上各港间货物运送的船舶运输。

在班轮运输实践中,班轮运输可分为两种形式:一是定航线、定船舶、定挂靠港、定到发时间、定运价的班轮运输,通常称之为"五定班轮";另一种通常称之为"弹性班轮",也即所谓的定线不严格定期的班轮运输。

1. 班轮运输的特点

①船舶按照固定的船期表,沿着固定的航线和港口来往运输,并按相对固定的运费率收取运费。因此,具有"四固定"的基本特点。

②运价内已包括装卸费用。货物由承运人负责配载装卸。船货双方也不计算滞期费和速遣费。

③船货双方的权利、义务、责任、豁免,以船方签发的提单条款为依据。

④班轮承运的货物品种、数量比较灵活,货运质量较有保证,且一般采取在码头仓库交接货物,故为货主提供了较便利的条件。

2. 经营班轮运输必须具备的条件

①须配置技术性能较高、设备齐全的船舶。

②需租赁专用码头和设备、设立相应的营业机构。

③需要给船舶配备技术和业务水平较高的船员。

④需要有一套适用于小批量接受货物托运的货运程序。

3. 班轮运输承运人与托运人的责任划分。

班轮承运人是指班轮运输合同中承担提供船舶并负责运输的当事人。托运人是在班轮运输合同中委托承运人运输货物的当事人。承运人同托运人责任和费用的划分界限一般在船上吊杆所能达到的吊钩底下,换言之,托运人将货物送达吊钩底下后就算完成交货任务,然后由承运人负责装船。但风险的划分一般以船舷为界,即货物在装运港越过船舷以前发生的风险由托运人负责,越过船舷以后的风险由承运人负责。承运人最基本的义务是按合理的期限将货物完整无损地运到指定地点,并交给收货人。托运人的基本义务是按约定的时间、品质和数量准备好托运的货物,保证船舶能够连续作业,并及时支付有关费用。

4. 班轮运输货运程序

(1)揽货。揽货是指从事班轮运输经营的船公司为使自己所经营的班轮运输船舶能在载质量和舱容上得到充分利用,力争做到"满舱满载",以期获得最好的经营效益而从货主那里争取货源的行为。

(2)订舱。订舱是指托运人或其代理人向承运人,即班轮公司或它的营业所或代理机构等申请货物运输,承运人对这种申请给予承诺的行为。承运人与托运人之间不需要签订运输合同,而是以口头或订舱函电进行预约,只要船公司对这种预约给予承诺,并在舱位登记簿上登记,即表明承托双方已建立有关货物运输的关系。

(3)装船。装船是指托运人应将其托运的货物送至码头承运船舶的船边并进行交接,然后将货物装到船上。

(4)卸货。卸货是指将船舶所承运的货物在卸货港从船上卸下,并在船舶交给收货人或代其收货的人和办理货物的交接手续。

（5）误卸。卸货时，船方和装卸公司应根据载货清单和其他有关单证认真卸货，避免发生差错，然而由于众多原因难免不发生将本应在其他港口卸下的货物卸在本港，或本应在本港卸下的货物遗漏未卸的情况，通常将前者称为溢卸，后者称为短卸。溢卸和短卸统称为误卸。关于因误卸而引起的货物延迟损失或货物的损坏转让问题，一般在提单条款中都有规定，通常规定因误卸发生的补送、退运的费用由船公司负担，但对因此而造成的延迟交付或货物的损坏，船公司不负赔偿责任。如果误卸是因标志不清、不全或错误，以及因货主的过失造成的，则所有补送、退运、卸货和保管的费用都由货主负担，船公司不负任何责任。

（6）交付货物。交付货物是指实际业务中船公司凭提单将货物交付给收货人的行为。具体过程是收货人将提单交给船公司在卸货港的代理人，经代理人审核无误后，签发提货单交给收货人，然后收货人再凭提货单前往码头仓库提取货物并与卸货代理人办理交接手续。交付货物的方式有仓库交付货物、船边交付货物、货主选择卸货港交付货物、变更卸货港交付货物、凭保证书交付货物等。

（7）保函。保函即为保证书，为了方便，船公司及银行都印有一定格式的保证书。其作用包括凭保函交付货物、凭保函签发清洁提单、凭保函倒签预借提单等。在凭保函交付货物的情况下，收货人保证在收到提单后立即向船公司交回全套正本提单，承担应由收货人支付的运费及其他费用的责任；对因未提交提单而提取货物所产生的一切损失均承担责任，并表明对于保证内容由银行与收货人一起负连带责任。凭保函签发提单则使得托运人能以清洁提单、已装船提单顺利地结汇。关于保函的法律效力，海牙规则和维斯比规则都没有作出规定，考虑到保函在海运业务中的实际意义和保护无辜的第三方的需要，汉堡规则第一次就保函的效力问题做出了明确的规定，保函是承运人与托运人之间的协议，不得对抗第三方，承运人与托运人之间的保函，只是在无欺骗第三方意图时才有效；如发现有意欺骗第三方，则承运人在赔偿第三方时不得享受责任限制，且保函也无效。

（四）远洋运输单证

为了保证进出口货物的安全交接，在整个运输过程中需要编制各种单据。

1. 海运主要货运单证

（1）托运单（Booking Note，B/N）。

托运单俗称"下货纸"，是托运人根据贸易合同和信用证条款内容填制的，向承运人或其代理办理货物托运的单证。承运人根据托运单内容，并结合船舶的航线、挂靠港、船期和舱位等条件考虑，认为合适后，即接受托运。

（2）装货单（Shipping Order，S/O）。

装货单是接受了托运人提出装运申请的船公司，签发给托运人，凭以命令船长将承运的货物装船的单据。装货单既可用作装船依据，又是货主凭以向海关办理出口货物申报手续的主要单据之一，所以装货单又称"关单"，对托运人而言，装货单是办妥货物托运的证明。对船公司或其代理而言，装货单是通知船方接受装运该批货物的指示文件。

（3）收货单（Mates Receipt，M/R）。

收货单又称大副收据，是船舶收到货物的收据及货物已经装船的凭证。船上大副根据理货人员在理货单上所签注的日期、件数及舱位，并与装货单进行核对后，签署大副收据。托运人凭大副签署过的大副收据，向承运人或其代理人换取已装船提单。

由于上述三份单据的主要项目基本一致，我国一些主要口岸的做法是将托运单、装货单、收货单、运费通知单等合在一起,制成一份多达9联的单据。各联作用如下:第一联由订舱人留底,用于缮制船务单证。第二、三联为运费通知联,其中一联留存,另一联随账单向托运人托收运费。第四联装货单经海关加盖放行章后,船方才能收货装船。第五联收货单及第六联由配舱人留底。第七、八联为配舱回单。第九联是缴纳出口货物港务费申请书。

(4)海运提单(Bill of Lading,B/L)。

海运提单是指证明海上运输活动成立,承运人已接管货物或已将货物装船并保证在目的地交付货物的单证。提单是一种货物所有权凭证。提单持有人可据以提取货物,也可凭此向银行押汇,还可在载货船舶到达目的港交货之前进行转让。

(5)装货清单(Loding List,L/L)。

装货清单是承运人根据装货单留底,将全船待装货物按目的港和货物性质归类,依航次、靠港顺序排列编制的装货单汇总清单,其内容包括装货单编号、货名、件数、包装形式、毛重、估计尺码及特种货物对装运的要求或注意事项的说明等。装货清单是船上大副编制配载计划的主要依据,又是供现场理货人员进行理货,港方安排驳运,进出库场以及承运人掌握情况的业务单据。

(6)舱单(Manifest,M/F)。

舱单是按照货物逐票罗列全船载运货物的汇总清单。它是在货物装船完毕之后,由船公司根据收货单或提单编制的。其主要内容包括货物详细情况,装卸港、提单号、船名、托运人和收货人姓名、标记号码等,此单作为船舶运载所列货物的证明。

(7)货物积载图(Cargo Plan)。

货物积载图是按货物实际装舱情况编制的舱图。它是船方进行货物运输、保管和卸货工作的参考资料,也是卸港据以理货、安排泊位、货物进舱的文件。

(8)运费清单(Freight Manifest,F/M)。

根据B/L副本、M/R而编制的出口载货运费清单,一般由船代公司编制。

(9)提货单(Delivery Order)。

提货单是收货人凭正本提单或副本提单随同有效的担保向承运人或其代理人换取的、可向港口装卸部门提取货物的凭证。

2. 货运单证流程

(1)托运人向船公司在装化港的代理人(也可直接向船公司或其营业所)提出货物装运申请,递交托运单,填写装货单(S/O,九联单)。

(2)船公司同意承运后,其代理人指定船名,核对S/O与托运单上有内容无误后,签发S/O,将留底联留下后退还给托运人,要求托运人将货物及时送至指定的码头仓库。

(3)托运人持S/O及有关单证向海关办理货物出口报关、验货放行手续,海关在S/O上加盖放行章后,货物准予装船出口。

(4)船公司在装货港的代理人根据留底联编年装货清单(L/L)送船舶及理货公司、装卸公司。

(5)大副根据L/L编制货物积载计划交代理人分送理货、装卸公司等按计划装船。

(6)托运人将经过检验和检量的货物送至指定的码头仓库准备装船。

(7)货物装船后,理货长将S/O交大副,大副核实无误后留下S/O并签发收货单(M/R)。

(8)理货长将大副签发的 M/R 转交给托运人。

(9)托运人持 M/R 到船公司在装货港的代理人处付清运费(预付运费情况下)换取正本已装船提单(B/L)。

(10)船公司在装货港的代理人审核无误后,留下 M/R,签发 B/L 给托运人。

(11)托运人持 B/L 及有关单证到议付银行结汇(在信用证支付方式下),取得货款,议付行将 B/L 及有关单证邮寄开证银行。

(12)货物装船完毕后,船公司在港口的代理人编妥舱单(M/F),送船长签字后向海关办理船舶出口手续,并将 M/F 交船随带,船舶开航。

(13)代理公司根据 B/L 副本编制出口载货运费清单(F/M),连同 B/L 副本、M/R 送交船公司结算代收运输,并将卸船港所需的单证邮寄卸货港的代理公司。

(14)卸货港的代理公司接到船舶抵港电报后,通知收货人船舶到港日期,做好提货准备。

(15)收货人到银行付清货款,取回 B/L。

(16)卸货港代理公司根据装货港代理公司寄来的货运单证,编制进口载货清单等卸货单据,约定装卸公司,联系泊位,做好卸货准备工作。

(17)卸货港船舶代理公司办理船舶进口报关手续。

(18)收货人向卸货港代理公司付清应付费用后,以正本提单换取提货单(D/O)。

(19)收货人持 D/O 送海关办理进口报关手续,支付进口关税,海关核准后放行。

(20)收货人持 D/O 到码头仓库提取货物。

(五) 班轮运输出口操作

(1)装船前。理货员代表船方,搜集经海关放行货物的装货单和收货单,经过整理后,按照积载图和舱单,分批接货装船。

(2)装船中。托运人委托的货运代理应有人在现场监装,随时掌握装船进度并处理临时发生的问题。

(3)装船完毕。理货组长要与船方大副共同签署收货单,交于托运人。

理货员如发现某批货有缺陷或包装不良,即在收货单上批注,并由大副签署,以明确船货双方的责任。但作为托运人,应尽量争取不在收货单上批注以取得清洁提单。

班轮出口操作流程如图 4-4。换取提单、制单结汇流程如图 4-5。

四、技能训练准备

(1)单据准备:航远洋公司的运价表;
(2)将所有学生分成 4 个小组;
(3)教师现场指导;
(4)训练时间安排:2 学时。

五、技能训练步骤

(1)每组学生为单位,分别扮演托运人、船公司、银行、收货人;
(2)依据图 4-4、图 4-5 中班轮运输的出口操作环节及程序,各小组依据自己扮演的角

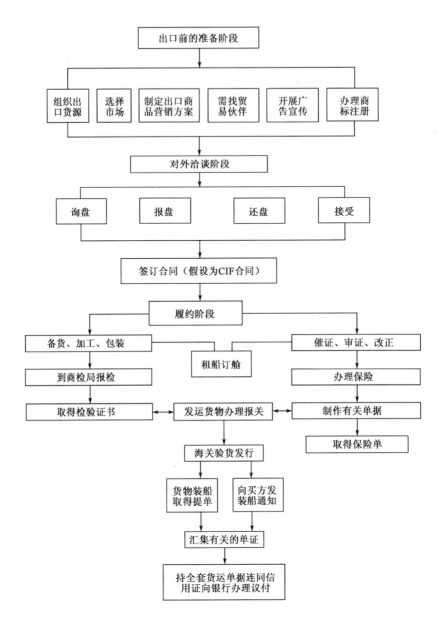

图 4-4 班轮出口操作流程

色,进行相关业务操作,并记录业务操作内容;

(3)以组为单位,将各小组的业务操作内容上交。

六、技能训练注意事项

(1)在训练时,可以根据当地的实际增加技能训练内容中的业务题;

(2)根据当地的实际,灵活运用流程;

(3)训练中的操作要认真、仔细。

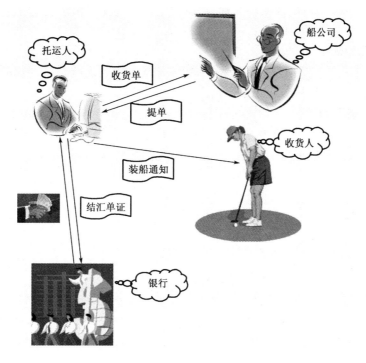

图 4-5 换取提单、制单结汇流程

七、技能训练评价

请完成技能训练后填写附录一。

八、技能训练活动建议

建议组织学生到远洋货物运输公司、港口码头调研业务流程。

思考练习

1. 简答题
(1) 简述租船运输程序及其业务流程。
(2) 班轮运输有哪些特点？简述其业务流程。
(3) 海运的主要货运单证有哪些？
2. 案例分析题

中外定期租船合同范本

租　人：_____

地　址：_____邮码：_____电话：_____

出租人：_____

地　址：_____邮码：_____电话：_____

第一条　租约代号

现有规范如附表(略)所描述的摩托/蒸汽船_____号的船东_____(_____)与租船人_____相互达成协议如下：

第二条　船舶规范

船东保证，在交船之日以及在这个租期内，本船应与附表规范相符，如有不符，租金应予以降低，足以赔偿租船人由此受到的损失。

第三条　船舶状况

船东保证，在交船之日以及在整个租期内，本船应紧密、坚实、牢固，处于良好工作状态，在各方面适于货运，船壳、机器、设备处于充分有效状态，并按规定人数配齐合格的船长、船员和水手。

第四条　租期

船东供租，租船人承担本船_____日历月(确切租期由租船人选择)，从本船交付之日起租。

第五条　航行范围

本船在伦敦保险人学会保证条款范围内(但不包括_____)，本船能经常安全浮起(但同样大的船舶照例安全搁底的地点可以不浮起)的安全港口、锚地或地点，进行合法贸易。在船东保险人承保的情况下，租船人可派船在许可以外的地区进行贸易，也可随意派船到船东需要支付兵险附加保费的地区进行贸易。不论哪种情况，船壳、机器附加保费由租船人负担，但该附加费不得超过按照伦敦保险人最低费率的最少险别所征收的保费，其保险条件不得扩大学会按期保险条款(1/10/1970)的标准格式或学会兵险条款(1/7/1976)的标准格式，但不包括封锁和围困险。租船人在收到有关凭证保单附本时将附加保费付还船东。如附加保费有回扣，应退还租船人，船壳、机器保额定为_____，保费即按此计算，但如保单记载的船壳、机器保额与上列金额不符，则取较小的金额计算。

如本船航行中国受阻，租船人有解除有租约的选择权。

除非首先得到租船人的同意，船东不得以任何理由或任何目的派船停靠台湾港口。

第六条　禁装货载

本船用来载运合法货物，但不包括_____(租船人)有权按照政府间海事协商组织的规则或任何主管当局适用的条例如，运输危险品。

第七条　交船港

本船在_____(租船人)指定的、本船能经常安全浮起，随时可供使用的泊位，在办公时间内交给租船人使用，交船时货舱须打扫干净，适于在装船接收货物。

第八条　交船日期

本船不得在_____之前交付，如本船在_____17点之前没有准备就绪交付，租船人有随时解除本租约的选择权，但不得迟于本船准备就绪之日。

第九条　交船通知

船东给租船人_____天预计交船日通知及_____天确定交船日通知。

第十条　货物检验

租船人在交、还船港代表双方在委任验船师检验交、还船时的货舱和确定船上存油，交船检验算船东时间，还船检验算租方时间。验船师费由船东和租船人均等分担。在测定船上存油前，本船前后吃水要调平或者船首尾吃水差不超过6英尺。

第十一条　船东供应项目

船水供应及/或支付有关船长、船员、和水手的全部食品、工资、领事费以及其他费用,供应及/或支付甲板、房舱、机舱、及其他必需的全部用品,供应及/或支付全部润滑油和淡水,支付各项船舶保险及入干坞、修船其他保养费。

第十二条 起货机

船东给全部双杆吊及/或转盘吊提供起重装置和设备,达到格式表所规定的起重能力,并提供装卸货物实际使用的一切绳索、滑轮吊缆、吊货具及滑轮。如本船备有重吊,船东给重吊提供必要的起重装置。(参见第十五条)

船东按需要提供甲板水手开关舱,在船到达装卸泊位或地点之前把起货机装置就绪,并提供甲板及/或舷梯看更,配备每舱绞车工及/或转盘吊工一人,按需要昼夜操作。如港方或工会规章制止水手开关舱或操纵绞车及/或转盘吊,则租船人雇岸上工人代替并支付费用。

第十三条 照明

船东用船上灯光和群光灯提供充分的照明,使各舱口和货舱同时作业。

第十四条 清舱

如租船人需要,并为当地规章所许可,船东应提供水手清舱并清除垫料,以适于装运下航次货款。租船人付给船东或水手清舱费定额每次最多_____。

第十五条 租船人供应项目

租船人供应及/或支付(除非为船东的事务而发生或在船东造成的时间损失内发生,不论是否停租)主机和辅机用的全部油料(为了补偿船上人员生活用油,每日历月定额_____可在支付租金中扣除,不足一月者,按比例扣减)、港口费、强制引水、舢板、拖船、领事费(但按第八条属于船东支付者除外)、运河、码头及其他捐税(但属于国际或本地船东或海员所征收者除外)和费用,包括任何外国市政税和国税,还支付交船港和还船港的一切码头、港口和吨税(在交船前或还船后发生的除外)、代理、佣金等费用,并且安排和支付装载、平舱、码垛(包括垫料,但船东允许租船人使用船上已有的垫料)、卸载、过磅和理货、上船执行职务的官员和人员的伙食以及其他各项费用。

第十六条 燃料

租船人接收交船时船上所存全部油料,并按每公吨燃油_____和每公吨柴油_____付款。船东接收还船时船上所存全部油料,并按租船人现行加油合同的还船港油价付款,如还船港没有合同油价,则按邻近主要加油港的合同油价支付。本船交付时存燃油不少于_____吨,不多于_____吨,柴油不少于_____吨,不多于_____吨,本船退还时存燃油不少于_____吨,不多于_____吨,柴油不少于_____吨,不多于_____吨。

租船人可在交船前加油,占用的时间不计租金。

租船人有使用船东加油合同的选择权,在租期内,如船东和租船人双方在航次的主要加油港都不能安排加油,则租船人有权解除本租约。

第十七条 租率

从本船交付之时(格林尼治时间)起至还给船东之时(格林尼治时间)止,租船人按本船夏季干舷载重_____吨,2240磅为1吨。每吨每日历月的租率_____支付现金,不足1月者,按比例支付。

第一期租金应在交船后7个银行营业日内,以后各期租金应在到期后7个银行营业日内,以现款在_____给_____预付半月(但最后一期,租金预付到经租船人合理估算足以完成最后一个航次所需的时间),该项租金除了扣除本租约已具体规定的项目外,还扣除租船人及其代理人应得的回扣和佣金,有关实际停租或估计停租期间的任何款项或费用,还扣除经租船人合理估算,在上述期间内所发生的费用以及根据本租约,租船人对船东的索赔款项。如付款到期之日,本船停租,则租金余额应在本船起租后7个银行营业日内支付。租船人还有权在最后整月租金中扣除预计代船东执付的港口使用费或开支以及还船时船上存油的估计金额,以上付款,还船后多退少补。

如未履行支付租金,船东有权撤船,不给租船人使用,但这并不损害船东根据本租约在其他方面对租船人具有的索赔权。

第十八条　还船

本船应于租约期满时,按交付给租船人时大体相同的良好状态(自然损耗或由于第2条列举的原因所造成的船舶灭失除外),在租船人选择的安全、没有冰冻的港口_____退还。

租船人有卸毕还船的选择权,给船东或水手支付包干费最多_____以代替清舱,清除垫料。

第十九条　还船通知

租船人给船东不少于10天的预计还船港口和日期的通知。

第二十条　最后航次

如本船被指令的航次将超过租期时,租船人要使用本船完成该航次,但如市价高于租约规定的租率,则对于超过租期的时间按市价支付。

第二十一条　货位

除保留适当足够的部位供船长、船员、水手使用及存放船具、属具、家具、食品与船用品外,本船所有空间和运力,如有客舱,也包括在内,均归租船人使用。

第二十二条　甲板货

租船人有权按照通常海运惯例,在甲板及/或舱口部分装满货物,费用自理,并承担风险。装载甲板货应受到船舶稳定性和适航性的限制。航行中,船长与水手对甲板货应妥善照料并拉紧捆索。

第二十三条　租船人代表

租船人有权派代表1至2人上船押运并考察航次尽快运行情况。对他们将免费提供房间并供应与船长的伙食标准,费用由租船人负责。

第二十四条　证件

船东保证持有并随船携带必要的证件,以符合所靠挂港口的安全卫生规定和当前要求。

船东保证,本船起货机及其他一切设备符合本船靠挂港口的规定,还保证本船随时持有现行有效证件。如船东未能使其符合上述规定或未持有上述证件以致岸上人员不能作业,则由此损失的时间应停租,由此产生的额外费用由船东负担。

租船人有权免费使用船上的绞车、吊杆包括重吊及/或转盘吊至其最大起重能力,起货机应保持完好工作状态,便于即时使用,但租船人打算使用重吊时仍应给予足够时间的通知。

第二十五条　熏舱

在租期内,船东提供有效的熏蒸灭鼠证书或免疫证书。由于载货或根据租船人指示而靠挂港需要熏蒸,均由租船人负担,其他原因的熏蒸由船东负担。

第二十六条　停租

(A)如时间损失是由于下述原因造成:(1)人员或船用品不足;(2)船壳、机器或设备损坏;(3)船舶或货物遇到海损事故包括碰撞或搁浅造成延误;(4)修船、进干船坞或保持本船效能所采取的其他必要措施;(5)未持有或未随船携带货运需要的有效证件或其他船舶文件,包括有效的巴拿马和苏伊士运河丈量证件;(6)船长、船员或水手的罢工、拒航、违抗命令或失职;(7)任何当局因船东、船长、船员或水手受到控告或违章对本船实行挽留或干预(但租船人的疏忽行为或不轨行为所引起者除外);(8)船东违反租约而停工;(9)由于本条指示所提到的任何原因或任何目的(恶劣天气除外)或由于伤病船员上岸治疗而使本船绕航、折返或靠挂非租船人所指示的其他港口;(10)本租约另有规定的停租项目或其他任何原因,以致妨碍本船有效运行或使本船不能给租船人使用。

(B)如装卸货物所需的绞车转盘吊或其他设备损坏或不堪使用,或绞车转盘吊动力不足,则开工不足的时间应按所需作业的绞车及/或转盘吊的数目比例计算时间损失,如上述原因使装完或卸完整船的时间推迟,则开工不足的时间应相应地全部停租。如租船人要求继续作业,则船东支付岸上设备费用以代替绞车/转盘吊,租船人仍应支付全部租金。但如岸上转盘吊数目不够,则租金应按岸上可供使用的转盘吊数比例支付。

(C)由于上述原因引起的额外费用,包括装卸工人待时费,如有罚款也包括在内,均由船东负担,并入租金内扣除。

(D)租船人有将任何停租时间加在租期内的选择权。

(E)如本租约所说的原因使本船延误达6周以上,租船人有解除租约的选择权。

第二十七条 航速索赔

根据本租约第1条,如本船航速减低及/或耗油增多则由此造成的时间损失和多耗用燃料费用和,应从租金中扣除。

第二十八条 征用

在租期内,如本船被船籍国政府征用,则租金应从征用之时停止。凡预付而不应得的租金以及征用时船上存油金额应退还租船人。如征用期超过1个月,租船人有解除租约的选择权。

第二十九条 干坞

从上次油漆船底算起,不超过10个月,本船应在船东和租船人双方同意的方便地点和时间,至少进干坞一次(清洗、油漆船底)。

第三十条 船长责任和提单

船长和水手应尽快完成所有航次并提供惯常的协助。在航次、代理或其他安排方面,船长应听从租船人的指示。船长本人或经租船人要求授权租船人或其代理人按照大副或理货收据签发提供的任何提单。

第三十一条 指示和航海日志

完整正确的航海日志供租船人或其代理人查阅。甲板、机房日志应用英文填写,最迟应于每航次完毕时交给租船人或其代理人,如未照办,则以租船人提出的数据为准。对此船东无权申诉。

如租船人有理由对船长、船员或轮机长的行为不满,船东在接到不满的情节后,应立即调查,如情节属实,船东应予以撤换,不得拖延。

装卸工人和理货员由租船人安排并作为船东的雇员,接受船长的指示和指导。租船人对雇用的装卸工人的疏忽、过失行为或判断错误不负责任,对引水员、拖船或装卸工人的疏忽或装载不合理或装载不良造成船舶灭失,也不负责。

第三十二条　垫款

如需要,租船人或其代理人可垫支船长必要的款项,供船方在港的日常开支,收取2.5%借款手续费,此项垫款应从租金中扣还。但租船人或其代理人认为必要时可拒绝垫支。

第三十三条　冰封

本船不得派往或进入冰封的地点,或本船到达之时,由于冰情,即将撤去或可能撤去灯塔、灯船、航标和浮标的地点,本船也不得派往或进入因冰情有危险,使本船不能顺利到达或在装卸完毕后不能驶出的地点。本船没有破冰航行的义务,但如需要,可尾随破冰船航行。

第三十四条　船舶灭失

如本船灭失,租金在灭失之日停止;如本船失踪,租金在本船最后一次报告之日正午停止,凡预付而不应得的租金应退还租船人。

第三十五条　加班

如需要,本船昼夜作业(周六、星期日和假日包括在内)。除非停租,租船人按每日历月定额_____付给船东,作为船员和水手的加班费,不足1月按比例计付。

第三十六条　留置权

为了索回本租约属下的赔偿,船东有权留置属于定期租船人的货物和转租运费以及提单运费。为了索回预付而不应得的款项,索回因船东违约而造成的损失,租船人有权留置船舶。

第三十七条　救助

救助其他船舶所得的报酬,扣除船长与水手应得的部分与各项法定费用和其他开支,包括按约对救助损失时间所付的租金和损坏的修复和燃料的消耗等项后,由船东与租船人均等分享。救助人命和救助财产无效所遭受的时间损失和费用(不包括本船的灭失),由船东和租船人均等分担。

第三十八条　转租

租船人有转租本船的选择权,但原租船人对船东仍负有履行本船约的全部责任。

第三十九条　走私

船东对其雇员的不法行为犯罪行为,如走私、偷盗、行窃等后果负责,由此造成的船期延误应予停租。

第四十条　退保费

由于本船在港时间达30天以上并照付了租金,船东因此从保险公司得到的退费应给予租船人(一经从保险公司收到,如数退给租船人,否则从末次租金中扣回估计的金额)。

第四十一条　战争

如船旗国卷入战争、敌对行动或军事行动,船东和租船人双方均可解除本租约,本船将在目的港或在租船人选择的安全、开放的港口,于卸完货物后还给船东。

第四十二条　海牙规则

船东或其经理人作为承运人,按照1924年8月25日在布鲁塞尔签订的海牙规则第三款和第四款的规定(但第三款第六节第四款第五节除外),对本租约名下所载运的货物,根据船长签发的提单或根据第20条由船长授权经租船人或其代理人所签发的提单负责短少、灭失或残损。

第四十三条　互有过失碰撞及兵险条款

双方互有过失碰撞条款和航运公会兵险1条和2条是本租约的组成部分,本租约名下出具的提单均应载有此项条款。

第四十四条 共同海损

共同海损按照理算规则和清算。

第四十五条 仲裁

本租约发生的一切争执在_____提交仲裁。仲裁的裁决是终局的,对双方均有约束力。

第四十六条 佣金

船东应按本租约所付租金_____%的回扣付给租船人、百分之_____%的经纪佣金付给_____。如任何一方违约以致租金没有全部支付,则责任方应赔偿经纪人的佣金损失。双方同意解除本租约时,由船东赔偿经纪人的佣金损失,在此情况下,佣金不超过为期1年的租金计算的数额。

第四十七条 其他

本合同于_____年_____月_____日在_____经双方授权的代表签字后生效。

承租人:_____ 出租人:_____

代表人:_____ 代表人:_____

电 话:_____ 电 传:_____

(资料来源:http://www.lawtime.cn/info/fanben/zlqita/2010031944036.html)

分组讨论回答以下问题:

(1)租船合同主要包括哪几部分内容?

(2)租船双方当事人各有什么权利及义务?

任务五 航空货物运输

内容简介

航空货物运输,是现代物流中的重要组成部分,在提供安全、快捷、方便和优质的服务方面,航空运输有其他运输无法比拟的优越性,其拥有高效率和能提供综合性物流服务,在降低商品生产和经营成本、提高产品质量、保护生态环境、加速商品周转等方面发挥着重要作用。本部分主要讲述航空货物运输方式、航空货物运输业务流程、国际航空货运单证等内容。

教学目标

1. 知识目标:
(1)了解航空货物运输的方式、业务流程
(2)掌握航空货物运输单证的分类和航空货物运输的计费
2. 技能目标:
(1)能根据货物选择航空货物运输的方式
(2)能操作航空货物运输的发货与托运、到达与接收流程
(3)会填制航空货物运输单证

案例导入

航空货物运输的优越性

航空货物运输虽然起步较晚,但发展异常迅速,特别是受到现代化企业管理者的青睐,原因之一就在于它具有许多其他运输方式所不能比拟的优越性。

1. 运送速度快

到目前为止,飞机仍然是最快捷的交通工具,常见的喷气式飞机的经济巡航速度大都在 850~900km/h。快捷的交通工具大大缩短了货物在途时间,对于那些易腐烂、变质的鲜活商品;时效性、季节性强的报刊、节令性商品;抢险、救急品的运输,这一特点显得尤为突出。运送速度快加上全球密集的航空运输网络才有可能使人们开辟鲜活商品的远距离市场,使消费者享有更多的便利。在途时间短,也使货物在途风险降低,因此许多贵重物品、精密仪器也往往采用航空运输的形式。当今国际市场竞争激烈,航空运输所提供的快速服务也使得供货商可以对国外市场瞬息万变的行情即刻做出反应,迅速推出适销产品占领市场,获得较好的经济效益。

2. 不受地面条件影响,深入内陆地区

航空运输利用天空这一自然通道,不受地理条件的限制。对于地面条件恶劣、交通不便的内陆地区非常合适,有利于当地资源的出口,促进当地经济的发展。航空运输使本地与世界相连,对外的辐射面广,而且航空运输相比较公路运输与铁路运输占用土地少,对寸土寸

金、地域狭小的地区发展对外交通无疑是十分适合的。

3. 安全、准确

与其他运输方式相比,航空运输的安全性较高。航空公司的运输管理制度也比较完善,货物的破损率较低,如果采用空运集装箱的方式运送货物,则更为安全。

4. 节约包装、保险、利息等费用

由于采用航空运输方式,货物在途时间短,周转速度快,企业存货可以相应减少,一方面有利于资金的回收,减少利息支出;另一方面企业仓储费用也可以降低,同时航空货物运输安全、准确,货损、货差少,保险费用较低。另外,与其他运输方式相比,航空货物运输的包装简单,包装成本减少,这些都构成企业隐性成本的下降,收益的增加。

航空货物运输也有自己的局限性,主要表现在航空货物运输的运输费用较其他运输方式更高,不适合低价值货物;航空运载工具——飞机的舱容有限,对大件货物或大批量货物的运输有一定的限制;飞机飞行安全容易受恶劣气候影响等。但总的来说,随着新兴技术得到更为广泛的应用,产品更趋向薄、轻、短、小、高价值,管理者更重视运输的及时性、可靠性,相信航空货物运输将会有更大的发展前景,了解和掌握航空货物运输的方式、业务流程,能填制航空货运单证,进行航空货物运输费用的计算,也就成为物流专业人才必备的技能。

引导思路

(1)航空货物运输的方式、业务流程。
(2)航空货物运输单证的分类、填制和航空运输货物的计费和计费质量。

项目一 航空货物运输方式

教学要点

(1)利用网络,收集航空货物运输企业资料
(2)由小组讨论,比较四种航空货物运输方式的不同点
(3)根据不同货物选择适合的航空货物运输方式

教学方法

采用讲授、分组讨论等方法。

一、情 景 设 置

航空货物运输的方式主要有:班机运输、包机运输、集中托运、航空快运四种。新城物流公司现有一批货物需要通过航空方式运输,这批货物包括:鲜活易腐货物、贵重商品、整批货物、普通货物、加急快件等,请你根据所要运输货物的大小、质量、性质等,来选择不同的航空货物运输方式。

二、技能训练目标

通过学习、讨论分析后,能根据所要运输货物的大小、质量、性质等,为物流企业选择不同的航空货物运输方式。

三、相关理论知识

(一)班机运输

班机是指定期开航的,定航线、定始发站、定目的港、定途经站的飞机。一般航空公司都使用客货混合型飞机(Combination Carrier)。一方面搭载旅客,一方面又运送少量货物。但一些较大的航空公司在一些航线上开辟定期的货运航班,使用全货机(All Cargo Carrier)运输。班机运输具有如下特点:

(1)班机由于固定航线、固定停靠港和定期开航,因此国际间货物流通多使用班机运输方式,能安全迅速地到达世界上各通航地点。

(2)收、发货人可确切掌握货物起运和到达的时间,这对市场上急需的商品、鲜活易腐货物以及贵重商品的运送是非常有利的。

(3)班机运输的不足之处:班机运输一般是客货混载,因此,舱位有限,不能使大批量的货物及时出运,需要分期分批运输。

(二)包机运输

包机运输(Chartered Carrier)方式可分为整架包机和部分包机两类。

1. 整架包机

(1)即包租整架飞机,指航空公司按照与租机人事先约定的条件及费用,将整架飞机租给包机人,从一个或几个航空港装运货物至目的地。

(2)包机人一般要在货物装运前一个月与航空公司联系,以便航空公司安排运载和向起降机场及管理部门申请、办理过境或入境的有关手续。

(3)包机的费用一次一议,随市场供求情况变化。原则上包机运费是按每一飞行公里的固定费率核收费用,并对空驶回程按每一飞行公里费用的80%收取空放费。因此,大批量货物使用包机时,要争取来回程都有货载,这样费用比较低,只使用单程,则运费较高。

2. 部分包机

(1)部分包机是指由几家航空货运公司或发货人联合包租一架飞机或者由航空公司把一架飞机的舱位分别租给几家航空货运公司装载货物。部分包机适用于运送不足一整架飞机的货物。

(2)部分包机与班机的比较。

①部分包机比班机时间长,尽管部分包机有固定时间表,但是往往因其他原因不能按时起飞。

②各国政府为了保护本国航空公司利益常对从事包机业务的外国航空公司实行各种限制。如包机的活动范围比较狭窄,降落地点受到限制。需降落非指定地点外的其他地点时,要向当地政府有关部门申请,同意后才能降落(如申请入境、通过领空和降落地点)。

(3)包机的优点。

①可解决班机仓位不足的问题。
②货物全部由包机运出,节省时间和多次发货的手续。
③弥补没有直达航班的不足,且不用中转。
④减少货损、货差或丢失的现象。
⑤在空运旺季缓解航班紧张状况。
⑥可解决海鲜、活体动物的运输问题。

(三)集中托运

集中托运(Consolidation)是将若干票单独发运的、发往同一方向的货物集中起来作为一票货,填写一份总运单发运到同一到站的做法。

1. 集中托运的具体做法

(1)将每一票货物分别制定航空运输分运单,即出具货运代理的运单(House Airway Bill, HAWB)。

(2)将所有货物区分方向,按照其目的地相同的同一国家、同一城市来集中,制定出航空公司的总运单(Master Airway Bill, MAWB)。总运单的发货人和收货人均为航空货运代理公司。

(3)打出该总运单项下的货运清单(Manifest),即此总运单中的所有分运单,包括每个分运单的号码、件数、质量等内容。

(4)把该总运单和货运清单作为一整票货物交给航空公司。一个总运单可视货物具体情况随附分运单(也可以是一个分运单,也可以是多个分运单)。如:一个MAWB内有10个HAWB,说明此总运单内有10票货,发给10个不同的收货人。

(5)货物到达目的站机场后,当地的货运代理公司作为总运单的收货人负责接货、分拨,按不同的分运单制定各自的报关单据并代为报关,并为实际收货人办理有关接货送货事宜。

(6)实际收货人在分运单上签收以后,目的站货运代理公司以此向发货的货运代理公司反馈到货信息。

2. 集中托运的限制

(1)集中托运只适合办理普通货物,对于等级运价的货物,如贵重物品、危险品、活体动物以及文物等不能办理集中托运。

(2)目的地相同或临近的可以办理,如目的站为某一国家或地区,其他则不宜办理。例如:不能把去日本的货发到欧洲。

3. 集中托运的特点

(1)节省运费:航空货运公司的集中托运运价一般都低于航空协会的运价。发货人可享受低于航空公司的运价,从而节省费用。

(2)提供方便:将货物集中托运,可使货物运送到航空公司到达地点以外的地方,延伸了航空公司的服务,方便了货主。

(3)提早结汇:发货人将货物交与航空货运公司代理后,即可取得货物分运单,可持分运单到银行尽早办理结汇。

集中托运方式已在世界范围内普遍开展,形成较完善、有效的服务系统,为促进国际贸易发展和国际科技文化交流起到了良好的作用。集中托运成为我国进出口货物的主要运输方式之一。

(四)航空快递

从 20 世纪 70 年代开始,特快专递业务以门到门服务的形式,为客户提供快速递送各类文件资料、物品、机器零件等服务,作为社会经济发展和文明进步的反映,它的高时效性和高服务质量的特点广受用户的欢迎,这项业务目前在我国已相当普及,并成为航空运输业的一项重要业务。

1. 航空快递的含义

航空快递是指由具有独立法人资格的企业,将急需的药品、医疗器械、贵重物品、图纸资料、货样、各种运输贸易商务单证和书报杂志等小件物品,从发件人所在地通过自身或代理的网络运达收件人的一种快速运输组织形式。办理快运的手续与普通航空货物运输是一样的,都要向航空公司托运货物,凭航空运单作为交接货物的依据。一般讲航空快运公司是从航空货运公司派生出来的。

2. 航空快递业务的分类

快递是具有独立法人资格的企业将进出境的文件和包裹(Box & Parcel)从发件人(Consigners)手中通过自身或代理的网络运到收件人(Consignees)手中的一种快速运送方式。被运送的文件或包裹称为快件。航空快递主要分为三类:门到门(Door to Door),门到机场(Door to Airport),专人派送(Courier on Board)。

(1)门到门服务(Door to Door)。发件人需要发货时联系快递公司,快递公司立即派人到发件人处取件。快递公司将取到的所需发运的快件根据不同的目的地进行分拣、整理、核对、制单、报关。通过航空公司(或快递公司自己的班机)将快件运往世界各地。发件地的快递公司用电传、发 E-mail 或传真等形式将所发运快件有关信息(航空运单及分运单号、件数、质量等内容)通知中转站或目的站的快递公司。快件到达中转站或目的地机场后,由中转站或当地的快递公司负责办理清关手续、提货手续,并将快件及时送交收货人手中,之后将快件派送信息及时反馈到发件地的快递公司。

(2)门到机场服务(Door to Airport)。运输服务只能到达收件人所在城市或附近的机场。快件到达目的地机场后,当地快递公司及时将到货信息通知收件人,收件人可自己办理清关手续,也可委托原快递公司或其他代理公司办理清关手续,但需额外缴纳清关代理费用。采用这种运输方式的快件多是价值较高,或是目的地海关当局对货物或物品有特殊规定。

(3)专人派送(Courier on Board)。这种方式是指发件地快递公司指派专人携带快件在最短的时间内,采用最便捷的交通方式,将快件送到收件人手里。这种方式一般是在一些比较特殊的情况下,为了确保货物安全、确保交货时间采用的。

3. 航空快递的特点

航空快件运输(尤其是包裹运输)与普通航空货物运输相比,其基本程序和需要办理的手续相同,所需的运输单据和报关单证也基本一样,都要向航空公司办理托运;都要与收、发货人及承运人办理货物交接手续;都要提供相应的报关单证向海关办理进、出口报关手续。但是,航空快递作为一项专门业务而独立存在,亦具有其他运输运方式所不能取代的特点。航空快递业务与普通航空货运业务、国际邮政业务比较,具有以下的特点:

(1)快递公司有完善的快递网络。

快递以时间、递送质量区别于其他运输方式,它的高效运转只有依靠完善的网络才能进行。这种网络要求:始发地、中转地、到达地都能服务于网络,同时网络具有相当强的整合能力。

（2）从收运范围来看，航空快运以收运文件和小包裹为主。

文件包括银行票据、贸易合同、商务信函、装船单据、小件资料等，包裹包括机器上的小零件、小件样品、急用备件等。快运公司对收件有最大质量和最大体积的限制。

（3）流程环节全程控制。

从服务层次来看，航空快递因设有专人负责，减少了内部交接环节，缩短了衔接时间，因而运送速度快于普通航空货运业务和邮递业务，这是快递业务有别于其他运输形式的最本质的一点。

（4）特殊的单据（Proof of Delivery，POD）即交付凭证。

从运输和报关单来看，航空快运业务中有一种其他运输形式所没有的单据——POD。POD是航空快运中重要的单据，它由多联组成（各快运公司的POD不尽相同）。一般有发货人联、随货同行联、财务结算联、收货人签收联等，其上印有编号及条形码。POD类似于航空货运中的分运单，但比航空分运单的用途更为广泛。

（5）高度的信息化控制。

从服务质量来看，航空快件在整个运输过程中都处于电脑的监控之下，快件每经一个中转港或目的港，电脑都得输入其动态（提货、转运、报关等），派送员将货送交收货人时，让其在POD上签收（日期、姓名）后，电脑操作员将送货情况输入电脑，这样，信息很快就能反馈到发货方。一旦查询，立刻就能得到准确的回复。这种运输方式使收、发货人都感到安全、可靠。

四、技能训练准备

（1）学生每5人为一个小组，每个小组选一名组长；
（2）卡片若干张；
（3）教师现场指导；
（4）训练时间安排：2学时。

五、技能训练步骤

（1）以每位学生为单位，在卡片上写出航空货物运输的方式；
（2）教师列举出需要通过航空运输货物的名称、大小、质量、性质，各组通过卡片问询法，收集每位学生根据货物而选择的航空货物运输的方式；
（3）以组为单位确定选择的航空货物运输方式；
（4）每组派一位代表陈述结果。

六、技能训练注意事项

（1）卡片填写要认真，一丝不苟；
（2）卡片汇总后要进行归类；
（3）选择的航空货物运输方式要有依据、要准确。

七、技能训练评价

请完成技能训练后填写附录一。

八、技能训练活动建议

建议组织学生到航空货运代理公司、机场进行参观。

思考练习

1. 简答题

(1) 航空货物运输的方式主要有哪几种?

(2) 班机运输有什么特点?

(3) 简述航空快递业务的分类与特点。

2. 案例分析题

快递的起源

快递的起源很简单,可以用两个成语概括:水到渠成,应运而生。事情发展到一定阶段,总会有一种新鲜的事物产生。快递的产生是因为近几十年来贸易和运输飞快地发展,客观要求有一个比现有运输方式快得多的运输方式出现。我们从 DHL 的产生来了解快递的起源。

1969 年 3 月的一天,一位名叫达尔希的美国青年,到加利福尼亚州的一家海运公司看望朋友时,听一位管理人员讲,现在一艘德国商船正停泊在夏威夷港,而提货单在旧金山制作中,需在一周时间才能寄到夏威夷港,达尔希主动提出,愿意乘飞机将文件送到夏威夷,管理人员发现此举可节省昂贵的港口使用费和滞期费等开支,便同意他充当一次特殊信使,达尔希完成任务后便联合了赫尔布罗姆和林恩两位朋友,于 1969 年 10 月 20 日在旧金山成立了 DHL 航空快件公司,服务于旧金山和夏威夷岛之间,这就是最早的国际快递公司,1974 年 DHL 又在香港通过钟普洋先生成立了 DHL 国际航空快件有限公司,现在 DHL 的总部设在布鲁塞尔,并为德国邮局所控股。

从 DHL 的产生我们可以知道,快递的产生是社会经济发展的必然产物,社会经济的发展对快件产生了巨大的需求,从此这个行业就应运而生。

分组讨论回答以下问题:

(1) 航空快递的含义?

(2) 达尔希乘飞机将文件送到夏威夷属于航空快递业务中的哪一类?

项目二 航空货物运输业务流程

教学要点

(1) 利用网络,收集航空货物运输业务流程资料

(2) 由小组讨论,航空货物运输业务流程的要点

(3)设计操作航空货运出口与进口运输代理业务流程

教学方法

采用案例教学和分组讨论等方法。

一、情 景 设 置

航空货物运输业务流程包括:航空货运出口运输代理业务流程和航空货运进口运输代理业务流程。腾龙航空货运代理公司主要经营航空进出口货物运输业务,你作为公司的业务员,将如何操作航空货物运输出口与进口运输代理业务流程。

二、技能训练目标

通过学习、讨论分析后,能操作航空货物运输出口与进口运输代理业务流程。

三、相关理论知识

(一)航空货物运输出口运输代理业务流程

航空货物出口运输代理业务流程,是指航空货运代理公司从托运人手中接货,直到把货交给航空公司或机场货站这一过程中,对物流、信息流、单证流和资金流的控制和管理,所需通过的环节、办理的手续以及必备单证的准备。具体出口货运业务的流程包括:揽货与接受委托—预配舱、预订舱与订舱—接单接货—制单、报关、装箱与出仓—航空公司签单—货交承运人装机—办理货物发运后等事宜。

国际航空货物运输出口操作流程如图5-1。

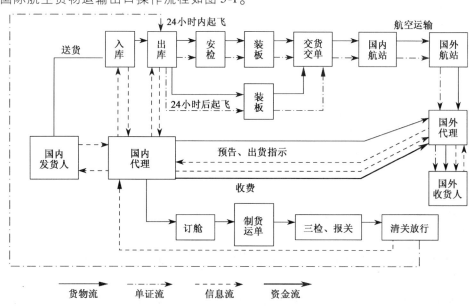

图5-1 国际航空货物运输出口业务流程

1. 市场销售

市场销售在整个出口运输代理业务流程中处于核心地位,是航空货运代理的一项至关重要的工作,销售业绩的好坏直接影响着货代公司的生存与发展。作为航空公司的运输销售代理人,空代有义务也有责任帮助航空公司销售飞机舱位,只有把飞机舱位销售出去了,让飞机配载足货物,才能真正说明其工作的成效,对于航空公司而言,空代的工作才有真正的实质的意义。

航空货运代理公司为争取更多的出口货源,常常主动与各进出口公司、企业联系,主动承揽货物。对于长期出口或出口量大的单位,航空货运代理公司一般都争取能与之签订长期的代理协议。

具体操作:及时向出口单位介绍本公司的业务范围、服务项目、各项收费标准,特别是向出口单位介绍优惠运价,介绍本公司的服务优势等。

2. 委托运输

不论航空货运代理公司主动承揽,还是出口货物发货人上门委托,只要双方就航空货运代理事宜达成意向后(确定运输价格以及服务条件),航空货运代理就可以向发货人提供一份自己所代理的航空公司的空白"国际货物托运书",让发货人填写,并加盖公章,作为货主委托代理公司承办航空货物出口运输的依据。

"国际货物托运书"(Shippers Letter of Instruction,SLI)是重要的法律文件。根据《华沙公约》的相关规定,托运书必须由托运人自己填写,并在上面签字或盖章,作为货主委托航空货运代理承办航空货运出口货物的依据。航空货运代理将根据托运书的要求办理出口货运手续,并据以结算费用。

航空货运代理公司在接受托运人委托后,在单证操作前,通常会指定专人对托运书进行审核。审核重点应看价格和航班日期。审核后,审核人员必须在托运书上签名并注明日期以示确认。委托时,发货人除填制"国际货物托运书",还应提供贸易合同副本、出口货物明细发票、装箱单以及检验、检疫和通关所需要的单证和资料给航空货运代理,以便航空货运代理办理订舱、提货、报关、制单等手续。国际货物托运书如图5-2所示。

3. 审核单证

空代从发货人处取得单据后,首先要对托运人填写的托运书进行审核,查看单证是否齐全,内容填写是否完整规范。

审核的单证及内容应包括:

(1)托运书(详见上一流程)。

(2)发票、装箱单。发票上一定要加盖公司公章(业务科室、部门章无效),标明价格术语和货价(包括无价样品的发票)。

(3)报关单。注明经营单位注册号、贸易性质、收汇方式,并要求在申报单位处加盖公章。

(4)外汇核销单。在出口单位备注栏内,一定要加盖公司公章。

(5)许可证。合同号、出口口岸、贸易国别、有效期,一定要符合要求,与其他单据相符。

(6)商检证。商检证、商检放行单、盖有商检放行章的报关单均可,商检证上应有海关放行联字样。

(7)进料/来料加工核销本。注意本上的合同号是否与发票相符。

(8)索赔/返修协议。要求提供正本,要求合同双方盖章,对方没章时,可以签字。

国际货物托运书
SHIPPER'S LETTER OF INSTRUCTION

货运单号码
NO.OF AIR WAY BILL

托运人姓名及地址 SHIPPER'S NAME AND ADDRESS	托运人账号 SHIPPER'S ACCOUNT NUMBER	供承运人用 FOR CARRIER USE ONLY	
		航班/日期 FLJGHT/DAY	航班/日期 FLIGHT/DAY
收货人姓名及地址 CONSIGNEE'S NAME AND ADDRESS	收货人账号 CONSIGNEE'S ACOOUNT NUMBER	已预留吨位 BOOKED	
代理人的名称和城市 Issning Carrier'S Agent Nane and City		运费 GHARGES	
		ALSO notily:	
始 发 站 AIRPORT OF DEPARTURE			
到 达 站 AIRPORT OF DESTINATION			

托运人声明价值 SHIPPER'S DECLARED VALUE		保险金额 AMOUNT OF INSURANCE	所附文件 DOCUMENIS TO ACOOMPANY AIR WAYBILL
供运输用 FOR CARRIAGE	供海关用 FOR CUSTOMS		

处理情况（包括包装方式、货物标志及号码等）
HANDLING INFORMATION(INCL.METHOD OF PACKING IDENTIFYING MARKS AND NUMBERS EYC)

件数 NO.OF PACKAGES	实际毛重千克（公斤） ACTUAL CROSS WEIGHI(kg)	运价类别 RATE CLASS	收费重量千克（公斤） CHARGEABLE WEIGHI(kg)	费 率 RATE/ CHARGE	货物品名及数量（包括体积或尺寸） NATURE AND QUANTIIY OR GOODS (INCL.DIMENSIONE OF VOLUME)

托运人证实以上所填全部属实并愿遵守承运人的一切载运章程
THE SHIPPER CERTIFIES THAT THE PARTICULARS ON THE FACE HEREOF ARE CORRECT AND AGEES TO THE CONDTTIONS OF CARRIAGE OF THE CARRIER

| 托运人签字
SIGNATURE OF SHIPPER | 日期
DATE | 经手人
AGENT | 日期
DATE |

图 5-2 国际货物托运书

(9)到付保函。凡到付运费的货物,发货人都应提供。

4. 预配舱

代理人汇总所接受的委托和客户的预报并输入电脑,依据各个客户报来的预报数据,计算出各航线的件数、质量、体积,按照客户的要求和货物质量、高度情况,根据各航空公司不同机型对不同板箱的质量和高度要求,制订预配舱方案,并对每票货配上运单号。

5. 预订舱

代理人根据所制订的预配舱方案,按航班、日期打印出总运单号、件数、质量、体积,向航空公司预订舱,因为此时货物可能还没有进入仓库,预报和实际的件数、质量、体积等都会有差别,这些留待配舱时再做调整。

6. 接受单证

接受托运人或其代理人送交的已经审核确认的托运书及报关单证和收货凭证。将电脑中的收货记录与收货凭证核对。制作操作交接单,填上所收到的各种报关单证份数,给每份交接单配一份总运单或分运单。将制作好的交接单、配好的总运单或分运单、报关单证移交制单。如此时货未到或未全到,可以按照托运书上的数据填入交接单并注明,货物到齐后再进行修改。

7. 填制货运单

填制航空货运单,包括总运单和分运单。填制航空货运单是空运出口业务中最重要的环节,货运单填写得准确与否直接关系到货物能否及时、准确地运达目的地。航空货运单是发货人收结汇的主要有效凭证。因此,货运单的填写必须详细、准确,严格符合单货一致、单单一致的要求。

所托运货物,如果是直接发给国外收货人的单票托运货物,填开航空公司运单即可,将收货人提供的货物随机单据订在运单后面。

如果集中托运货物,必须先为每票货物填开航空货运代理公司的分运单,然后再填开航空公司的总运单,以便国外代理人对总运单下的各票货物进行分拨。集中托运的货物,还需要制作集中托运清单,并将清单(包括所有分运单及随行单据)装入一个信袋,订在运单后面。

最后制作"空运出口业务日报表",供制作标签用。

8. 接收货物

接货时,双方应办理货物的交接、验收,并进行过磅称重和丈量,并根据发票、装箱单或送货单清点货物,并核对货物的数量、品名、合同号等是否与货运单上所列一致;检查货物的外包装是否符合运输的要求。货物收运时应符合航空货物运输对包装的基本要求。

9. 标记和标签

当货物入库后,根据航空公司的运单号码,制作标签。然后将制作好的运单标签贴在每一件货物上,以便于起运港及目的港的货主、货代、货站、海关、航空公司、商检及收货人识别。

10. 配舱

正式配舱时,需运出的货物都已入库。这时代理人需要核对货物的实际件数、质量、体积与托运书上预报数量的差别;应注意对预订舱位、板箱的有效领用、合理搭配,按照各航班机型、板箱型号、高度、数量进行合理配载,低密度货物与高密度货物混运装载,制作正式的配舱单。同时,对于晚到、未到情况及未能顺利通关放行的货物作出调整处理,为制作配舱单做准备。实际上,这一过程一直延续到单、货交接给航空公司后才完毕。

11. 订舱

订舱,就是将所接收空运货物向航空公司正式提出运输申请并订妥舱位。货物订舱需根据发货人的要求和货物标志的特点而定。一般来说,大宗货物、紧急物资、鲜活易腐物品、危险品、贵重物品等,必须预订舱位。非紧急的零散货物,可以不预订舱位。

订舱的具体做法和基本步骤是:接到发货人的发货预报后,向航空公司吨控部门领取并填写订舱单(Cargo Booking Advance,CBA),同时提供相应的信息。订舱后,航空公司签发舱位确认书,同时给予装货集装器领取凭证,以表示舱位订妥。

航空公司将根据实际情况安排航班和舱位。一般来说,航空公司舱位销售的原则如下:

①保证有固定舱位配额的货物;

②保证邮件、快件舱位;

③优先预定运价较高的货物舱位;

④保留一定的零散货物舱位;

⑤未订舱的货物按交运时间的先后顺序安排舱位。

预订的舱位有时会由于货物原因、单证原因、海关原因使得最终舱位不够或者空舱,此类情况需要综合考虑和有预见性等经验,尽量减少此类事情发生,并且在事情发生后做及时必要的调整和采取补救措施。

货运代理公司订舱时,可依照发货人的要求选择最佳的航线和最佳的承运人,同时为发货人争取最低、最合理的运价,为此,就要求空代必须掌握每家航空公司,每条航线,每个航班甚至每个目的港的运价和航班日期的信息。

12. 出口报检报关

报检,是指根据出口商品的种类和性质,按照国家进出口的有关规定,对其进行商品检验、卫生检验、动植物检验等。

(1)出口报检。

货运代理在接单时需向客户了解货物是否要做商检,是否需要货代代办报检,如果需要,需向客户索取报检委托书,并检查委托书内容是否齐全(不全或不规范的要补充),而后填写出境报检单,向有关商检部门报检。不同的出口货物在商检方面有不同的规定和限制,应根据各类货物的"商品编码"监管条件进行相应的操作。

(2)出口报关。

报关是指进出口货物收发货人、进出境运输工具负责人、进出境物品所有人或者他们的代理人向海关办理货物、物品或运输工具进出境手续及相关海关事务的过程,包括向海关申报、交验单据证件,并接受海关的监管和检查等。报关是履行海关进出境手续的必要环节之一。

客户可自行选择报关行,也可委托货运代理公司进行报关,但不论如何,都需要将发货人所准备好的所有报关资料,连同航空公司的正本运单及时交给报关行,以便于及时报关,方便货物及早通关以及运输。

出口报关的基本程序如下:

①首先将发货人提供的出口货物报关单的各项内容输入计算机,即计算机预录入。

②再通过电脑填制的报关单上加盖报关单位的报关专用章。

③然后将报关单与有关的发票、装箱单和货运单综合在一起,并根据需要随附有关的证

明文件。

④以上报关单证齐全后,由持有报关证的报关员正式向海关申报。

⑤海关审核无误后,海关官员即在用于发运的运单正本上加盖放行章,同时在出口收汇核销单和出口报关单上加盖放行章,在发货人用于产品退税的单证上加盖验讫章,粘上防伪标志。

⑥完成出口报关手续。

13. 出仓单

配舱方案制定后就可着手编制出仓单。出仓单的主要内容有出仓单日期、承运航班的日期、装载板箱形式及数量、货物进仓顺序编号、总运单号、件数、质量、体积、目的地三字代码和备注。

出仓单的作用如下:

①出仓单交给出口仓库,用于出库计划,出库时点数并向装板箱交接。

②交给装板箱环节,是向出口仓库提货的依据。

③出仓单交给货物的交接环节用作从装板箱环节收货凭证和制作"国际货物交接清单"的依据,该清单用于向航空公司交接货物。出仓单还可用于外拼箱。

④出仓单交给报关环节,当报关有问题时,可有针对性地反馈,以采取相应措施。

14. 提板箱

除特殊情况外,航空货运均是以"集装箱"、"集装板"形式装运。因而,货代需根据订舱计划向航空公司办理申领板、箱的相应手续,以便装货。

订妥舱位后,航空公司吨控部门将根据货量出具发放"航空集装箱、板"凭证,货运代理公司凭此向航空公司箱板管理部门领取与订舱货量相应的集装板、集装箱。提板、箱时,应领取相应的塑料薄膜和网。对所使用的板、箱要登记、消号。

15. 装板箱

航空货运代理公司将体积为 $2m^3$ 以下货物作为小货交与航空公司拼装,大于 $2m^3$ 的大宗货,一般均由货运代理自己装板、装箱或集中托运拼装货。大宗货物、集中托运货物可以在货运代理公司自己的仓库、场地和货棚装板、装箱,亦可在航空公司指定的场地装板、装箱。

装板、装箱时要注意以下几点:

(1)不要用错集装箱、集装板,不要用错板型、箱型。每个航空公司为了加强本航空公司的板、箱管理,都不许可本公司的板、箱为其他航空公司的航班所用。不同公司的航空集装箱、航空集装板因型号、尺寸有异,因此,如果用错会出现装不上飞机的情况。

(2)不要超装板箱尺寸。一定型号的箱、板用于一定型号的飞机,板、箱外有具体尺寸规定,一旦超装箱、板尺寸,就无法装上飞机。因此装箱、板时,要注意货物的尺寸,既不超装,又要在规定的范围内用足箱、板的可用容积。

(3)要垫衬,封盖好塑料纸,防潮、防雨淋。

(4)集装箱、板内货物尽可能配装整齐,结构稳定,并接紧网索,防止运输途中倒塌。

(5)对于大宗货物、集中托运货物,尽可能将整票货物装在一个或几个板、箱内运输。装妥整个板、箱后,剩余的货物尽可能拼装在同一箱、板上,防止散乱、遗失。

16. 签单

货运单在盖好海关放行章后还需到航空公司签单。主要是审核运价使用是否正确,以及货物的性质是否适合空运,如危险品等是否已办了相应的证明和手续。航空公司的地面代理规定,只有签单确认后才允许将单、货交给航空公司。

17. 交接发运

交接发运,是指货运代理人按订妥舱位的航班时间,依据航空公司规定,向航空公司或机场货站交单交货,由航空公司安排航空运输。

交单就是将随机单据和应由承运人留存的单据交给航空公司。随机单据包括第二联航空运单正本、发票、装箱单、产地证明、品质鉴定书等。

交货即把与单据相符的货物交给航空公司。交货之前必须粘贴或拴挂货物标签,交货时根据标签清点和核对货物,填制"国际货物交接清单"(即"国际货物代理交接单")。大宗货、集中托运货,以整板、整箱称重交接;零散小货按票称重,计件交接。航空公司审单验货后,在交接签单上验收,将货物存入出口仓库,单据交吨控部门,以备配舱。

18. 航班跟踪

单、货交接给航空公司后,航空公司会因种种原因,如航班取消、延误、溢载、故障、改机型、错运、倒垛或装板不符规定等,未能按预定时间运出,所以货运代理公司从单、货交给航空公司后就需对航班、货物进行跟踪。

需要联程中转的货物,在货物出运后,要求航空公司提供二、三程航班中转信息。有些货物事先已预订了二、三程,也还需要确认中转情况。有时需直接发传真或电话与航空公司的海外办事处联系货物中转情况。及时将上述信息反馈给客户,以便遇到不正常情况及时处理。

19. 信息服务

航空货运代理公司须在如下多个方面为客户做好信息服务:

(1) 订舱信息。应将是否订妥舱位及时告诉货主或委托人,以便及时备单、备货。

(2) 审单及报关信息。应在审阅货主或委托人送来各项单证后,及时向发货人通告。如有遗漏失误及时补充或修正。在报关过程中,遇有任何报关、清关的问题,亦应及时通知货主,共商解决。

(3) 仓库收货信息。应将仓库的出口货物的到达时间、货量、体积、缺件、货损情况及时通告货主,以免事后纠纷。

(4) 交运称重信息。运费计算标准以航空公司称重、所量体积为准,如在交运航空公司称重过磅过程中,发现称重、体积与货主声明的质量、体积有误,且超过一定比例时,必须通告货主,求得确认。

(5) 一程及二程航班信息。应及时将航班号、日期及以后跟踪了解到的二程航班信息及时通告货主。

(6) 集中托运信息。对于集中托运货物,还应将发运信息预报给收货人所在地的国外代理人,以便对方及时接货、查询、进行分拨处理。

(7) 单证信息。货运代理人在发运出口货物后,应将发货人留存的单据,包括盖有放行章和验讫章的出口货物报关单、出口收汇核销单、第三联航空运单正本,以及用于出口产品退税的单据,交付或寄送发货人。

航空货运代理公司从接受委托开始,直到将货物交收货人的整个过程,应始终与委托人及有关人员保持密切的信息往来,对货物进行全程跟踪,为委托人进行全程信息服务。

20. 费用结算

费用结算主要涉及向发货人、承运人和国外代理人三方面的结算。

(1) 与航空公司结算费用。向航空公司支付航空运费及代理费,同时收取代理佣金。

(2) 机场地面代理结算费用。向机场地面代理支付各种地面杂费。

(3) 与发货人结算费用。向发货人收取以下费用:①航空运费(在运费预付的情况下);②地面杂费;③各种服务费和手续费。

(4) 与国外代理人结算。与国外代理人结算到付运费和利润分成。

到付运费实际上是发货方的航空货运代理人为收货人垫付的,因此收货方的航空货运代理公司在将货物移交收货人时,应收回到付运费并将有关款项退还发货方的货运代理人。同时发货方的货运代理人应将代理佣金的一部分分给其收货地的货运代理人。

由于航空货运代理公司之间存在长期的互为代理协议,因此与国外代理人结算时一般不采取一票一结的办法,而采取应收应付相互抵消,在一定期限内以清单冲账的办法。

(二) 航空货运进口运输代理业务流程

航空货物进口运输代理业务流程,是指货代公司对于空运货物从入境到提取或转运整个流程所需通过的环节、办理的手续以及准备相关单证的全过程。航空货运代理的任务就是在目的港机场从航空公司手中接收货物,办理进口手续,并交付或送到收货人指定地点。航空货运代理人进口(CIF)业务需要经过:到货预报—接单接货—理单与理货—发到货通知—报检报验—报关—发送货或转运—信息传递—代理费用及垫付款结算—业务归档等环节。国际航空货物进口操作流程如图5-3。

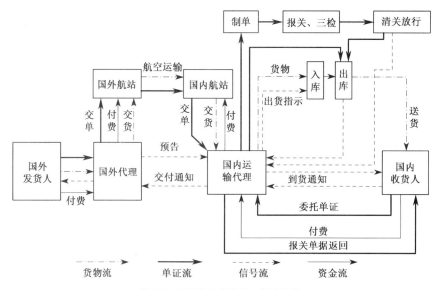

图5-3 国际航空货物进口操作流程

1. 代理预报

在国外发货之前,国外代理公司会将运单、航班、件数、质量、品名、实际收货人及其地址、联系电话等内容通过传真或 E-mail 发给目的地代理公司,做好所有接单接货前的准备工作,这一过程被称为预报。

到货预报的目的是使代理公司做好接货前的所有准备工作。代理预报的注意事项如下:

(1) 注意中转航班。中转点航班的延误会使实际到达时间和预报时间出现差异。

(2) 注意分批货物。从国外一次性运来的货物在国内中转时;由于国内载量的限制,往往采用分批的方式运输。

2. 接单接货

(1) 接单。货代在收到取单通知后,向航空公司设在机场的进口柜台抽单,取回随机文件、总运单及空运货运代理交接单。而后便可进行理单、拆单工作了。

(2) 提货。货代凭到货通知向货站办理提货事宜,交接时要做到如下两点:

①单、单核对,即交接清单与总运单核对;

②单、货核对,即交接清单与货物核对。

核对后,出现问题的处理方式见表 5-1。

出现的问题及处理方式　　　　表 5-1

总 运 单	清 单	货 物	处 理 方 式
有	无	有	清单上加总运单号
有	无	无	总运单退回
无	有	有	总运单后补
无	有	无	清单上划去
有	有	无	总运单退回
无	无	有	货物退回

另外,还需注意分批货物,做好空运进口分批货物登记表。

总之,货代在与航空货站办理交接手续时,应根据运单及交接清单核对实际货物,若存在有单无货或有货无单的情况,应在交接清单上注明,以便航空公司组织查询并通知入境地海关。

发现货物短缺、破损或其他异常情况,应向民航索要商务事故记录,作为实际收货人交涉索赔事宜的依据。也可以接受收货人的委托,由航空货运代理公司代表收货人向航空公司办理索赔。

部分货损不属运输责任,因为在实际操作中,部分货损是指整批货物或整件货物中极少或极小一部分受损,是航空运输较易发生的损失,故航空公司不一定愿意开具证明,即使开具了"有条件、有理由"证明,货主也难以向航空公司索赔,但可据以向保险公司提出索赔。对货损责任难以确定的货物,可暂将货物留存机场,商请货主单位一并到场处理;或由收货人或受收货人委托,由航空货运代理公司向国家出入境检验检疫部门申请检验,根据检验结果,通知订货公司联系对外索赔。

在实际中,航空货运代理通常拥有自己的海关监管车和监管库,可在未报关的情况下先将货物从航空公司监管库转至自己的监管库。

3. 理货与仓储

航空货运公司自航空公司接货后,即短途驳运进自己的监管仓库,组织理货及仓储。

(1) 理货的主要内容。

①逐一核对每票件数,再次检查货物破损情况,遇有异常,确属接货时未发现的问题,可向民航提出交涉。

②按大货、小货,重货、轻货,单票货、混载货,危险品、贵重品,冷冻、冷藏品,分别堆存、进仓。堆存时要注意货物箭头朝向,总运单、分运单标志朝向,注意重不压轻,大不压小。(即要按货物体积大小,质量,单票或混载,特殊货物分别堆存。)

③记录每票货储存区号,并输入电脑。

(2)仓储注意事项。鉴于航空进口货物的贵重性、特殊性,其仓储要求较高,须注意以下几点:

①防雨淋、防受潮。货物不能置于露天,不能无垫托置于地上。

②防重压。纸箱、木箱均有叠高限制,纸箱受压变形,会危及箱中货物安全。

③防升温变质。生物制剂、化学试剂、针剂药品等部分特殊物品,有储存温度要求,要防止阳光暴晒。一般情况下:冷冻品置于 -15 ~ -20℃冷冻库(俗称低温库),冷藏品置放于 2 ~ 8℃冷藏库。(冷藏、冷冻品要由专门的冷藏、冷冻库进行保管。)

④防危险品危及人员及其他货品安全。空运进口仓库应设立独立的危险品库。易燃、易爆品、有毒品、腐蚀品、放射品均应分库安全置放。以上货品一旦出现异常,均需及时通知消防安全部门处理。放射品出现异常时,还应请卫生检疫部门重新检测包装及发射剂量外泄情况,以便保证人员及其他物品安全。(危险品要存入专门危险品仓库。)

⑤防贵重物品被盗。贵重物品应设专库,由双人制约保管,防止出现被盗事故。

4. 理单与到货通知

(1)理单。

①集中托运,总运单项下拆单。

将集中托运进口的每票总运单项下的分运单分理出来,审核与到货情况是否一致,并制成(交接/入仓)清单输入电脑。将集中托运总运单项下的发运清单(舱单)输入海关电脑,以便实施按分运单分别报关、报验、提货。

②分类理单、编号。

总运单是直单、单票混载,这两种情况一般无清单。

多票混载(即集中托运)有分运清单,分运单件数之和应等于总运单上的件数。

货物的种类有指定货物、非指定货物、单票、混载、总运单到付、分运单到付、银行货、危险品、冷冻冷藏货物等,随机文件中有分运单、发票、装箱单、危险品证明等。

按照已标有仓位号的交接清单编号并输入电脑,内容有:总运单号、分运单号、发票号、合同号、航班、日期、货名、货物分类、贸易性质、实到件数、已到件数、实到质量、计费质量、仓位号、收货单位、代理人、本地货、外地货、预付、到付、币种、运费、金额等。

运单分类的方法有很多,各货运代理公司可根据需要结合使用。一般有以下分类法:

a. 分航班号理单,便于区分进口方向;

b. 分进口代理理单,便于掌握、反馈信息,做好对代理的对口服务;

c. 分货主理单,指重要的经常有大批货物的货主,将其运单分类出来,便于联系客户,制单报关和送货、转运;

d. 分口岸、内地或区域理单,便于联系内地货运代理,便于集中转运;

e. 分运费到付、预付理单,便于安全收费;

f. 分寄发运单、自取运单客户理单。

分类理单的同时,须将各票总运单、分运单编上航空货运代理公司自己设定的编号,以便内部操作及客户查询。

③编配各类单证。

货运代理人将总运单、分运单与随机单证、国外代理人先期寄达的单证(发票装箱单、合同副本、装卸、运送指示等)、国内货主或经营到货单位预先交达的各类单证等进行编配。

代理公司理单人员须将其逐单审核、编配。其后,凡单证齐全、符合报关条件的即转入制单、报关程序。否则,即与货主联系,催齐单证,使之符合报关条件。

(2)到货通知。

①发出到货通知的及时性要求。

货物到目的港后,货运代理人应从航空运输的时效出发,为减少货主仓储费,避免海关滞报金,尽早、尽快、尽妥地通知货主到货情况,提请货主配齐有关单证,尽快报关。具体应做到以下3点:

a.早:到货后,第1个工作日内就要设法通知货主;

b.快:尽可能用传真、电话预通知客户,单证需要传递的,尽可能使用特快传递,以缩短传递时间;

c.妥:一星期内须保证以电函、信函形式第三次通知货主,并应将货主尚未提货情况,告知发货人的代理人;两个月时,再以电函、信函形式第四次通知货主;三个月时,货物可能须交海关处理,此时再以信函形式第五次通知货主,告知货主货物将被处理,提醒货主采取补救办法。

②到货通知的内容。

到货通知应向货主提供到达货物的以下内容:运单号、分运单号、货运代理公司编号;件数、质量、体积、品名、发货公司、发货地;运单、发票上已编注的合同号、随机已有单证数量及尚缺的报关单证;运费到付数额,货运代理公司地面服务收费标准;货运代理公司及仓库的地址(地理位置图),电话、传真、联系人;提示货主:海关关于超过14天报关收取滞报金及超过3个月未报关货物上交海关处理的规定。

(3)正本运单处理。

电脑打制海关监管进口货物入仓清单一式五份,分别提交检验检疫部门和海关,提交给海关的两份中,一份海关留存,另一份海关签字后收回存档。

运单上一般需盖妥多个章:监管章(总运单)、代理公司分运单确认章(分运单)、检验检疫章(动检章、卫检章、商检章)、海关放行章等。

5.制单与报验报关

(1)进口报验。需要做商检的货物需向商检局申报,查验合格后商检局将出具证明文件,由报关行或者货主/货代交入海关,再进行进口报关海关程序。

(2)进口报关。

①制单、报关、运输的形式。

除部分进口货存放民航监管仓库外,大部分进口货物存放于各货代公司自有的监管仓库。由于货主的需求不一,货物进口后的制单、报关、运输一般有以下几种形式:

a.货运代理公司代办制单、报关、运输;

b.货主自行办理制单、报关、运输;

c.货运代理公司代办制单、报关后,货主自办运输;

d.货主自行办理制单、报关后,委托货运代理公司运输;

e.货主自办制单、委托货运代理公司报关和办理运输。

②进口制单。

制单指按海关要求,依据运单、发票、装箱单及证明货物合法进口的有关批准文件,制作"进口货物报关单"。货物代理公司制单时一般程序为:长期协作的货主单位,有进口批文,证明手册等存放于货运代理处的,货物到达发出到货通知后,即可制单、报关,通知货主运输或代办运输;部分进口货,因货主单位(或经营单位)缺少有关批文、证明的,可于理单、审单后,列明内容,向货主单位催寄有关批文、证明,亦可将运单及随机寄来单证、提货单以快递形式寄货主单位,由其备齐有关批文,证明后再决定制单,报关事宜;无需批文和证明的,可即行制单、报关,通知货主提货或代办运输;部分货主要求异地清关时,在符合海关规定的情况下,制作《转关运输申报单》办理转关手续。报关单上需由报关人填报的项目有:进口口岸、收货单位、经营单位、合同号、批准机关及文号、外汇来源、进口日期、提单或运单号、运杂费、件数、毛重、海关统计商品编号、货品规格及货号、数量、成交价格、价格条件、货币名称、申报单位、申报日期等,转关运输申报单内容少于报关单,亦需按要求详细填列。

③进口报关程序:初审——审单——征税——验放,由海关在正本航空公司运单上或货运代理经海关认可的分运单上加盖放行章。

6.收费与发货

办完报关、报验等进口手续后,货主须凭盖有海关放行章、检验检疫章(进口药品须有药品检验合格章)的进口提货单到所属监管仓库付费提货。

(1)收费。货运代理公司仓库在发放货物前,一般先将费用收妥。

收费内容有:①到付运费及垫付佣金;②单证、报关费;③仓储费(含冷藏、冷冻、危险品、贵重品特殊仓储费);④装卸、铲车费;⑤航空公司到港仓储费⑥海关预录入、动植检、卫检报验等代收代付费用;⑦关税及垫付佣金。

除了每次结清提货的货主外,经常性的货主可与货运代理公司签订财务付费协议,实施先提货,后付款,按月结账的付费方法。

(2)发货。仓库发货时,须检验提货单据上各类报关、报验章是否齐全,并登记提货人的单位、姓名、身份证号以确保发货安全。

保管员发货时,须再次检查货物外包装情况,遇有破损、短缺,应向货主做出交代。

发货时,应协助货主装车,尤其遇有货物超大超重,件数较多的情况,应指导货主(或提货人)合理安全装车,以提高运输效率,保障运输安全。

货物交接不当将会导致纠纷及索赔,应予以特别注意:

①分批到达货,收回原提货单,出具分批到达提货单,待后续货物到达后即通知货主再次提取;

②航空公司责任的破损、短缺,应由航空公司签发商务记录;

③货运代理公司责任的破损、短缺,应由代理公司签发商务记录;

④遇有货代公司责任的破损事项,应尽可能商同货主、商检单位立即在仓库作商品检验,确定货损程度,要避免后面运输中加剧货损。

7.送货与转运

出于多种因素(或考虑便利,或考虑节省费用,或考虑运力所限),许多货主或国外发货人要求将进口到达货由货运代理人报关、垫税、提货后运输到直接收货人手中。货运代理公司在代理客户制单、报关、垫税、提货、运输的一揽子服务中,由于工作熟练,衔接紧密,服务到位,因而受到货主的欢迎。

(1)送货上门业务。送货上门业务主要指进口清关后货物,直接运送至货主单位,运输工具一般为汽车。

(2)转运业务。转运业务主要指将进口清关后货物转运至内地的货运代理公司,运输方式主要为飞机、汽车、火车、水运、邮政。

办理转运业务,需由内地货运代理公司协助收回相关费用,同时口岸货代公司亦应支付一定比例的代理佣金给内地代理公司。

(3)进口货物转关及监管运输。进口货物转关,是指货物入境后不在进境地海关办理进口报关手续,而运往另一设关地点办理进口海关手续,在办理进口报关手续前,货物一直处于海关监管之下,转关运输亦称监管运输,意味此运输过程置于海关监管之中。

①转关条件。进口货物办理转关运输必须具备下列条件:

a.指运地设有海关机构,或虽未设海关机构,但分管海关同意办理转关运输,即收货人所在地必须设有海关机构,或邻近地区设有分管该地区的海关机构。

b.向海关交验的进境运输单据上列明到达目的地为非首达口岸,需转关运输。

c.运输工具和货物符合海关监管要求,并具有加封条件和装置。海关规定,转关货物采用汽车运输时,必须使用封闭式的货柜车,由进境地海关加封,指运地海关启封。

d.转关运输的单位必须是经海关核准、认可的航空货运代理公司。一般运输企业,尤其是个体运输者,即使拥有货柜车,也不能办理转关运输。

e.办理转关运输还应遵守海关的其他有关规定,如:转关货物必须存放在海关同意的仓库、场所,并按海关规定办理收存、交付手续;转关货物未经海关许可,不得开拆、改装、调换、提取、交付;对海关加封的运输工具和货物,应当保持海关封志完整,不能擅自开启,必须负责将进境地海关签发的关封完整及时地交指运地海关,并在海关规定的期限内办理进口手续。

②转关手续。转关货物无论采用飞机运输、汽车运输、火车运输,转关申请人(或货运代理)均须首先向指运地海关申请"同意接收××运单项下进口货物转关运输至指运地"的关封。

办理进口货物转关运输手续时,应向进境地海关递交如下材料:指运地海关同意转关运输的关封;"转关运输申报单";国际段空运单、发票。

进境地海关审核货运单证同意转关运输后:将货物运单号和指运地的地区代号输入电脑进行核销,并将部分单证留存;将运单、发票、转关货物准单各一份装入关封内,填妥关封号加盖验讫章;在运单正本上加盖放行章;在海关配发给各代理公司的转关登记簿上登记,待以后收回回执核销;采用汽车转关运输时,必须在海关颁发的货运代理监管运输车辆的"载运海关监管货物车辆登记簿"上登记、待销。

转关货物无论以后以何种方式运输,无论将货物监管运输至指运地民航监管仓库、货运代理公司监管仓库或收货人单位,等货物转关进入指运地海关监管之下,指运地海关应将"转关运输货物准单"回执联填妥、盖章后,寄还给入境地海关核销。货运代理公司再据以核销自己的转关登记簿上的有关项目,以完成整个转关运输程序。

四、技能训练准备

(1)学生每5人为一个小组,每个小组选一名组长;
(2)卡片若干张;
(3)教师现场指导;
(4)训练时间安排:2学时。

五、技能训练步骤

(1)以每位学生为单位,在卡片上写出航空货运出口与进口运输代理业务流程总项;
(2)教师分配给各小组航空货运出口与进口运输代理业务流程具体项目,各组通过卡片问询法,收集每位学生对业务流程具体项目的做法;
(3)以组为单位确定对业务流程具体项目的操作;
(4)每组派一位代表陈述结果。

六、技能训练注意事项

(1)卡片填写要认真,一丝不苟;
(2)卡片汇总后要进行归类;
(3)对业务流程具体项目的操作要有依据、要准确。

七、技能训练评价

请完成技能训练后填写附录一。

八、技能训练活动建议

建议组织学生到物流企业、航空货运代理公司、机场进行参观和调研。

思考练习

1. 简答题
(1)什么是预订舱?
(2)装板、装箱时要注意哪几点?
(3)进口货物办理转关运输必须具备的条件。
2. 案例分析题

航空货物运输的标记和标签

标记:在货物外包装上由托运人书写的有关事项和记号,其内容主要是托运人、收货人的姓名、地址、联系电话、传真;合同号等;操作(运输)注意事项(例如,不要曝晒 Don't Expose to Excessive Sunlight,防潮 Keep Dry,小心轻放 Handle With Care 等);单件超过150kg的货物。

标签:根据标签的作用,可以分为识别标签、特种货物标签和操作标签。

(1)识别标签,是标明货物的货运单号码、件数、质量、始发站、目的站、中转站的一种运输标志,按使用的不同,分为挂签、贴签两种。

使用要求:
①在使用标签之前,清除所有与运输无关的标记与标签;
②体积较大的货物需对贴两张标签;

③袋装、捆装、不规则包装除使用两个挂签外,还应在包装上写清货运单号码和目的站。

(2)特种货物标签,是说明特种货物性质的各类识别标志。按照特种货物种类的不同,分为活动物标签、危险品标签和鲜货易腐物品标签三种。

(3)操作标签用以说明货物储运注意事项的各类标志,如易碎品,不得倒置,防潮等。凡是特种货物必须贴特种货物标签,运输中需特殊处理的要贴上相应的操作指示标签,以保证货物运输的安全与质量。

分组讨论回答以下问题:

(1)在网上搜集整理、识记航空货物运输的标记和标签,并进行归类。

(2)航空货物运输标记和标签的作用。

项目三 国际航空货运单证

教学要点

(1)利用网络收集航空货物运输单证资料

(2)由小组讨论航空货物运输单证的作用

(3)缮制航空货物运输单证

教学方法

采用情境教学、分组讨论等方法。

一、情 景 设 置

航空货运单是由托运人或者以托运人的名义填制,是航空承运人签发给托运人用以证明双方之间存在运输合同和货物已装上飞机的凭证。通达航空货运代理公司主要经营航空进出口货物运输业务,请你对航空货物运输单证进行缮制。

二、技能训练目标

通过学习、讨论分析后,能缮制航空货物运输单证。

三、相关理论知识

(一)航空货运单的概述

1.航空货运单的定义

航空货运单(Air Waybill)是由托运人或者以托运人的名义填制,是航空承运人签发给托运人用以证明双方之间存在运输合同和货物已装上飞机的凭证,是航空货运中最重要的单据。

2.航空货运单的构成

目前,经营国际货物运输的航空公司及其航空货运代理公司使用的都是统一的一式12份的空运单,其中,3份正本(Original)、6份副本(Copy)和3份额外副本(Extra Copy)。正本的背面印有运输条款。各份的用途及流转如表5-2所示。

空运单的构成及其用途　　　　　　　　　　　　　　　　　表5-2

顺序	名称	颜色	用途
1	正本3　Original 3	蓝	交托运人。货运单填开完毕后此联交给托运人作为托运货物及交付运费的收据,作为承运人收到货物的证明,以及作为承托双方运输合同成立的证明
2	正本1　Original 1	绿	交承运人财务部门。除了作为承运人财务部门之运费账单和发票外,还作为承托双方运输合同成立的证明
3	副本9　Copy 9	白	交代理人。供代理人留存
4	正本2　Original 2	粉红	随货物交收货人,随货物运至最终目的地,在交付货物时,由最后承运人将此联交收货人留存
5	副本4　Copy 4	黄	提取货物收据,收货人提货后应签字并交承运人留存,以证明已交妥货物
6	副本5　Copy 5	白	交目的港机场
7	副本6　Copy 6	白	交第三承运人
8	副本7　Copy 7	白	交第二承运人
9	副本8　Copy 8	白	交第一承运人
10	额外副本 Extra Copy 10	白	供承运人使用
11	额外副本 Extra Copy 11	白	供承运人使用
12	额外副本 Extra Copy 12	白	供承运人使用

3.货运单的限制

一张货运单只能用于一个托运人在同一时间、同一地点托运的由承运人承运的,运往同一目的站同一收货人的一件或多件货物。

货运单可以是代表航空公司身份,由该航空公司印制的货运单。还可以是非任何一个航空公司印制的,代表中立的货运单。

"不可转让"的意义。货运单的右上端印有"不可转让"(Not Negotiable)字样,其意义是指航空货运单仅作为货物航空运输的凭证,所有权属于出票航空公司,与可以转让的海运提单恰恰相反。因此,任何IATA成员(IATA为国际航空运输协会的简称)都不允许印制可以转让的航空货运单,货运单上的"不可转让"字样不可被删去或篡改。

4.货运单号码

货运单号码是货运单不可缺少的重要组成部分,每本货运单都有一个号码,它直接确定航空货运单的所有人——出票航空公司,它是托运人、发货人或其代理人向承运人询问货物运输情况的重要依据,也是承运人在各个环节组织运输,如订舱、配载、查询货物时必不可少的依据。

5.航空货运单的分类

(1)按有无承运人的名称分类。按有无承运人的名称分类,航空货运单包括两种。

①航空公司货运单(Airline Air Waybill)。印有出票航空公司(Issue Carrier)名称及标志

(航徽、代码等)的航空货运单。这类空运单代表出票航空公司的身份。

②中性货运单(Neutral Air Waybill)。没有预先在运单上打印任何承运人名称及标志的货运单。这类空运单不代表任何一个航空公司,是中立货运单。

(2)按照不同作用分类。

①航空主运单(Master Air Waybill,MAWB)。

航空主运单又称"总运单",凡由航空运输公司签发的航空运单就称为主运单。航空主运单是航空运输公司据以办理货物运输和交付的依据,是航空公司和托运人订立的运输合同,每一批航空运输的货物都有自己相对应的航空主运单。

②航空分运单(House Air Waybill,HAWB)。

航空分运单为航空货运代理公司在办理集中托运业务时签发给各个发货人的运单,是集中托运人在办理集中托运业务时,航空货运代理在办理业务时签发给各批发货人的运单。

6. 航空货运单的性质和作用

航空运单(Airway Bill)与海运提单有很大不同,却与国际铁路运单相似。它是由承运人或其代理人签发的重要的货物运输单据,是承托双方的运输合同,其内容对双方均具有约束力。航空运单不可转让,持有航空运单也并不能说明可以对货物要求所有权。作为主要货物运输文件的货运单具有以下作用:

(1)航空货运单是发货人与航空承运人之间签订的运输合同。

航空运单一经签发,就成为签署承运合同的书面证据。海运提单不同,航空运单不仅证明航空运输合同的存在,而且航空运单本身就是发货人与航空运输承运人之间缔结的货物运输合同,该合同必须由发货人(或代理)与承运人(或代理)签署后方能生效。当代理人既是发货人代理又是承运人代理时,就要在运单上签署两次。

(2)航空货运单是承运人签发的已接收货物的证明。

航空运单也是货物收据,在发货人将货物发运后,承运人或其代理人就会将运单的第一份正本(即发货人联 Original for the Shipper)交给发货人,作为承运人接收货物的证明,除非另外注明,它是承运人收到货物并在良好条件下装运的证明。

(3)航运货运单是承运人据以核收运费的账单。

航空运单可作为运费账单和发票。承运人自己留存第二份正本(Original for the Issuing Carrier),作为运费收取凭据。

航空运单分别记载着属于收货人负担的费用,属于应支付给承运人的费用和应支付给代理人的费用,并详细列明费用的种类、金额,因此可作为运费账单和发票。承运人往往也将其中的承运人联作为记账凭证。

(4)航空货运单是报关单证之一。

第三份正本(Original for the Consignee)随机交收货人,收货人据此核收货物。收货人持第三份正本核收货物,同时用第三份正本作为向海关报关的凭证,是海关验收的主要凭证。

(5)航空货运单可作为保险证书。

如果承运人承办保险或发货人要求承运人代办保险,则航空运单也可用来作为保险证书。

(6)航空货运单是承运人内部处理业务的依据。

承运人根据运单办理发货、转运、交付、处理事故等,承运人会据此对货物的运输做出相应安排。航空运单一般3份正本、6份副本、3份额外副本。航空运单随货同行,证明了货物的身份。

7. 填开货运单的责任

在航空货运业务的操作中,各航空公司承运的货物大量是通过其代理人收运的,某些特种货物由航空公司直接收运。因为填写航空货运单必须具有一定的专业知识,同时为了方便操作和对客户提供服务,托运人以托运书或委托书的形式授权航空公司或其代理人代替填写航空货运单。在这种情况下,托运人正确、完整地填写托运书或委托书十分重要。

根据《华沙公约》、《海牙议定书》和承运人运输条件的规定,货运单应由托运人填制,承运人或其代理人根据托运人的请求填写航空货运单,在没有相反证据情况下,应当视为代托运人填写,因此,托运人应当对货运单的真实性负责。

根据《华沙公约》第6条第(1)款和第(5)款规定,航空货运单应当由托运人填写,承运人根据托运人的要求填写航空货运单的,在没有相反证据的情况下,应当视为是代替委托人填写的。这表明托运人应对货运单所填各项内容的正确性、完备性负责。由于货运单所填内容不准确、不完全,致使承运人或其他人遭受损失,托运人负有责任。

8. 货运单使用的一般规定

根据IATA的规定,航空货运单填制时要注意如下问题:

(1)货运单不可转让(Not Negotiable)。

空运单仅作为货物航空运输的凭证,货运单的上端印有"不可转让(Not Negotiable)"的字样,其含义是指航空货运单仅作为货物航空运输的凭证,其所有权属于出票航空公司,不得通过背书等方式转让,这是与海运提单的本质区别。

(2)货运单的有效期。

货运单的有效期为货运单填制完毕,托运人或其代理人和承运人签字后开始生效;货物运到目的地,收货人提取货物并在货运单交付联上签收认可后,货运单可作为运输的凭证,其有效期即告终止。

(3)同一张货运单上填开货物的限制。

每批货物或集合运输的货物均填制一份货运单,一张货运单只能用于一个托运人在同一时间、同一地点托运的由承运人承运的,运往同一目的站同一收货人的一件或多件货物。

(4)货运单内容要准确,不得随意修改。

发货人或其代理人对货运单所填写的内容的准确性负责;货运单的填写应按照托运人在托运书上所填内容逐项填写,字迹清楚,内容准确,切勿修改;货运单已填内容在运输过程中若需要修改,则在修改项目的近处注明修改货运单的空运企业名称、日期、地点。修改货运单不能只修改一页,要将所有剩余的各页均同时修改。

(5)货运单号码组成。

货运单号码是货运单的组成部分,由两组数字组成,第一组为前三位数字,是航空公司的代号,第二组为后半部分的八位数字,七位数字是货运单的顺序号,第八位数字为检验号。

(二)航空货运单的契约条款

货运单正本背面的有关契约涉及航空货物运输的许多法律问题,如:索赔、保险、改变承运人等。

1. 关于承运人责任限额的通知

如运输的目的地点或经停地点不在出发地点所在国家内,《华沙公约》即可适用于该项运输,该公约规定在任何情况下限制承运人对货物遗失、损坏或延误所负的责任为每千克250法国金法郎,除非托运人事先声明一个较高的价值,并按需求缴付附加费用。凡是符合中国民航运输规则的运输,承运人的责任也受上述同样限制。每千克货物250法国金法郎的责任限额,约为每千克20美元,是以每盎司黄金价值42.22美元为基础的。

2. 契约的条款

(1) 本契约中承运人是指承运或准备承运货运单上所载货物,或是为运输本票货物提供其他服务的单位。《华沙公约》是指1929年10月12日在华沙签署的《统一某些有关国际航空运输规则的公约》,或是指1955年9月28日在海牙签署的修订本。法国金法郎是指1法郎含有纯度为900/1 000的65.5毫克黄金的法郎。

(2) 本契约所指运输应遵守《华沙公约》所制订的有关责任规定,除非此种运输不是公约中所指的"国际运输"。

为了不与上述公约解释相矛盾,各承运人提供的运输和其他服务应遵守下列规定:

①适用的法律(包括履行公约的国家法律)、政府规章、命令和要求;

②本契约的规定;

③承运人适用的运价、规则、运输条件、规章和班期时刻表为本契约的组成部分。

并可在承运人的任一办事处和它仍经营的定期航班的机场内查到。美国或加拿大的某一地点与境外任一地点之间的运输,其适用运价应为这些国家之间的有效运价。

(3) 第一承运人的名称在本页正面上可用简称,其全称及简称见该承运人的运价手册、运输条件、规章和班期时刻表。第一承运人的地址是填写在本页正面上的出发地点机场,约定的经停地点(必要时承运人可改变)是除始发地点和目的地点外,在本页正面上所填列的地点、或在承运人的班期时刻表内所列航路的经停地点。由几个承运人连续的运输,应视为一个单一运输。

(4) 除非承运人的运价或运输条件中另有规定,在华沙公约不适用于该项运输时,承运人对货物损失、损坏或延误所负的责任以不超过每千克20.00美元或其等值货币为限,除非托运人对贵重货物声明一个较高的价值并缴付了附加费。

(5) 如货运单正面作为"供运输用声明价值"一栏中所填金额超过上述"声明"和本契约条款中所规定仍适用责任限额,并且托运人按照承运人的运价,运输条件或规章缴付了所规定的附加费,就是构成一个特别声明价值,在此情况下承运人的责任限额将为其所声明的价值。赔偿数额将依据实际损失的证明予以赔偿。

(6) 如遇货物部分遗失、损坏或延误,在确定承运人的责任限额时,计算赔偿的质量只能是该件或其有关件若干的质量。

注:除非另有规定,美国联邦航空法中所指"国际运输"修订为:如一批货物或其部分遗失、损坏或延误,确定承运人的责任限额的质量应为决定这批货物运费所用的质量(或部分货物遗失、损坏或延误按所占质量比例决定)。

(7) 对承运人责任的任何免除或限制,应适用于并有利于承运人的代理人、受雇人和代表,以及承运人为运输而使用其飞机的所有人及其代理人、受雇人和代表。本条的规定是承运人在此作为代理人,代理上述所有人员。

(8) 承运人为完成本契约的运输可做合理的安排。承运可改变承运人或飞机并无须事先通知改变运输方式,但应适当照顾托运人的利益。承运人有权选择路线或变更货运单本页正面上所填列的路线。本款不适用于至/自美国的运输。

(9)依据本契约条件规定,货物在承运人或其代理人照管期内,由承运人负责。

(10)除未经托运人的书面同意,承运人将款项记入收货人的贷方者外,托运人保证按照承运人的运费规定、运输条件和有关规章,适用的法律(包括履行公约的国家法律)、政府规章、命令和要求交付应付的一切规定;如果托运货物全部未能交付,即使运费未曾交付,对该批货物的索赔要求也应接受。

(11)货物到达通知应立即发给收货人或本页正面所列的另请通知人,货物到达目的地点时,如事先收到托运人的其他指示,可按其指示交付货物,否则按收货人的指示办理。

(12)交付货物时,在下列情况下收货人有权向承运人提出异议,但必须用书面形式。
①货物的明显损坏,应在发现损坏时立即提出,最迟在收到货物后14天内提出;
②货物的其他损坏,自收到货物之日起14天内提出;
③货物延误,自其自由支配货物之日起21天内提出;
④货物没有交付,自填开货运单之日起120天内提出。

如对上述所述异议,应以书面形式提出,交给货运单所属空运企业或给第一承运人,或给最后承运人,或给在运输中发生货物遗失、损坏或延误的承运人。

诉讼应在货物到达目的地之日起,或从飞机应该到达之日当日起,或从运输停止之日起两年内提出,否则即丧失承运人诉讼的权利。

(13)托运人应遵守一切有效法律和运输货物始发、到达、经停或飞越任何国家的政府规章,包括有关货物包装、运输或货物的交付,以及为了遵守上述法律和规章必须提供的各种必要资料和货运单的随附文件。对于托运人不遵守本条规定所造成的损失或费用,承运人对托运人不负责任。

(14)承运人的代理人、受雇人或代表均无权改变、修改或废止本契约的任一条款。

(三)航空货运单的缮制

目前,各航空公司所使用的航空运单大多借鉴IATA所推荐的标准格式,彼此差别不大。按照规定,空运单应由托运人填写,由于空运单内容填写的不正确造成的损失应由托运人承担。然而由于空运单填写的复杂性,一般的做法是在托运人填好国际货物托运书,由承运人或其代理人按照托运人在托运书上所填内容逐项填写,以避免由于托运人的不熟悉或缺乏了解造成的填写错误。空运单不得对托运书的内容有所改动,空运单的正确性仍由托运人负责。

1. 填制货运单的基本要求

(1)货运单要求用英文打字机或计算机,用英文大写字母打印,各栏内容必须准确、清楚、齐全,不得随意涂改。

(2)货运单已填内容在运输过程中需要修改时,必须在修改项目的近处盖章,注明修改货运单的空运企业名称、地址和日期。修改货运单时,应将所有剩余的各联一同修改。

(3)货运单的各栏目中,有些栏目印有阴影。其中,有标题的阴影栏目仅供承运人填写。使用投有标题的阴影栏目一般不需填写,除非承运人特殊需要。

2. 航空货运单据缮制的内容

航空货运单与海运提单类似也有正面、背面条款之分,不同的航空公司也会有自己独特的航空货运单格式。所不同的是,航运公司的海运提单可能千差万别,但各航空公司所使用的航空货运单则大多借鉴IATA所推荐的标准格式,差别并不大。所以这里只介绍这种标准格式,也称中性运单。航空货运单示例如图5-4。

国际货物托运书(SHIPPERS LETTER OF INSTRUCTION)

托运人姓名及地址 SHIPPER'S NAME AND ADDRESS	托运人账号 SHIPPER'S ACCOUNT NUMBER	供承运人用 FOR CARRIER USE ONLY	
CHINA LIGHT HOUSEWARE CO.LTD,BEIJING P R CHINA TEL:86(010)64596666 FAN:86(010)64598888		班期/日期 FLIGHT/DAY CA921/30 JUL,2002	航班/日期 FLIGHT/DAY
收货人姓名及地址 CONSICNEES NaME AND ADDRESS	收货人账号 CONSIGNEES ACCOUNT NUMBER	已预留吨位 BOOKED	
NEW YORK LIGHT HOUSEWARE IMPORTERS, NEW YORW,U,S.A TELL:78789999		运费 CHARGFS 　　　　CHARGFS PREPAID	
代理人的名称和城市 ISSUING CARRIER'S ACENT NAME AND CITY KUNDAAIR FRIGHT CO,LTD		ALSO NOTIFY	
始发站 AIRPORT OF DEPARTURE CAPITAL INTERNATIONAL AIRPORT			
到达站 AIRPORT OF DESTINATION JOHN KENNEdY AIRPORT(JFK)			
托运人声明价值 SHIPPERS DECLARED VALUE	保险金额 AMOUNT OF INSURANCE ×××	所附文件 DOCUMENT TO ACCOMPANY AIR WAYBILL 1 COMMERCLAL INVOICE	
供运输用 FOR CARRIAGE NVD	供海关用 FOR CUSTOMS NCV		

处理情况（包括包装方式、货物标志及号码）
HANDING INFORMATION(INCL.METHOD OF PACKINC IDENTIFYNG AND NUMBERRRS)

KEEP UPSIDE

件数 NO.OF PACKACES	实际毛重 ACTUAL GROSS WEIGHT(kg)	运价种类 RATE CLASS	收费质量 CHARGEABIE WEIGHT	费率 RATE/CHARGE	货物品名及数量（包括体积或尺寸） NATURE AND QUANTITY OF GOODS (INCL.DIMENSION OF VOLUME)
4	58.3		58.3	18.00	DIMS: (80×30×25)cm×4

图 5-4　航空货运单

3. 各栏目的填制及说明

（1）Shipper's Name and Adderss（托运人名称及地址）。填写发货人姓名、地址、所在国家及联络方法。

（2）Shipper's Account Number（托运人账号）。此栏不需填写，除非承运人需要。

（3）Consignee's Name and Adderss（收货人名称及地址）。应填写收货人姓名、地址、所在国家及联络方法。与海运提单不同，因为空运单不可转让，所以"凭指示"之类的字样不得出现。

（4）Consignee's Account Number（收货人账号）。只在必要时填写，货运单号码应清晰地印在货运单的左右上角以及右下角。

（5）Issuing Carrier's Agent Name and City（签发空运单的承运人的代理人名称与城市）。此处一般印有出票航空公司的标志、名称和地址。

（6）Agent's IATA Code（代理人的 IATA 代号）。在货运单左上角的航空公司票证代号后打印始发站机场 IATA 三字代码（如不知道机场代码，可打印机场所在城市的 IATA 三字代码）。

（7）Account Number（代理人的账号）。

（8）Airport of Departure（Address of First Carrier）and Requested Routing（始发站机场及要求的路线）。

（9）Account Information（会计事项）。

（10）Flight/Date（For Carrier Use Only）。

（11）Routing and Destination to/by First Carrier/to/by/to/by（路线与目的站 至/由 第一承运人/至/由/至/由）。

（12）Airport of Destination（目的站）。打印最后承运人的目的地机场全称。

（13）Currency（货币）。打印运输始发国的 ISO 货币代号。除"目的站国家收费栏"内的款项外，货运单上所列明的金额均按该货币支付。

（14）Charges Code（货币代号）。

（15）WT/VAL（PPD COLL）—Weight Charge&Val Charge（Prepaid Collect）运费与声明价值附加费（预付或到付）。

（16）Other（PPD COLL）—All Other Charges at Origin—Other（Prepaid Collect）始发站所有其他费用（预付或到付）。

（17）Declared Value for Carriage（供运输的声明价值）。向承运人声明无价值填 NVD（No Value Declared）。

（18）Declared Value for Customs（向海关声明价值）。打印货物报关时所需的商业价值金额。如果货物没有商业价值，此栏必须打印"NCV"（No Commercial Value）字样。

（19）Account of Insurance（保险金额）。如果承运人向托运人提供代办货物保险业务时，此栏打印托运人投保的金额。

（20）Handling Information（处理事项说明）。

（21）No. of Pieces/RCP（Rates and Charges Point）（件数/运价组成点）。

（22）Gross Weight（毛重）。

（23）kg/LB（千克/磅）。

（24）Rate Class（运价类别）。

(25) Commodity Item Number(指定商品品名编号)。

(26) Chargeable Weight(计费质量)。

(27) Rate/Charge(运价/运费)。

(28) Total(总计)。

(29) Nature and Quantity of Goods(Incl. Dimensions or Volume)。货物品名及数量(包括尺寸和体积)。

(30) Prepaid(预付)。

(31) Collect(到付)。

(32) Other Charges(其他费用)。

(33) For Carrier's Use Only at Destination(仅供承运人在目的地使用)。

(34) Signature of Shipper or His Agent(托运人或其代理人签字)。

(35) Executed on (Date) of (Place)(填开空运单的日期、地点)。

(36) Signature of Carrier or His Agent(承运人或代理人签字)。

(37) Currency Conversion Rates(货币兑换比价)。

(38) Collect Charges in Destination(用目的地货币付费的到付费用额)。

(39) Charges at Destination(在目的地的费用)。

(40) Total Collect Charges(总的到付费用)。

四、技能训练准备

(1) 学生每 5 人为一个小组,每个小组选一名组长;

(2) 标准格式航空货运单若干张;

(3) 教师现场指导;

(4) 训练时间安排:2 学时。

五、技能训练步骤

(1) 以每位学生为单位,熟悉标准格式航空货运单;

(2) 教师分配给各小组航空货运具体货物、质量、件数、国家、路线与目的站等,各组讨论分析如何填写标准格式航空货运单各项目;

(3) 以组为单位确定填写标准格式航空货运单各项目;

(4) 每组派一位代表陈述结果。

六、技能训练注意事项

(1) 标准格式航空货运单填写要认真,一丝不苟;

(2) 对标准格式航空货运单的填写要有依据、要准确。

七、技能训练评价

请完成技能训练后填写附录一。

八、技能训练活动建议

建议组织学生到航空货运代理公司及机场调研航空货运单证的填制。

> **思考练习**

1. 简答题
(1) 什么是航空货运单?
(2) 简述航空货运单的作用?
(3) 填制航空货运单的基本要求?
2. 案例分析题

航空货物运输托运书

根据《华沙公约》第5条第(1)和(5)款规定,货运单应由托运人填写,也可由承运人或其代理人代为填写;实际上,目前货运单均由承运人或其代理人填制,为此,作为填开货运单的依据——托运书,应由托运人自己填写,而且托运人必须在上面签字。

托运书(Shippers Letter of Instruction)是托运人用于委托承运人或其代理人填开航空货运单的一种表单,表单上列有填制货运单所需各项内容,并应印有授权于承运人或其代理人代其在货运单上签字的文字说明。

托运书包括下列内容栏:

(1) 托运人(SHIPPER)填托运人的全称、街名、城市名称、国名,以及便于联系的电话号码、电传号或传真号。

(2) 收货人(CONSIGNEE)填收货人的全称、街名、城市名称、国名,(特别是在不同国家内有相同城市名称时,必须要填上国名)以及电话号码、电传号或传真号,本栏内不得填写"order"或"to order of the shipper"(按托运人的指示)等字样,因为航空货运单不能转让。

(3) 始发站机场(AIRPORT OF DEPARTURE)填始发站机场的全称。

(4) 目的地机场(AIRPORT OF DESTINATION)填目的地机场(不知道机场名称时,可填城市名称),如果某一城市名称用于一个以上国家时,应加上国名。例如:LONDON UK 伦敦,英国;LONDON KY US 伦敦,肯塔基州,美国;LONDON TO CA 伦敦,安大略省,加拿大。

(5) 要求的路线/申请定仓(REQUESTED ROUTING/REQUESTING BOOKING)本栏用于航空公司安排运输路线时使用,但如果托运人有特别要求时,也可填入本栏。

(6) 供运输用的声明价值(DECLARED VALUE FOR CARRIAGE)填供运输用的声明价值金额,该价值即为承运人负赔偿责任的限额。承运人按有关规定向托运人收取声明价值费,但如果所交运的货物毛重每千克不超过20美元(或其等值货币),无需填写声明价值金额,可在本栏内填入"NVD"(NO Value Declared 未声明价值),如本栏空着未填写时,承运人或其代理人可视为货物未声明价值。

(7) 供海关用的声明价值(DECLARED VALUE FOR CUSTOMS)国际货物通常要受到目

的站海关的检查,海关根据此栏所填数额征税。

（8）保险金额（INSURANCE AMOUNT REQUESTED）中国民航各空运企业暂未开展国际航空运输代保险业务,本栏可空着不填。

（9）处理事项（HANDLING INFORMATION）填附加的处理要求,例如：另请通知（ALSO NOTIFY）。除填收货人之外,如托运人还希望在货物到达的同时通知他人,请另填写通知人的全名和地址。

（10）货运单所附文件（DOCUMENT TO ACCOMPANY AIR WAYBILL）填随附在货运单上往目的地的文件,应填上所附文件的名称,例如：托运人的动物证明（SHIPPER SCERTIFICATION FOR LIVE ANIMALS）。

（11）件数和包装方式（MUMBER AND KIND OF PACKAGES）填该批货物的总件数,并注明其包装方法,例如：包裹（Package）、纸板盒（Carton）、盒（Case）、板条箱（Crate）、袋（Bag）、卷（Roll）等,如货物没有包装时,就注明为散装（Loose）。

（12）实际毛重（ACTUAL GROSS WEIGHT）本栏内的质量应由承运人或其代理人在称重后填入,如托运人已经填上质量,承运人或其代理人必须进行复核。

（13）运价类别（RATE CLASS）本栏可空着不填,由承运人或其代理人填写。

（14）计费质量（千克）（CHARGEABLE WEIGHT）（kg）本栏内的计费质量应由承运人或其代理人在量过货物的尺寸（以厘米为单位）由承运人或其代理人算出计费质量后填入,如托运人已经填上时,承运人或其代理人必须进行复核。

（15）费率（RAIE/CHARGE）本栏可空着不填。

（16）货物的品名及数量（包括体积及尺寸）NATURE AND QUANTITY OF GOODS（INCL. DIMENSIONS OR VOLUME）托运书货运单号码 NO. OF AIR WAYBILL SHIPPER'S LETTER OF INSTRUCTION 填货物的品名和数量（包括尺寸或体积）。货物中的每一项均须分开填写,并尽量填写详细,如："9 筒 35 毫米的曝光动画胶片\新闻短片"（美国制）等,本栏所属填写内容应与出口报关发票和进口许可证上所列明的相符。危险品应填写适用的准确名称及标贴的级别。

（17）托运人签字（SIGNATURE OF SHIPPER）托运人必须在本栏内签字。

（18）日期（DATE）填托运人或其代理人交货的日期。

分组讨论回答以下问题：

（1）在网上搜集整理、识记航空货物运输托运书。

（2）航空货物运输托运书的作用？

任务六 特殊货物运输

内容简介

在运输过程中有很多货物如：鞭炮、汽油、玻璃、瓷器、海鲜、重大长等货物，在运输过程中应特别对待，应如何针对不同的货物进行运输就是本部分的内容。本部分主要讲述危险货物运输知识、超限货物运输、鲜活易腐货物运输等内容及其与运输组织相关的知识。

教学目标

1. 知识目标
（1）掌握危险货物、超限货物、鲜活易腐货物的相关常识
（2）了解危险货物、超限货物、鲜活易腐货物的运输法规
（3）了解相关特种车辆
（4）掌握危险货物、超限货物、鲜活易腐货物运输操作细则
（5）掌握危险货物、超限货物、鲜活易腐货物运输安全的知识

2. 技能目标
（1）能对特殊货物进行分类与分级
（2）会用危险品运输相关法规
（3）能制订危险品运输操作细则

案例导入

伊利冷藏运输真相

冷藏运输是伊利未来销售市场的原动力，不同温控下的产品冷藏运输运作模式做到随机应变，并确保了食品安全。

众所周知，伊利集团的产品分为液态奶、冷饮和奶粉三大类，其产品流通绝大部分归属于冷藏运输范畴。在国内运输标准缺失，冷藏运输受社会环境约束的条件下，伊利冷藏运输如何运作？伊利集团一直保持沉默，使其蒙上了一层神秘色彩。

作为全国资源型的龙头企业，内蒙古伊利实业集团股份有限公司（以下简称伊利集团）在业界一直以货物运输量大而众所周知，其产品流通大部分归属于运输范畴。在国内冷藏运输这潭池水相对较浅的现实情形下，"大象"伊利如何畅游？这个问题一直颇受业内关注。

1. 兵分两路

数年前，伊利集团产品运输全部是从内蒙古向外输送，运作方式耗时耗力。随着其在各地工厂建设完毕，运输成本大大节省，冷藏运输效率得以提高，进一步保证了产品的质量和新鲜度。

据伊利集团新闻发言人介绍，伊利集团拥有国内乳品行业最完整、最丰富的产品线，销售地域宽广，具体运输方式包括海洋运输、铁路集装箱、冰保车、机保车、集装箱五定班列运

输、公路运输、铁海联运、公海联运以及行包发运等。他介绍说,伊利的冷藏运输配送近年来一直是行业领先,具体运作方式在不同区域视产品特点不同而定。

以伊利液态奶产品为例,其冷藏运输有两大特点:货量大;多种运输方式并存。由于奶制品对产品新鲜度、实时性和安全性要求极高,市场对产品的可追溯性要求也非常严格。目前,伊利集团对社会冷藏运输资源进行了有效整合调度。

伊利液态奶事业部"兵分两路"进行冷藏运输配送。一方面从工厂直接送达客户;另一方面则在全国重点城市布局分仓,通过分仓配送满足中小客户的需求。例如,伊利集团在武汉设立分仓,通过五定班列、车皮、零散集装箱等方式直接将产品运输到分仓,然后各分仓再按照客户所处的位置以铁路中转或公路配送到客户的手中。

该发言人指出,运输是保证产品质量的关键,是消费者拿到产品前的重要环节。因此,伊利在这方面一向不惜成本,对于承运商有着特别严格的管理规定和考核标准。

伊利集团冷饮事业部销售订单中心经理赵峰表示,公司的冷藏运输配送全部交由第三方冷藏运输公司运作。部门在对第三方冷藏运输公司进行统一招标时,往往要审定对方的资质,要求具备一定的运输能力和资金周转能力。同时,冷藏运输的特殊性也决定了他们对冷藏运输供应商的人员素质提出高要求。

赵峰表示,对于承运商而言,运量大意味着回报大,伊利集团的销售规模使其具备了整体优势,并因此实现挑选承运商的可能。拿冷饮事业部来说,-18℃的低温条件是最起码的要求,承运商都能达到。另外,对于整个配送过程的恒温要求,伊利集团自有一套体系进行控制。比如,进行相应的数据采集和跟踪管理,不定期对第三方冷藏运输公司进行评估等,达不到要求者就出局。

据赵峰估计,由于伊利的冷饮销量每年平均增幅超过30%,行业发展速度较快,因此总体上来说,每年新加入的承运商要比被淘汰的数量多。尽管如此,公司每年还是会有大约15%的承运商由于各种原因出局。

不同事业部对承运商的要求不一。据伊利集团酸奶事业部的王玉国透露,他们部门对配送环节保质保量的要求特别高。如对配送的温度、湿度和卫生条件要求非常严格。同时,他们一方面安排运输管理人员在装、卸货和运输环节加强控制,另一方面将这些内容归入对承运商的考核制度。

事实上,由于我国冷藏硬件设备严重不足,即便是伊利集团这样的大企业,也时常听到第三方冷藏运输公司抱怨冷藏车辆资源紧张。

"我们的运力能满足自身客户的销量增长就不错了,公司战略政策首先是保住手里的客户,其次是发展其他业务。"服务于多家外企的北京某冷藏运输公司总经理告诉记者,"与伊利、蒙牛等国内著名品牌以量取胜不一样,我们目前服务的外资品牌具有更高的附加值。"

2."织网"计划

自去年开始,伊利集团开始在全国范围内实施一项"织网"计划,这是一个通过战略布局调整降低冷藏运输成本的典型案例。所谓"织网"计划,其核心就是实现生产、销售以及市场的一体化运作,并对每个市场进行精耕细作。

目前,伊利集团已在全国十多个销售大区设立了现代化乳业生产基地。在这样的布局条件下,伊利在四川、山东、安徽、湖北等地的生产基地不仅可以供给本区域内的市场需求,还可以供应周边地区,从而形成一个庞大的网络体系,大大降低了冷藏运输成本,同时也大大增强了对食品安全的保障。

近年来,由于伊利集团冷藏运输量的逐年增加,原有的运输资源已经对产品流通产生了制约。自2005年开始,伊利集团新增三种冷藏运输运作方式,也就是海洋运输、五定班列和分仓建立。

海洋运输特点是远距离、运量大,但效率较低,并且受地域限制。目前,伊利集团在广东、海南、香港、澳门和海外市场已经全面引入海洋运输形式,目前已占据大约15%的比例,承担了非常重要的一部分运输送任务。

另一方面,随着伊利集团的市场逐步向内陆和西部延伸,拓展铁路运力势在必行。于是,在铁道部中铁集装箱总公司的大力支持下,伊利集团五定班列也正式开通。这种方式增大了铁路运输能力,有力保障并弥补了原有铁路运力的不足。现在,伊利集团已经开通了呼和浩特市至广州、成都、上海、宁波,包头至广州、上海,东北至武汉、长沙,以及巴盟至成都等一系列五定班列,为伊利集团的冷藏运输系统提供了极大的保障。其中,五定班列的运量已经占到整个伊利集团运量的55%,成为伊利冷藏运输名副其实的中坚力量。

此外,伊利集团分仓的建立则弥补了中小型客户的需求,极大地开拓了旗、县级市场,增加了伊利集团的市场份额及销售收入,对整个销售市场起到了积极的补充和调剂作用,成为不可或缺的一部分。

目前,伊利集团冷藏运输成本占整个集团成本体系的比例为6.5%左右,与前些年相比有了明显降低。但是,由于油价上涨以及生产成本不断提高等因素,近年来,伊利集团的冷藏运输成本也呈现出回升的趋势。"降低冷藏运输成本,关键在于创新。"伊利集团相关负责人表示,"在保证食品安全的前提下,通过产业布局调整和提高冷藏运输技术来降低冷藏运输成本,已经成为我们面临的一项新任务。"

伊利集团董事长潘刚极其重视冷藏运输管理。他指出:"冷藏运输作为衔接生产和销售的中间环节,是未来销售市场原动力,其在企业发展中的积极作用不可小觑。具体的冷藏运输运作模式应随机应变,根据不同产品种类制定出合适方案,并且要切实可行地保证食品安全。"

伊利集团对冷藏运输工作的重视,体现在人力资源保障和组织架构的完善两个方面。首先,该公司对人才流失控制得非常好。伊利集团除了给予工作人员法定的福利外,还提供额外具有竞争力的福利待遇。同时,伊利还为员工提供双轨晋升制,充分调动员工的潜能,从而成为企业发展最好的助推器。其次,伊利集团一直保持着环境、组织和战略的动态适应,以实现企业持续发展。正如冷藏运输形式的不断变迁一样,伊利集团的组织结构也在发生着细微的调整和变化。

引导思路

(1)企业如何用冷藏运输服务赢得市场,增加市场占有率和收益?

(2)如何使冷藏运输实现客户和产品之间"零"距离?

项目一 危险货物运输

教学要点

(1)对常见的一些危险品进行分类

(2)分组讨论给出的一些危险品包装要求和运输及装卸过程中的注意事项

教学方法

可采用讲授和分组讨论等方法。

一、情 景 设 置

小张放假回家为好朋友带了一瓶200mL的打火机油,在汽车客运站安检时,安检人员告诉小张打火机油属于危险货物不准带上车。小张不了解危险货物的分类,你能向小张解释清楚一些常见的危险品的归类吗？

二、技能训练目标

能够对常见危险品进行归类,掌握常见危险品的包装、积载、运输和装卸过程的相关要求。

三、相关理论知识

(一)危险货物的定义

危险货物(Dangerous Cargo):具有爆炸、易燃、毒害、腐蚀、放射性等特性,在运输、装卸和储存过程中,如处理不当,容易造成人身伤亡、财产毁损以及环境污染,需要特别防护的货物。

(二)危险货物的分类和特性

我国国家标准《危险货物分类和编号》(GB 6944—2005)将危险品分为9类。

1. 第1类:爆炸品(Explosives)

具有化学爆炸性质的物品,按性质分为：

(1)具有整体爆炸危险。

(2)无整体爆炸危险。

(3)无重大危险的物质或物品。

2. 第2类:气体

包括压缩、液化和加压溶解气体。

在50℃时蒸气压力大于300kPa,或在20℃和101.3kPa的标准压力下完全呈气态的物质或物品,按性质分为：

(1)易燃气体。

(2)非易燃、无毒气体。

(3)有毒气体。

3. 第3类:易燃液体

包括易燃液体和液体退敏爆炸品。

闪点(Flash Point或Fp)是指可燃气体或易燃液体的蒸气与空气混合成可燃混合物的最低温度,按危险程度分：

(1)初沸点≤35°C。

(2)初沸点>35°C,Fp＜23°Cc.c。

(3)初沸点>35°C,23°Cc.c≤Fp≤61°Cc.c。

但Fp>35°Cc.c的不燃液体(燃点>100°C,或含水率>90%的溶液)除外。

爆炸极限(Explosion Limit)是指可燃气体、粉尘或易燃液体的蒸气与空气的混合物,能被点燃而引起燃烧爆炸的浓度范围。

4. 第4类:易燃固体、易自燃物质和遇水放出易燃气体的物质

(1)4.1类包括:易燃固体,自反应物质和退敏爆炸品。

(2)4.2类包括引火物质和自热物质。

(3)4.3类指产生易燃气体的速率大于$1L/(h\cdot kg)$。

燃点(Inflammable Point)是指在给定的条件下,可燃气体或易燃液体的蒸气与空气的混合物接触火焰时能产生持续燃烧时的最低温度。

自燃点(Spontaneous Combustion Point)是指在常温常压下,某一物质不需外界点燃,即能自行释放出使其气体或蒸气燃烧所需的最低能量时的温度。

5. 第5类:氧化剂和有机过氧化物

(1)5.1类:本身未必能燃烧,但能释放大量氧气的物质。

(2)5.2类:本身能燃烧,且有助燃和爆炸的特性。

6. 第6类:有毒物质和感染性物质

(1)6.1类:吞咽、吸入或皮肤接触易于造成死亡、严重伤害或损害人体健康的物质。

(2)6.2类:指已知或有理由相信含有病原体的物质。

7. 第7类:放射性物质

(1)放射性活度指每秒内某放射性物质发生核衰变的数目或射出的相应粒子的数目。

放射性比活度:指单位质量(或体积)的放射性物质的放射性活度,单位是Bq/g(贝可/克)。

(2)包件和集合包件的危险级别见表6-1。

包件和集合包件的危险级别　　　　表6-1

条　件		级　别
运输指数TI	表面任一点最大辐射水平RI	
0＜TI≤1	0.005mSv/h＜RI≤0.50mSv/h	Ⅱ级—黄色标志
1＜TI≤10	0.50mSv/h＜RI≤2.00mSv/h	Ⅲ级—黄色标志
10＜TI	2.00mSv/h＜RI≤10.00mSv/h	Ⅳ级—黄色标志(专船运输)

8. 第8类:腐蚀性物质

短时间内能严重损伤与之接触的生物组织,或其撒漏也能导致对其他货物或船舶的损坏的物质。《水路危规》分为:

(1)8.1项:酸性腐蚀品。

(2)8.2项:碱性腐蚀品。

(3)8.3项:其他腐蚀品。

9. 第9类:杂类危险货物和物品

未列入其他类别的危险物质和物品。包括运输或交付运输时温度大于100°C的液态,

和大于 240°C 的固态物质或物品。

海洋污染物是对水生物有潜在威胁或严重毒性,在《MARPOL73/78》附录 III 所列的物质。

(三)危险货物的包装与标志

1．包装试验

包装试验包括跌落试验、渗漏试验、液压试验、堆码试验等。

2．危险货物包装等级

(1) I 类包装——能盛装高度危险性的货物,用"X"标记。

(2) II 类包装——能盛装中度危险性的货物,用"Y"标记。

(3) III 类包装——能盛装低度危险性的货物,用"Z"标记。

3．危险货物的标志

(1)主标记(Marking):货物运输名称、NU No.、海洋污染物标记等。

(2)(图案)标志(Lable):即菱形标志。除 1.4、1.5 类外,标志下部分为文字、类别(副危险货无需标注)和配装类。

(3)标牌:即放大(大于 250mm×250mm)的货物标志。

(4)《国际危规》要求标志满足至少 3 个月海水浸泡后不脱落又清晰可见。

(5)限量内危险货物只需文字标注,而无粘贴标志要求。

4．包装要求

危险货物运输包装不仅为保证产品质量不发生变化、数量完整而且是防止运输过程中发生燃烧、爆炸、腐蚀、毒害、放射性污染等事故的重要条件之一,是安全运输的基础。对道路危险货物的包装有下列基本要求:

(1)包装的材质应与所装危险货物的性质适应,即包装及容器与所装危险货物直接接触部分,不应受其化学反应的影响。

(2)包装及容器应具有一定的强度,能经受运输过程中正常的冲击、振动、挤压和摩擦。

(3)包装的封口必须严密、牢靠,并与所装危险货物的性质相适应。

(4)内、外包装之间应加适当的衬垫,以防止运输过程中内、外包装之间、包装和包装之间以及包装与车辆、装卸机具之间发生冲撞、摩擦、振动而使内容器破损。同时又能防止液体货挥发和渗漏,并当其洒漏时,可起吸附作用。

(5)包装应能经受一定范围内温、湿度的变化,以适应各地气温、相对湿度的差异。

(6)包装的质量、规格和形式应适应运输、装卸和搬运条件,如包装的质量和体积,不能过重;形式结构便于各种装卸方式作业;外形尺寸应与有关运输工具包括托盘、集装箱的容积、载质量相匹配等。

(7)应有规定的包装标志和储运指示标志,以利运输、装卸、搬运等安全作业。

(四)危险货物的积载、隔离

1．危险货物的积载

舱位选择:海洋污染物应尽可能舱内积载;舱面积载时,应选择有良好防护的甲板或露天甲板的遮蔽处所。限量内危险货物一律规定为积载类 A。

第 1 类货物积载:

(1)舱内积载。

①普通积载:远离热源、切断电源。

②弹药舱积载：

a. A 型弹药舱：内壁和地板有密合木板，距舱顶和金属大于 0.3m。

b. B 型弹药舱：提供一种本身和下层不移动的牢固积载。

c. C 型弹药舱：与 B 同，但要避开船侧 B/8 或 2.4m 中较小者。

d. D 特殊积载：采用可移动弹药舱，只装一层，余与 C 弹药舱同。

（2）舱面积载。装于船舶中线面上，避雷和防电辐射。

2. 危险货物的隔离

（1）一般隔离要求（除第 1 类爆炸品间隔离外）。

①远离：可在同一舱室、同一货舱内或舱面上积载。无论在同一舱室内还是舱面上积载，要求保持不少于 3m 的水平距离。

②隔离：舱内积载时，如中间甲板是防火防液的，垂向可在不同舱室内积载，否则要求在不同货舱内积载。就舱面积载而言，这种隔离应不小于 6m 的水平距离。

③用一整个舱室或货舱隔离：如果中间甲板不是防火防液的，只能用一介于中间的整个舱室或货舱作纵向隔离。就"舱面"积载而言，这种隔离即不少于 12m 的水平距离。如果一包件在"舱面"积载，而另一包件在最上层舱室积载，也要保持不少于 12m 的水平距离。

④用一介于中间的整个舱室或货舱作纵向隔离：单独的垂向隔离不符合这一要求。在舱内积载的包件与在"舱面"积载的另一包件之间的距离包括纵向的一整个舱室在内必须保持不少于 24m。

（2）第 1 类爆炸品之间的隔离分为 13 个配装类，以 A 到 L（不包括 I），N 和 S 表示。

（3）危险货物与包装食品之间的隔离。

①6.1 类的包装类 I 和 II 和 2.3 类（两者均载于封闭的运输组件内）应满足"隔离 1"。

②6.2 类应满足"隔离 3"。

③7 类应满足"隔离 2"。

④8 类和 6.1 类的包装类 III 应满足"隔离 1"要求。

（五）危险货物运输与装卸

1. 托运

托运人必须向已取得道路危险货物运输经营资格的运输单位办理托运。托运单上要填写危险货物品名、规格、件重、件数、包装方法、起运日期、收发货人详细地址及运输过程中注意事项；对于货物性质或灭火方法相抵触的危险货物，必须分别托运；对有特殊要求或凭证运输的危险货物，必须附有相关单证并在托运单备注栏内注明；危险货物托运单必须是红色的或带有红色标志，以引起注意；托运未列入《汽车运输危险货物品名表》的危险货物新品种必须提交《危险货物鉴定表》。凡未按以上规定办理危险货物运输托运，由此发生运输事故，由托运人承担全部责任。

2. 承运

从事营业性道路危险货物运输的单位，必须具有十辆以上专用车辆的经营规模，五年以上从事运输经营的管理经验，配有相应的专业技术管理人员，并已建立健全安全操作规程、岗位责任制、车辆设备保养维修和安全质量教育等规章制度。

承运人受理托运时应根据托运人填写的托运单和提供的有关资料，予以查对核实，必要时应组织承托双方到货物现场和运输线路进行实地勘察。承运爆炸品、剧毒品、放射性物品及需控温的有机过氧化物、使用受压容器罐（槽）运输烈性危险品，以及危险货物月运量超过

100吨均应于起运前十天,向当地道路运政管理机关报送危险货物运输计划,包括货物品名、数量、运输线路、运输日期等。营业性危险货物运输必须使用交通运输部统一规定的运输单证和票据,并加盖《危险货物运输专用章》。

3. 运输和装卸基本要求

(1)车辆。车厢、底板必须平坦完好,周围栏板必须牢固。铁质底板装运易燃、易爆货物时应采取衬垫防护措施,如铺垫木板、胶合板、橡胶板等,但不得使用谷草、草片等松软易燃材料;机动车辆排气管必须装有有效的隔热和熄灭火星的装置,电路系统应有切断总电源和隔离电火花的装置;凡装运危险货物的车辆,必须按国家标准《道路运输危险货物车辆标志》悬挂规定的标志和标志灯(车前悬挂有危险字样的三角旗)。根据所装危险货物的性质,配备相应的消防器材和捆扎、防水、防散失等用具。

(2)装卸。装运危险货物应根据货物性质,采取相应的遮阳、控温、防爆、防火、防振、防水、防冻、防粉尘飞扬、防撒漏等措施。装运危险货物的车厢必须保持清洁干燥,车上残留物不得任意排弃,被危险货物污染过的车辆及工具必须洗刷消毒,未经彻底消毒,严禁装运食用、药用物品、饲料及活动物。危险货物装卸作业,必须严格遵守操作规程,轻装、轻卸,严禁摔碰、撞击、重压、倒置;使用的工具不得损伤货物,不准粘有与所装货物性质相抵触的污染物。货物必须堆放整齐、捆扎牢固、防止失落。操作过程中有关人员不得擅自离开岗位。危险货物装卸现场的道路、灯光、标志、消防设施等必须符合安全装卸的条件。灌(槽)车装卸地点的储槽口应标有明显的货物名牌;储槽注入、排放口的高度。容量和路面坡度应能适合运输车辆装卸的要求。

(3)运送。运输危险货物时必须严格遵守交通、消防、治安等法规。车辆运行应控制车速,保持与前车的距离,严禁违章超车,确保行车安全。

(4)交接。货物运达后,要做到交付无误。货物交接双方,必须点收点交,签证手续完全。收货人在收货时如发现差错、破损应协助承运人采取有效的安全措施及时处理并在运输单证上批注清楚。

四、技能训练准备

(1)常见危险品的归类(准备8~10种常见危险品的相关资料);
(2)将学生分为5~8组;
(3)常见危险品的包装、积载、运输和装卸业务操作过程相关规定方面的资料。

五、技能训练步骤

(1)以组为单位,抽签形式每组抽到1~2种危险品;
(2)以组为单位完成所抽取的危险品的归类;
(3)根据所抽取的危险品,小组讨论该危险品在包装、积载、运输和装卸过程中应注意的事项;
(4)每组派一位代表发言与其他组进行分享。

六、技能训练注意事项

常见危险品的选取应全面,最好覆盖到9类。

七、技能训练评价

请完成技能训练后填写附录一。

八、技能训练活动建议

建议学生在实训室进行,方便资料的查询。

思考练习

1. 简答题

(1)危险品运输安全要求由哪些?

(2)对公路运输来说,危险品运输资质凭证的具体内容有哪些?

2. 案例分析题

船主杨某在长江上经营一艘货船。某日,杨某从重庆装运30t重铬酸钠、30t硒酸钾运往上海,在行至武汉接受水上交通部门检查时,检查人员黄某、梁某二人发现了其装载的硒酸钾为剧毒化学品,内河禁运,遂对其罚款5万元。杨某说:"这怎么能罚款呢?你说的是像塔里木那样的流到沙漠或流到湖里的河,在流向大海的黄河、长江运输没有事,就是洒了、漏了,还不是都流到海里?"黄某、梁某对着规定看了半天,认为杨某说得对,便收回罚单放他走了。

分组讨论回答以下问题:

(1)杨某说的真是对的吗?

(2)如果错了,该受到何种惩罚?

项目二 超限货物运输

教学要点

(1)能界定某一公路超限货物的类型

(2)能撰写理货报告和验道报告

(3)掌握公路超限货物运输组织的关键步骤及主要内容

教学方法

可采用现场教学、案例教学等方法。

一、情 景 设 置

超限货物运输涉及公路管理、公安交通、电信电力、绿地树木等专管部门,必须得到这些部门的同意、支持和配合,采取相应措施,大件货物运输才能进行。所以首先根据给定某一超限货物的质量或尺寸界定出此超限货物的级别。实地调研某一大型物件运输企业,完成某一大型超限物件的理货工作,完成书面的理货报告。

二、技能训练目标

能够对超限货物进行分级,掌握超限货物理货的主要工作内容,能撰写理货报告。

三、相关理论知识

(一)超限货物概述

超限货物是指货物外形尺寸和质量超过常规(指超长、超宽、超重、超高)车辆、船舶装载规定的大型货物。

超限货物运输是公路运输中特定概念,指使用非常规的超重型汽车列车(车组)载运外形尺寸和质量超过常规车辆装载规定的大型物件公路运输。

1. 超限货物运输的特殊要求

(1)特殊装载要求。超限货物运输对车辆和装载有特殊要求,一般情况下超重货物装载在超重型挂车上,用超重型牵引车牵引。而这种超重型车组(即汽车列车)是非常规的特种车组,车组装上大件货物后,其质量和外形尺寸大大超过普通汽车列车和国际集装箱汽车列车。因此,超重型挂车和牵引车都是用高强度钢材和大负荷轮胎制成,价格昂贵,而且要求行驶平稳,安全可靠。

(2)特殊运输条件。超限货物运输条件有特殊要求,途经道路和空中设施必须满足所运货物车载符合和外形储存的通行需要。道路要有足够的宽度、净空以及良好的曲度,桥涵要有足够的承载能力。这些要求在一般道路上往往难以满足,必须事先进行勘测,运前要对道路相关设施进行改造,如排除地空障碍、加固桥涵等,运输中采取一定的组织技术措施,采取分段封闭交通,大件车组才能顺利通行。

(3)特殊安全要求。超限货物一般均为国家重点工程的关键设备,因此超限货物运输必须确保安全,万无一失。其运输可以说是一项系统工程,要根据有关运输企业的申请报告,组织有关部门、单位对运输路线进行勘察筛选;对地空障碍进行排除;对超过设计荷载的桥涵进行加固;指定运输护送方案;在运输中,进行现场的调度,搞好全程护送,协调处理发生的问题;所运大件价值高、运输难度大、牵涉面广,所以受到各级政府和领导、有关部门、有关单位和企业的高度重视。

2. 公路超限货物的类型

根据我国公路运输主管部门现行规定,公路超限货物(即大型货物,简称大件)按其外形尺寸和质量分成4级,见表6-2。

大 型 物 件 分 级　　　　　　表 6-2

大型物件级别	M（质量）(t)	L（长度）(m)	B（宽度）(m)	H（高度）(m)
一	$20 \leq M < 100$	$14 \leq L < 20$	$3.5 \leq B < 4.5$	$3.0 \leq H < 3.8$
二	$100 \leq M < 200$	$20 \leq L < 30$	$4.5 \leq B < 5.5$	$3.8 \leq H < 4.4$
三	$200 \leq M < 300$	$30 \leq L < 40$	$5.5 \leq B < 6.0$	$4.4 \leq H < 5.0$
四	300以上	40以上	6.0以上	5.0以上

注：(1) 货物的质量和外廓尺寸中，有一项达到表列参数，即为该级别的超限货物；货物同时在外廓尺寸和质量达到两种以上等级时，按高限级别确定超限等级。

(2) 超限货物质量指货物的毛重，即货物的净重加上包装和支撑材料后的总重，是配备运输车辆的重要依据，应以生产厂家提供的货物技术资料所标明的质量为参考数据。

(二) 超限货物的运输组织

依据公路超限货物运输的特殊性，其组织工作环节主要包括办理托运、理货、验道、制定运输方案、签订运输合同、运输组织等项。

1. 办理托运

由大件货物托运人（单位）向已经取得大型物件运输经营资格的运输业主或其代理人办理托运，托运人必须在(托)运单上如实填写大型物件的名称、规格、件数、件重、起运日期、收发货人详细地址及运输过程中的注意事项。凡未按上述要求办理托运或运单填写不明确，由此发生运输事故的，由托运人承担全部责任。

2. 理货

理货是大件运输企业对货物的几何形状、质量和重心位置事先进行了解，取得可靠数据和图纸资料的工作过程。通过理货工作分析，可为确定超限货物级别及运输形式、查验道路和制定运输方案提供依据。

理货工作的主要内容包括：调查大型物件的几何形状和质量、调查大型物件的重心位置和质量分布情况、查明货物承载位置及装卸方式、查看特殊大型物件的有关技术经济资料，以及完成书面形式的理货报告。

3. 验道

验道工作的主要内容包括：查验运输沿线全部道路的路面、路基、纵向坡度、横向坡度及弯道超高处的横坡坡度、道路的竖曲线半径、通道宽度及弯道半径、查验沿线桥梁涵洞、高空障碍，查看装卸货现场、倒载转运现场，了解沿线地理环境及气候情况。根据上述查验结果预测作业时间，编制运行路线图，完成验道报告。

4. 制定运输方案

在充分研究、分析理货报告及验道报告基础上，制定安全可靠、可行的运输方案。其主要内容包括：配备牵引车、挂车组及附件，配备机动机组及压载块，确定限定最高车速，制定运行技术措施，配备辅助车辆，制定货物装卸与捆扎加固方案，制定和验算运输技术方案，完成运输方案书面文件。

5. 签订合同运输

根据托运方填写的委托运输文件及承运方进行理货分析、验道、制定运输方案的结果，承托双方签订书面形式的运输合同，其主要内容包括明确托运与承运甲乙方、大型物件数据及运输车辆数据、运输起讫地点、运距与运输时间、明确合同生效时间、承运双方应负责任、有关法律手续及运费结算方式、付款方式等。

6.运输组织

线路运输工作组织包括：建立临时性的大件运输工作领导小组负责实施运输方案，执行运输合同和相应对外联系。

四、技能训练准备

选定和联系附近某一具有超限和货物运输资质的企业。

五、技能训练步骤

（1）以组为单位，设计一份调查问卷；
（2）实地调研；
（3）以组为单位完成超限货物运输业务流程的分析；
（4）每组派一位代表对此次调研的过程及成果制作成PPT，与其他组进行分享。

六、技能训练注意事项

（1）调查问卷设计合理、调查内容真实、填写认真；
（2）对本组调研的运输市场的特征分析正确；
（3）PPT制作认真、汇报清楚。

七、技能训练评价

请完成技能训练后填写附录一。

八、技能训练活动建议

通过查阅相关资料，了解铁路超限货物运输规则。

思考练习

简答题
（1）超限货物运输的特殊要求包括哪些方面？
（2）超限货物的运输组织的流程？

项目三 鲜活易腐货物运输

教学要点

（1）能理解鲜活易腐货物的腐败机理与保藏措施
（2）能根据鲜活易腐货物运输的特点制定装车计划

(3) 完成给定鲜活易腐货物的运输任务的组织

教学方法

可采用现场教学、模拟演练、讲授、案例教学和分组讨论等方法。

一、情 景 设 置

鲜活易腐货物,指在运输过程中,需要采取一定措施,以防止死亡和腐烂变质的货物,公路运输的鲜活易腐货物主要有鲜鱼虾、鲜肉、瓜果、蔬菜、牲畜、观赏野生动物、花木秧苗、蜜蜂等。运输交易与一般的商品交易不同,在理解鲜活易腐货物的腐败机理的基础上,制定相应的保藏与运输组织工作。

二、技能训练目标

能够在理解鲜活易腐货物的腐败机理的基础上,制定相应的保藏与运输组织工作。

三、相关理论知识

(一) 易腐货物的化学特性

易腐货物是指在一般条件下保管和运输时,极易受到外界气温及湿度的影响而腐败变质的货物,包括肉、鱼、蛋、奶、鲜水果、鲜蔬菜、冰、鲜活植物等。

食品是由有机物、矿物质和水所组成。由于各种食品中组成成分的质量比和分布特性的差异,所以不同食品的性质大不相同。

1. 蛋白质

蛋白质是一种高分子含氮化合物,它是一切生命活动的基础,也是构成生物体细胞的主要原料。蛋白质由多种氨基酸组合而成,1g 蛋白质可产生热量 7.12kJ。各种蛋白质由于所含氨基酸种类和数量的不同,因此营养价值也不同。按所含氨基酸种类不同,蛋白质可分为完全蛋白质和不完全蛋白质两种。蛋白质在 52~54℃ 保持溶解状态,温度升高,蛋白质会凝固变性,凝固后的蛋白质不再溶解于水。它在微生物作用下会发生分解,产生氨、硫化氢等各种难闻气味和有毒物质,这种现象称为腐败。

2. 脂肪

脂肪是由各种不同的脂肪酸和甘油结合而成的三脂肪甘油酯。构成脂肪的脂肪酸可分为饱和脂肪酸与不饱和脂肪酸两种。不饱和脂肪酸溶点低,而饱和脂肪酸溶点高,故常温下饱和甘油酯呈凝固状态(如猪油、牛油之类)。脂肪长期暴露在空气中易被氧化,容易产生哈喇味,其分解过程与温度密切相关。

3. 糖类

糖类是由碳、氢、氧三种元素组成的有机化合物,因氢、氧比例为 2∶1,故俗称碳水化合物。糖类是人体热量的主要来源,1g 糖在体内氧化可产生 17.15kJ 的热量。糖类多含于植物性食品中,动物性食品内几乎不存在。糖类可分为单糖(如葡萄糖、果糖和半乳糖)、双糖

(如蔗糖、麦芽糖和乳糖)以及多糖(即淀粉、纤维素)等。植物性食品有生命存在,它的呼吸作用可产生免疫能力,抵御微生物的入侵,生成二氧化碳、水以及热量;在缺氧环境下,则生成酒精、二氧化碳和较少的热。

4. 维生素

维生素是一种低分子的有机化合物,在食品中含量极少,但它是人体生命活动中不可缺少的物质,对调节新陈代谢,维持免疫功能和内分泌有一定的作用。维生素包括 A、B、C、D、E、F、K、P 等大类。其中除少数维生素人体能自行制造(如 VD 可通过皮肤晒太阳产生,VK 可通过人体肠道中有益细菌产生),绝大多数维生素必须通过食物来加以补充。维生素的特点是高温易破坏,果蔬经伤口容易流失。维生素分为水溶性和脂溶性两大类。

5. 酶

酶是一种特殊的蛋白质,是生物细胞所产生的一种有机催生剂,在食品中含量很少。酶能加速各种生物化学反应,而它本身不起变化,其作用强度与环境温度密切相关,一般 30~50℃时,它的活性最强,低于 0℃或高于 70~100,活性变弱或终止。酶也有不同最适应的 pH 值,一般在中性或弱酸性介质中活性最大。一种酶只对一种物质或有限的数种物质起催化作用。

6. 有机酸

有机酸主要存在于植物性食品中,包括苹果酸、草酸、柠檬酸、葡萄酸等;动物性食品则含有乳酸,其酸味强弱则取决于氢离子的多寡。植物性食品含有适量的有机酸,食用时更觉可口。有机酸还参与人体内的酸碱平衡,帮助人体吸收可溶解于酸的微量元素。食品中的 pH 值往往标志着食品的新鲜程度,例如肉类最好的 pH 值为 6.6,pH 值大于 7,则说明已腐败变质。

7. 水

食品中的水是以游离水和胶体结合水两种形式存在。游离水是普通的水,含于食品的汁液中或细胞液中,而胶体结合水是构成胶粒周围水膜的水。

胶体结合水的冻结点较游离水低,而比热则较游离水小。食品中水分蒸发会使其失去新鲜的外观,并起皱、减重。食品含水越高,越难于保管,越容易腐败变质。

8. 矿物质

矿物质是生物细胞不可缺少的组成部分,它直接参加有机体的新陈代谢过程。矿物质一般占食品总重的 0.3%~1.5%,它包括 Na、K、Ca、Mg、P、I、Fe 等,是以可溶性盐类和有机化合物形式存在,因此食品汁液冻结点比纯水低。

(二)易腐货物的腐败机理与保藏措施

易腐货物在保管或运输过程中,由于自身的原因或外界环境的影响,使其成分发生分解变化,产生恶臭、异味和毒素,逐渐失去其食用价值,这种现象称为腐败。

1. 易腐食品的腐败机理与腐败过程

引起易腐食物腐败的原因有多种,主要有四个原因:

(1)微生物作用。微生物作用又称生物作用,主要指霉菌、病菌的作用,食品被微生物分泌出的酶和毒素作用下迅速分解,使之成为适合微生物繁殖的营养物质。随着微生物以几何级数繁殖,越来越加速食品的分解、消耗,最终导致其腐败变质。动物性食品屠宰过后,构成它的细胞都已死亡,本身不能控制体内引起变质的酶作用,也就不能抵抗外来微生物的入侵,这就是动物性食品腐败变质的主要原因。

肉、鱼类食品的腐败都经历以下三个过程：

①生物化学过程，即僵直过程。刚屠宰的鱼、肉类由于自身酶的活动，使糖原充分分解为乳酸，导致了肌肉的胀润，使其 pH 值下降，此时蛋白质开始凝固，肌肉纤维收缩发硬。如果这时烧煮，肉味会发酸，且无香味。

②自溶过程，即成熟过程。僵直的鱼、肉在酶的继续作用下，部分蛋白质分解为蛋白胨和氨基酸，破坏了原来凝固的胶体性质，使之成为水溶性物质，肉质便由僵直状态转化为柔软多汁。在软化过程中，挥发性还原物质增加，三磷酸腺苷分解，产生了游离亚黄嘌呤，它是肉类具有特殊香味的主要成分；蛋白质的分解还产生游离谷氨酸及其钠盐，使肉具有鲜味，所以成熟的鱼、肉变得鲜美、香味诱人，这时鱼、肉的 pH 值开始上升至 5.7~6.8。

③腐败过程。由于成熟的鱼、肉柔软多汁，促使微生物大量繁殖，在微生物作用下，将蛋白质继续分解，产生挥发性盐基氮，肉体便趋向碱性，酶的活性逐渐减弱，微生物使营养物质继续分解为氨、硫化氢、尸碱、硫醇、吲哚等特臭物质，最终导致了鱼、肉完全腐败变质，丧失食用价值。

（2）呼吸作用。呼吸作用又称生物化学作用，指植物性的食品虽离开母株，但本身仍有生命活动，吸收氧气、放出二氧化碳、水分和热量。它们用呼吸作用产生的免疫功能抵御外界微生物的入侵，但以消耗自身体内的营养物质为代价，所以水果、蔬菜这个活动过程称为后熟作用。

植物性食品由于呼吸作用，果实逐渐由青转黄，由硬变软；蔬菜则由绿转黄，随着营养物质的消耗、水分的蒸发，它们抗微生物的能力便会下降，促使其呼吸强度继续增大，最终腐烂或枯萎。

（3）化学作用。化学作用又称氧化作用，即果、蔬碰伤，表皮受损后，果、蔬为抵抗微生物的入侵，自身会加强呼吸作用，使食品碰伤部位的成分被氧化，生成黑褐色的物质，这就加速了自身的成熟过程，从而很快导致腐败变质。

（4）其他作用。其他作用如鼠类、昆虫的叮咬，人为的机械损伤，也会促使易腐食品的腐败过程。

2.易腐货物的保藏原理

易腐货物腐败原因是多样的，其腐败过程是复杂的。从上面所述可知，动物性食品腐败的主要原因是微生物作用，植物性食品腐败的主要原因则是呼吸作用的结果。

（1）影响微生物作用的因素。

①微生物的种类。微生物包括霉菌（黄曲霉、菌丝霉、青霉和毛霉）、酵母菌和病菌（也称杂菌，包括杆菌、球菌、葡萄菌和弧形菌）等三大类。

②微生物的繁殖规律。它以细胞分裂方式来繁殖后代，以几何级数倍数迅速增长。但是微生物的繁殖速度受以下诸多因素所限制：

a.温度。一般微生物最适宜的繁殖温度为 25~35℃，一般的细菌在 60℃ 环境中半小时可被杀死，2~4℃ 繁殖速度逐渐减慢，-15~-18℃ 低温停止繁殖，但未能将它杀死。当温度升高后，细菌苏醒，繁殖速度会更快。

b. pH 值。酵母菌适合的 pH 值为 3~6，霉菌适合的 pH 值为 2~8，多数病菌最适合的 pH 值为 6.8~7.6。

c.渗透压。0.8%~0.9% 浓度的盐水对微生物繁殖最合适，当盐水浓度达到 1.8% 可抑制杆菌，15% 可抑制球菌，接近饱和盐溶液可杀死细菌，因为渗透压关系，可夺取细菌体内的水分。细菌既然得不到营养物质和水分,自然便会死亡。

d. 氧气。一般微生物在氧气充足时繁殖会加快,氧气减少会使微生物产生惰性。但厌氧菌却例外,它的繁殖不需要氧,可在密封的、接近真空状态条件的罐头内繁殖。

e. 水分。一般说,湿度越高,细菌繁殖越快。在空气中,相对湿度越高,细菌繁殖就越快。

f. 阳光和紫外线。微生物都怕阳光和紫外线照射,紫外线可破坏细菌的分子构成的链条。

(2) 影响呼吸强度的因素。单位质量的水果、蔬菜在单位时间内吸入的氧或放出的二氧化碳数量称为其呼吸强度。呼吸强度可用热量形式表达出来,单位是 W/t。

影响果、蔬呼吸强度有各种因素,但归纳起来为两种:

① 内因。果、蔬以不同品名和品种而异,例如,绿叶菜呼吸强度一般大于浆果类菜,浆果类菜呼吸强度一般又大于水果类;绿叶菜中韭菜大于菠菜,菠菜又大于青蒜;南方品种菜,其呼吸强度一般大于北方同一品种的菜;早熟的品种的果蔬,其呼吸强度也大于晚熟的品种。

② 外因。随果、蔬贮藏的环境条件而不同。

a. 环境温度越高,果、蔬的呼吸强度越大。例如樱桃 15.5℃ 时的呼吸热比 0℃ 时高 7 倍。

b. 温度波动时,呼吸强度较恒定温度时高;

c. 环境中,氧气含量充足时比缺氧时呼吸强度大得多;

d. 环境湿度越大,呼吸强度也越强;

e. 果、蔬菜机械损伤,表皮脱落,其呼吸强度大增;

f. 果、蔬表面受微生物感染也将增加其呼吸强度。

3. 易腐货物冷藏条件

(1) 冷藏方法的优点。

① 能很好地保持食品原有的色、香、味不变;

② 冷源价格比较低廉,加工成本不高;

③ 适合对食品进行大规模加工;

④ 冷藏食品对人体健康无不良影响。

(2) 食品的冷藏方法。

① 冷却方法。植物性食品为了保持其新鲜状态,一般多采用冷却状态下贮藏。因为水果与蔬菜采摘后仍有生命活动,本身能控制机体内酶的作用,其呼吸作用可抵御微生物的入侵,它们与采摘前所不同的是不能再从母株中获得水分和营养物质,而是在不断消耗在继续生存中积累的营养物质和水分。随着呼吸作用的延续,本身的色泽、风味、质地、营养成分也逐渐变化。为了长期贮藏,就必须降低其呼吸强度,使其控制在适当范围,否则会引起生理病害。温度降低,水果、蔬菜呼吸强度也降低,但温度过低,反而会出现冻坏现象。所以根据不同品类水果、蔬菜都有一个合适的冷却温度。但在合适的温度环境中,为避免植物性食品内的水分过分蒸发而影响其外观和质量,在贮藏环境中,也要求保持一定的空气相对湿度。

② 冻结方法。冻结适合对动物性食品的加工。因为动物性食品屠宰过后,所有构成组织的细胞均已死亡,对微生物的入侵也无能为力,所以贮藏温度越低,贮藏时间就越长。

冻结加工方法有两种,一种是慢冻,另一种是速冻。慢冻时,由于冻结速度慢,食品中细胞和细胞间首先出现冰晶,细胞内尚未冻结的液体由于外面汁液浓度的增大和饱和蒸气压的降低,促使细胞内液体水透过细胞膜扩散出来,使大部分水冻结于细胞间隙中,形成大冰晶,体积便会增大9%,对细胞壁产生胀力,而细胞壁在0℃以下逐渐硬化,就会造成刺穿细胞膜。当食品解冻时,大量汁液便会流出,导致食品质量明显下降。速冻时,由于冻结速度快,细胞内、外几乎同时产生小冰晶。这样细胞内外压力一致,解冻后能恢复食品的原貌。

③食品冷藏条件。用冷藏方法贮存食品,温度当然是主要条件,但必须保持恒定的温度,否则微生物会加速繁殖。除控制环境温度外,环境的湿度高低,植物性食品适时的通风换气以及有无良好的贮藏卫生条件对食品的质量都大有影响。在实际储运过程中,温度和湿度可以互相配合。例如,温度越低,为了减少干耗,要求相对湿度大一些;相反,温度高些时,相对湿度则可以小一些。

应当指出,植物性食品采摘后,为了尽快消除其田间热,应马上预冷降温保管在预冷库内;动物性食品屠宰后,除马上上市的采用冷却方法保藏外,宜立即送入速冻车间进行速冻加工,保证较长期贮藏的目的。

(三)鲜活易腐货物运输组织

易腐货物与一般货物有质的不同,在储运过程中,一是要保持好适宜的温度,二是要快速送达目的地。易腐货物主要要求是保证连续冷藏,即易腐货物从食品的生产、加工、储藏、运输、销售直到消费各部门之间要建成一条连续冷藏链条,在实践中采用所谓的冷藏链,才能保持易腐食品的质量。

1. 鲜活易腐货物运输的特点

(1)季节性强、运量变化大。如水果蔬菜大量上市的季节、沿海渔场的渔汛期等,运量会随着季节的变化而变化。

(2)运输时间要求紧迫。大部分鲜活易腐货物,极易变质,要求以最短时间、最快的速度及时运到。

(3)运输途中需要特殊照料的一些货物。如牲畜、家禽、蜜蜂、花木秧苗等的运输,需配备专用车辆和设备,沿途专门照料。

2. 易腐货物的分类及运输季节的划分

易腐货物按其温度状况(即热状态)的不同,可分为三类:

(1)冻结货物是指经过冷冻加工成为冻结状态的易腐货物。冻结货物的承运温度(除冰外)应在0℃以下。一些具有代表性的冷冻货物的运输温度见表6-3。

冷冻货物的运输温度表　　　　表6-3

货　名	运输温度(℃)	货　名	运输温度(℃)
鱼	-17.8~-15.0	虾	-17.8~-15.0
肉	-15.0~-13.3	黄油	-12.2~-11.1
蛋	-15.0~-13.3	浓缩果汁	-20

(2)冷却货物是指经过预冷处理后,货物温度达到承运温度范围之内的易腐货物。一些具有代表性的低温货物的运输温度见表6-4。

低温货物的运输温度　　　　　　　　　　　　　　　　　　　表 6-4

货　名	运输温度(°C)	货　名	运输温度(°C)
肉	-5~-1	葡萄	6.0~8.0
腊肠	-5~1	菠萝	11.0 以内
黄油	-0.6~+0.6	橘子	2.0~10.0
带壳鸡蛋	-1.7~15.0	柚子	8.0~15.0
苹果	-1.1~16.0	土豆	3.3~15.0
梨	0.0~5.0		

（3）未冷却货物，是指未经过任何加工处理，完全处于自然状态的易腐货物。如采摘后以初始状态提交运输的瓜果、鲜蔬菜之类。

按热状态来划分易腐货物种类的目的，是为了便于正确确定易腐货物的运输条件（如车种、车型的选用，装载方法的选取，以及运输方式、控温范围、冰盐比例、途中服务等），合理制定运价和便于采取相应管理措施。

易腐货物运输季节的划分，不是按照历法而是根据各地的旬平均气温规定，即：外界平均气温在 20℃ 及其以上为热季；外界平均气温在 0℃ 以上，不满 20℃ 为温季；外界平均气温在 0℃ 及其以下为寒季。

虽然易腐货物的运输季节是按一年平均气温划分的，但同一运输季节的温度幅度比较大。例如温季的幅度就有 20℃，并且冷藏车运行的各地区都可能不处于同一运输季节，所以实际运输过程中应视具体外温采取不同的运输方法。

3. 易腐货物的承运

易腐货物的承运是保证运输质量的第一关，直接影响运输全过程的其他环节。承运易腐货物时，除像普通货物一样，检查货物运单上所填记的事项是否符合铁路规定运输条件和发、到站的营业办理范围外，还应核查其热状态，并在货物运单"货物名称"栏内填记货物名称，并注明其品类序号及热状态，同时在"托运人记载事项"栏内注明易腐货物容许运到期限（日数）。易腐货物的容许运到期限至少须大于铁路规定的运到期限 3 天时，发站方可承运。

托运人托运需检疫运输的易腐货物时，应按国家有关规定提出检疫证明，在货物运单"托运人记载事项"栏内注明检疫证明的名称和号码，并将随货同行联牢固地粘贴在运单背面，车站凭此办理运输。

不同热状态的货物不得按一批托运。按一批托运的整车易腐货物，一般限同一品名。但不同品名的易腐货物，如在冷藏车内保持或要求的温度上限（或下限）差别不得超过 3℃，才允许拼装在同一冷藏车内按一批托运。此时托运人应在货物运单"托运人记载事项"栏内记明："车内保持温度（或途中加冰掺盐）按××品名规定的条件办理。"

为了明确途中的服务方法，便于机冷车乘务员或加冰所工作人员正确操作，避免发生差错造成事故，托运人办理托运时，也应在"托运人记事栏"内注明运输服务方法。如"途中加冰"、"途中制冷"、"途中加温"、"不加冰运输"、"途中不制冷"、"途中不加温"等字样。托运人托运易腐货物时，货物的质量、温度、包装和选用的车辆，均须符合"易腐货物运输条件表"和"易腐货物包装表"的规定。不规定条件运输和组织试运的易腐货物，车站与托运人应签订运输协议，货物质量由托运人负责。

此外，托运禽畜产品和鲜活植物时，托运人应出具县级以上卫生防疫站盖章的"检疫证明书"方能同意承运。

四、技能训练准备

(1) 鲜活易腐货物的相关常识及相关运输法规;
(2) 鲜活易腐货物的任务资料准备。

五、技能训练步骤

(1) 以组为单位,搜集相关的鲜活易腐货物的相关资料;
(2) 了解鲜活易腐货物相关的运输法规;
(3) 以组为单位完成给定的鲜活易腐货物的运输任务;
(4) 每组派一位代表发言,与其他组进行分享。

六、技能训练注意事项

(1) 学生实现查找鲜活易腐货物的相关知识、运输法规;
(2) 鲜活易腐货物运输任务的准备。

七、技能训练评价

请完成技能训练后填写附录一。

八、技能训练活动建议

查阅相关资料,并登录交通运输部、国家安全生产监督管理总局网站,了解鲜活易腐货物运输的相关规则。

思考练习

1. 简答题
(1) 针对鲜活易腐货物腐烂变质的原因,说明保藏鲜活易腐货物比较有效并常被采用的方法。
(2) 简述冷藏货物运输的要求。
(3) 简述冷藏货物运输的特点。

2. 案例分析题

安徽省宿州粮库科学贮粮

安徽省宿州粮库改革传统储粮方法,大胆引进新技术,改用环保、科学贮粮方法,目前已全部消灭历年的陈化粮,在确保国家储备粮质量的同时节约了 100 多万元资金。

针对传统方法储粮造成的粮食陈化周期短,储存中药物使用量大影响粮食质量等弊端,宿州粮库改变了不发热、不生虫、不霉变、不短少的传统储粮标准,确立了低污染、低药量、保鲜度的绿色环保储存目标,近年来不断加大投入力度,改革传统储粮方法,大胆引用环保新技术实行科学保粮。

近年来,通过不断增加环流熏蒸、机械通风等环保设施,先后改造陈旧简陋仓库20多幢,使20世纪70年代兴建的老仓库全部得以改造,新、老仓库均具备了科学保粮的基础条件,并在安徽省率先实行粮库低温、低氧"双低"技术,"双低"储存技术的使用,使粮食储存周期由原来的3年延长至5年,保鲜能力提高80%,仓库配置谷物冷却机,使粮库温度由原来的27℃下降到16℃,实现低温状态,同时采用宽幅复合薄膜达到低氧,每年冬季实行两次机械通风,夏季进行复合膜压盖下的低温熏蒸。

据该市粮库的负责人介绍,近2年来,他们多方引资,先后添置了布拉班德粉质仪、降落数值器、面筋指数仪等一批先进设备,粮库全部实现环保电子测温。新技术推行以来,每仓每年仅药物费一项可节约5万元。

分组讨论回答以下问题:
(1)安徽省宿州粮库采用了哪些存储技术?
(2)科学存储技术的使用带来了怎样的效果?

任务七　运输商务处理与风险防范

内容简介

运输商务处理与风险防范是运输管理与运营的重要组成部分,本部分主要讲述运输商务谈判、运输合同及管理、货物运输风险防范等内容。掌握如何与客户进行有效的商务沟通,与客户签订运输合同,在签订和履行运输合同过程中选择适合的货物运输保险等风险防范策略。

教学目标

1. 知识目标

(1)了解运输商务谈判的程序、运输合同的基本内容、运输风险防范及运输保险的不同类别

(2)掌握运输商务谈判的策略和技巧、运输纠纷及风险的处理、运输保险金额的计算

2. 技能目标

(1)能根据客户类型选择商务谈判的策略

(2)会填制货物运输合同

(3)会填制货物运输保险单证

(4)会进行货物运输保险费用的计算

案例导入

运输合同纠纷案例

原告:重庆益民运输服务有限公司

委托代理人秦大东,重庆华之岳律师事务所律师。

被告:重庆华伟汽车运输有限公司

委托代理人李果,重庆渝一律师事务所律师。

被告:周锡勇,男,1968年2月5日生,汉族,个体户,住永川市渭溪镇丁坝村二组48号。

简要案情:

2002年8月1日重庆ABB公司(委托方)与益民公司(承运方)签订合同,合同约定,承运范围为委托方所属货物在中国境内的运输,有效期从2002年8月25日起至2005年2月20日止。委托方每月25日向承运方发送当月所发生运输业务采购订单。委托方所属货物均已办理保险,承运方可不再办理保险。承运方必须按规定对车辆及人员进行必要的险种保险。货物从装上承运方的运输工具起,至委托方指定卸货地点卸货并交接完毕止,如承运方人为原因或对货物所采取的防护措施不力而导致货差、货损,委托方有权向承运方提出索赔。此外,双方还对付款条件、不可抗力、合同的变更和解除等进行了约定。2003年3月20日中山ABB变压器有限公司将87.111吨的硅钢片交付给重庆ABB公司,重庆ABB公司委

托益民公司进行运输。因重庆 ABB 公司此次委托益民公司托运的硅钢片数量较大,益民公司遂将其中一部分硅钢片转交给他人进行运输。2003 年 3 月 20 日益民公司作为委托方,华伟公司作为承运方签订了《承运合同》,合同主要内容为:承运方承运人张真清(身份证号51021280326253),驾驶证号(5102096529),车牌号渝 A18785,于 2003 年 3 月 20 日为委托方承运自广东中山至重庆的货物硅钢片一车,货物总价值 75 万元。在运输过程中,根据所运货物的要求,在货物原包装基础上,承运方应采取必要的防尘、防潮、防损、防腐等措施,并对货物进行加固,确保货物安全,委托方不承担由此所发生的费用。承运方必须按规定对车辆、人中及货物进行必要的险种保险(货险 30 万元人民币),保险费已含在运价中;在货物装卸、承运中,如因承运方违反操作规程造成的货损、人伤,由承运方承担责任;货物从装上承运方的运输工具起至委托方指定卸货并交接完毕为止,发生的货差、货损、意外,延时及其他任何情况给委托方及货主所造成的损失,由承运方负责任赔偿,同时承运方不能当场一次性赔偿或双方一时不能签订赔偿协议,承运方则自愿先将车辆押给委托方,待赔偿在双方约定的时间内全部结束后,到委托方处取车。委托方在货物验收合格并收到承运方的正式运输发票后,当天付款。此外,合同还注明硅钢片重量为 26.066 吨。合同签订后益民公司在合同上加盖了公章,承运人张真清在合同上签名。双方在签订合同时,张真清向益民公司出示了机动车行驶证,行驶证上主要载明:号牌号码渝 A18785,车辆类型为重型厢式货车,车主为重庆华伟公司。合同签订后,益民公司将重庆 ABB 公司所属的 26.066 吨硅钢片交付给张真清运输。2003 年 3 月 24 日张真清驾驶的渝 A18785 货车在行驶至泸州市叙永县时,发生特大交通事故。事故发生后,叙永县交警通知了重庆 ABB 公司,益民公司与重庆 ABB 公司于第二天赶到事故现场,对车祸现场进行了拍照,并于当天下午将残存的硅钢片另行装车后运回了重庆,存放在重庆 ABB 公司库房。同时,驾驶员张真清在事发当天亦通知了车主周锡勇,周锡勇接通知后立即赶到叙永县,并对受伤人员进行了处理。同年 4 月 14 日叙永县公安局作出《道路交通事故责任认定书》,该认定书在责任认定一栏载明:"驾驶员张真清应负此次事故全部责任。"益民公司与重庆 ABB 公司将残存的硅钢片拉回重庆 ABB 公司库房后,重庆 ABB 公司通知了货物的保险人——人保广东省分公司,人保广东省分公司委托上海天衡保险公估有限公司对残存的硅钢片进行评估,上海天衡保险公估有限公司的检验师于 2003 年 3 月 26 日抵达重庆 ABB 公司,随后对存放在该公司库房的损坏的硅钢片情况进行了现场勘察,并于 2003 年 3 月 31 日作出了《关于重庆 ABB 变压器有限公司进口硅钢片受损情况的调查检验报告》,报告最后附有一组对重庆 ABB 公司硅钢片受损案进行调查和现场勘查时照的照片。该报告中损失费用核算为 389658.39 元。事后,重庆 ABB 公司于 2003 年 4 月 15 日向人保广东省分公司发出了索赔函,要求人保广东省分公司赔付重庆 ABB 公司硅钢片损失及相关费用 416728.81 元,并附上了索赔清单及有关费用单据。2003 年 8 月 21 日人保广东省分公司向益民运输公司发出传真,称其已取得重庆 ABB 公司的代位求偿权,要求益民公司作为 2003 年 3 月 22 日硅钢片的承运人按《汽车货物运输规则》第 68 条、72 条的规定承担赔偿责任。同时重庆 ABB 公司亦于 2003 年 3 月 25 日向益民公司发出了索赔函,要求益民公司对货损承担全部赔偿责任。2003 年 9 月 18 日、10 月 15 日益民公司通过银行向人保广东省分公司电汇保险赔付款 197946.19 元、货损赔款 2 万元,合计 217946.19 元。2003 年 10 月 17 日人保广东省分公司致函益民公司,称确认已收到益民公司付来的人民币 217946.19 元,同意接受该款作为保险单号 PYDL2003-44940400-00010 项下于 2003 年 3 月 22 日发生在中山至重庆运输途中因硅钢片损失事故索赔的全部和最终赔款。益民公司称因2003年3月22日货运造成重庆ABB公司硅钢片损失,除赔付人保广东省分公司217946.19元外,另赔付重庆ABB公司因人保广东省分公司免赔的5%硅钢片损失20836.44元。现益民公司起诉要求硅钢片的实际承运人华伟公司及承运车辆渝A18785的实际车主周锡勇共同赔偿238782.63元。

另核实,周锡勇系渝A18785大货车实际所有人,张真清系周锡勇聘请的驾驶员。2002年9月16日华伟公司与周锡勇签订了《分期付款购车合同》,合同约定:周锡勇向华伟公司购买"桑巴力"货车一辆,型号CYSA5140XXY,车牌号渝A18785,车价206000元。周锡勇应将首付车款、管理费、公证费、保险费合计71268.40元在签订合同时一次性付清。分期付款期为24个月,每次还本金6866.67元。购车合同签订当天,华伟公司与周锡勇另签订一份《运营货车挂靠经营合同》,合同约定:周锡勇将拥有的营运车辆(桑巴力CYSA5140XXY重庆型厢式货车,发动机号263839,渝A18785)挂靠在货伟运输公司,在挂靠期间该车的所有权归周锡勇所有。周锡勇每月向华伟运输公司交纳管理费258元。车辆及承运货物被盗、损坏、损毁及交通事故等造成的一切经济损失和保险公司赔偿外的一切损失,由周锡勇自行承担。周锡勇自行处理一切经营成本,自担经营风险,自负盈亏责任,并承担驾驶员的雇用及其产生的一切相关经济法律责任。如果周锡勇挂靠的车辆在本地或外地承揽货运业务时,需要华伟公司出面联系接洽,华伟公司必须与货主取得联系,签订运输合同,同时加盖公章,并收取一定的管理费。周锡勇采取任何形式和货主签订的其他运输合同、协议都与华伟公司无关,属周锡勇个人行为,由其自行承担所产生的法律责任及经济损失。该车在营运中发生交通事故,由华伟公司协助处理,并代理索赔,所产生的费用由周锡勇承担。

引导思路

(1)货物运输合同签订前后应注意哪些事项?
(2)人民法院对此案判决的依据是什么?

项目一 运输商务谈判

教学要点

(1)利用网络,收集运输商务谈判的有关资料
(2)由小组讨论,比较不同谈判阶段的不同的工作要点
(3)根据不同的谈判原则选择适合的谈判策略和技巧

教学方法

采用讲授和分组讨论等方法。

一、情 景 设 置

A物流公司张经理了解到上海明星电器有限公司每年都有十万台电风扇运往全国各地销售,现B公司正在寻求物流合作伙伴,许多物流公司纷纷参与,A物流公司张经理应当如

何做才能得到这些货物的运输合同呢?

二、技能训练目标

通过学习、讨论分析后,能根据客户需求了解运输商务谈判的程序与内容;掌握运输商务谈判的技巧、策略,能够进行运输商务谈判。

三、相关理论知识

(一)运输商务谈判的概念和特征

1. 运输商务谈判的概念

运输商务谈判是指承运人、托运人之间为了寻求和达到最有利的货物位移目标,彼此进行交流、阐述意愿、磋商协议、协调关系并设法达成一致意见的行为过程。运输商务谈判包括为了实现货物运输和运输商务事故处理而进行的常规性谈判,也包括实现物流企业发展目标而从事的所有具有开拓意义的谈判,如联合、兼并、合作谈判等。

2. 运输商务谈判的特征

在现代社会,商务谈判几乎涉及现实生活的所有方面,但运输商务谈判具有明显的不同于其他商务谈判的特征。

运输商务谈判的基本特征如下:

(1)以实现运输目标为谈判目的。不同的谈判者参加谈判的目的是不同的,外交谈判涉及的是国家利益;政治谈判关心的是政党、团体的根本利益;普通商务谈判以获取经济利益为基本目的。而运输商务谈判则以实现运输目标为谈判目的。在运输商务谈判过程中,谈判者可以调动和运用各种因素,而各种非经济利益的因素,也会影响谈判的结果,但其最终目标仍是实现运输目标。与其他谈判相比,运输商务谈判不仅重视谈判的经济效益,也重视社会效益。

(2)以运输质量和运输费用作为谈判的主要评价指标。运输商务谈判涉及的因素很多,谈判者的需求和利益表现在众多方面,但运输质量和运输费用则几乎是所有运输商务谈判的核心内容。需要指出的是,在运输商务谈判中,一方面要以运输质量和运输费用为中心,坚持自己的利益,另一方面又不能仅仅局限于运输质量和运输费用,应该拓宽思路,设法从其他利益因素上(如运输速度)争取应得的利益,使对方在不知不觉中让步。这是从事运输商务谈判的人需要注意的。

(3)以运输合同条款为谈判的核心。运输商务谈判的结果是由双方协商一致的运输协议或运输合同来体现的。运输合同条款实质上反映了各方的权利和义务,运输合同条款的严密性与准确性是保障谈判获得各种利益的重要前提。有些谈判者在运输商务谈判中花了很大气力,好不容易为自己获得了较有利的结果,对方为了得到合同,也迫不得已作了许多让步,这时似乎已经获得了这场谈判的胜利,但如果在拟订运输合同条款时,掉以轻心,不注意运输合同条款的完整、严密、准确、合理、合法,其结果会被谈判对手在条款措辞或表述技巧上,引你掉进陷阱,这不仅会把到手的利益丧失殆尽,而且还要为此付出惨重的代价。因此,在运输商务谈判中,谈判者不仅要重视口头上的承诺,更要重视运输合同条款的准确和严密。

(二)运输商务谈判的类型

1. 按谈判参与方的数量分类

可分为多方谈判和双方谈判。双方谈判,是指只有两个谈判主体参与的谈判,各方谈判主体参与的人数不限定。多方谈判,是指有三个或三个以上的当事方参与的谈判。

2. 按谈判各方参加谈判的人员数量分类

可分为大型谈判(各方在12人以上)、中型谈判(4~12人)、小型谈判(4人以下),或者分为小组谈判与单人谈判。

一般情况下,大、中型谈判适合谈判项目内容以及涉及的谈判背景等较为复杂,谈判持续的时间也较长的谈判;小型谈判则适用于谈判内容、涉及背景、策略运用等均相对简单的谈判。谈判各方谈判人数最少为一个,即单人谈判。

3. 按谈判所在地分类

可分为主场谈判、客场谈判、中立地谈判或主客轮流谈判。

主场谈判,也称主座谈判,是指在自己一方的所在地、由自己一方做主人所组织的谈判。主场谈判占有"天时、地利、人和"的优势,便于谈判者进行内外结合,不需要使用环境,有时还可以通过良好的接待"以礼服人",使对方很难找到拒绝的理由。但也具有"谈判者易受干扰、费心费力"等缺点。

客场谈判,也称客座谈判,是指在谈判对方所在地的谈判。到客场进行谈判,一是要快速适应当地的气候、人文、风俗、语言等环境;二是要准备充分,消除紧张气氛,对可能出现的问题估计得更准确、更周全一些,做到临危不惧,应对自如;三是要理解和尊重对方,不作过分的接待要求。一般而言,主场优势要大于客场,球类比赛中就是有"主场龙,客场虫"的说法,所以谈判者必须提高客场谈判能力。

中立地谈判或主客轮流谈判,有时为了平衡主、客场谈判的利弊,就采取在中立地(第三地)谈判或者轮流主客场谈判。第三地谈判可以避免主、客场对谈判的某些影响,为谈判提供良好的环境和平等的气氛。但是,可能引起第三方的介入而使谈判各方的关系发生微妙变化。主客场轮换固然可以增加谈判的公平程度,但来回奔波势必增加谈判的成本。

4. 按谈判的结果分类

可分"双赢或多赢"谈判,"双输或多输"谈判,"输赢"型谈判。

双赢或多赢谈判,指通过谈判活动能最大限度地创造出最佳的解决方案,满足各方的利益要求。要获得双赢或多赢,有两个前提:一是大家必须是合作的;二是创造价值。谈判界有一句警句:不要把钱留在桌上。也就是说,很多时候我们的谈判都没有找到最大化的双赢的谈判方案;双方或多方不可能获得最大化的利益。它强调的是创造价值,而不是仅仅申明价值和分配价值。

双输或多输型谈判,指双方均没有在谈判中获得利益,没有实现谈判目标的谈判。这种谈判就是俗话说的"我得不到,你也别想得到"。这种思想是极其错误的,不符合现代谈判伦理观,是谈判结果中最下等的谈判,既没有创造出新的价值,也没有合理分配价值。

输赢型谈判,指在谈判中一方所得为一方所失,一输一赢的谈判。如同博弈论中的"零和博弈",即一方所得到的就是另一方所失去的。一般而言,这样一种谈判是不能获得成功的,至少是不能获得持续成功的。

5. 按谈判时双方的态度进行分类

可分为竞争型谈判、合作型谈判、竞合型谈判。

（1）竞争型谈判，是指谈判双方以一种竞争的态度而进行的谈判。

（2）合作型谈判，是指谈判双方以一种合作的态度而进行的谈判。

（3）竞合型谈判，是指双方本着"客观、平等、互利"的原则，通过适当的竞争与合作，寻求最佳解决方案。聪明的谈判者总是把二者结合得非常好，如态度是合作的，但是在某一项具体交易条件的磋商时又是竞争的；在原则方面是当仁不让、竞争的，在有些小事、细节方面又是宽容的、合作的。

当然，竞争型谈判、合作型谈判和竞合型谈判三者之间的区分都不是十分绝对的，没有"只有合作没有竞争"的谈判，也没有"只有竞争没有合作"的谈判，我们应该在竞合中获得"双赢或多赢"。

6. 按谈判的观念分类

可分为硬式谈判、软式谈判和原则式谈判。

（1）硬式谈判，也称立场型谈判，是谈判者以意志力的较量为手段，很少顾及或根本不顾及对方的利益，以取得己方胜利为目的的立场坚定、主张强硬的谈判方法。硬式谈判法的指导思想是"不谈判则罢，要谈必胜"，谈判者丝毫不考虑别人的需要和利益，也不顾及自己的形象以及对以后合作的影响。硬式谈判一般应用于以下两种情况：一是一次性交往；二是实力相差悬殊，己方处于绝对优势。

（2）软式谈判，也称关系型谈判，一种为了保持同对方的某种关系所采取的退让与妥协的谈判类型。这种谈判有以下几个特点：一是把对方当朋友，谈判者总是从个人的良好的愿望出发，把对方看成与自己同样善良的人，不相信对方会搞阴谋诡计；二是追求某种虚假的名誉地位或维持某种单相思的良好关系，达成和解协议，这种和解协议对己不利，他也不管；三是只提出自己的最低要求，生怕刺痛和伤害对方的和气感情；四是不敢固守自己的正当利益，常以自己的单方面损失使谈判告终；五是屈服于对方的压力；六是达成协议的手段是向对方让利让步，对方得寸进尺他也不阻挡，无原则地满足对方的贪婪欲望。

（3）原则式谈判，也称价值型谈判，强调公正原则和公平价值，它有以下特征：一是把谈判者双方都看作问题的解决者，既不把对方当朋友，也不把对方当敌人，而是就事论事，双方都有责任和义务妥善解决问题。二是把人与问题分开，谈判者以公正态度参加谈判，不带私人感情，不能以当事人的立场、观点、感情、身份参加谈判，而应以第三者的中间人身份参加，置身于事件之外。三是谈判原则使用社会公认的客观标准、科学原则、国内和国际法律、风俗、习惯、传统的道德规范、宗教规则等解决分歧，双方不能主观自设原则或自立标准。四是对人和事采取不同态度，对人采取软的态度，对事采取硬的态度，对事件按原则处理，对双方的谈判者仍以礼相待。

（三）运输商务谈判的内容

主要是围绕运输合同条款进行谈判，具体包括以下8个方面：

1. 运输的起止点和起止时间

这些不仅直接影响收货方能否按时收到货物，满足需求或投放市场，回收资金，还会因交货时空的变动引起价格的波动和可能造成经济效益的差异。谈判中应根据运输条件、市场需求、运输距离、运输工具、码头、车站、港口、机场等设施，以及货物的自然属性、气候条件做综合分析，明确装运、交货地点，装运、交货的具体截止日期。

2. 货物包装及交接方式

货物包装种类、材料、规格、装潢上的不同，会导致不同的运输费用。良好包装往往可以降低运输损失。

3. 货物的种类和数量

与运输费用有着直接关系,数量大往往会获得价格折扣。

4. 运费及结算方式

运输费用是运输商务谈判的重点。运输费用的计算标准有:按货物质量计算、按货物体积计算、按货物件数计算、按商品价格计算等。另外,费用还会因为运输中的特殊原因增加其他附加费。谈判中双方对货物的质量、体积、件数、商品的贵重情况进行全盘考虑,合理规划,在可能的条件下改变商品的包装,缩小体积,科学堆放,选用合理的计算标准,论证并确定附加费用变动的合理性,明确双方交货条件,划清各自承担的费用范围和界限。

运费的结算与支付是一个重要问题,直接关系到交易双方的利益,影响双方的生存与发展。在谈判中应注意运费结算支付的方式、期限、地点等。运费结算方式分为现金结算和转账结算。

5. 运输保险

国内运输保险采取自愿原则,没有明文规定保险责任该由谁来承担,只有通过谈判,双方协商解决。但在国际贸易中,商品价格条款中的价格术语确定后,也就明确了双方的保险责任。如 FOB、CIF、CFR 都有规定保险责任由谁承担。对世界各国主要保险公司在投保手续与方式、承保范围、保险单证的种类、保险费率、保险费用的支付方式、保险的责任期和范围、保险赔偿的原则与手续等方面的有关规定加以考虑筛选,最后加以确定。

6. 双方的权利和义务

在运输过程中,承、托双方常常会因彼此的权利和义务引起争议,并由此引起违约、索赔等情况的发生。因此,双方在洽谈过程中,明确双方的权利和义务,避免相关事务的推诿,保证运输合同的履行。

7. 违约责任和免责条款

在运输过程中,由于一些意外原因,导致违约、索赔等情况的发生。为了使争议得到顺利的处理,双方在洽谈过程中,对由争议提出的违约、索赔和解决争议的方式,事先应进行充分商谈,并做出明确的规定。此外对于免责条款(如不可抗力)及其对合同履行的影响结果等,也要做出规定。

8. 争议解决方式

在合同履行过程中发生争议,经协商或调解不成时,自愿把争议提交给双方约定的第三者裁决的行为。在谈判时应洽谈的内容有争议解决的地点、机构、程序规则和效力等内容。

(四)运输商务谈判的程序和原则

一般而言,运输商务谈判的程序包括三个基本环节:准备阶段、正式谈判阶段、结束阶段。具体而言,运输商务谈判从开始到结束,划分为准备阶段、开局阶段(这一阶段又分导入阶段和概说阶段)、明示与报价阶段、交锋阶段、妥协阶段(这三个阶段又叫谈判的磋商阶段)和签约阶段。

1. 准备阶段

谈判前的准备阶段的工作做得如何,做得是否充分,对谈判的顺利进行和圆满成功至关重要。一般来说,谈判的准备工作做得越充分,谈判的效果就会越好。谈判的准备阶段,主要应当包括一系列工作:

(1)选择合适的谈判对象。选择谈判对象应根据交易目标的必要和相互间商务依赖关系的可能,通过直接或间接地先期探询及相互寻找、了解交易对象的活动,在若干候选对象中进行分析比较和谈判的可行性研究,找到己方目标与对象条件的最佳结合点,以实现优化选择。

(2) 谈判背景调查。以"知己知彼"为原则,对谈判背景进行认真的调查研究。背景调查,包括对己方的背景调查,尤其要做好对谈判对象的背景调查。调查的内容,应包括环境背景、组织背景和人员背景等方面。背景调查实际上是谈判准备阶段的信息准备,要注重从多种渠道获取信息,建立谈判对象档案,并以动态的观点分析问题。

(3) 组建好的谈判班子。这是谈判取得成功的组织保证。一般来说,优秀的谈判班子人员个体素质要好,谈判班子规模结构适当,谈判队伍能有效管理,谈判班子负责人能履行职责。

(4) 制定谈判计划。谈判计划是谈判前预先对谈判目标、谈判方略和相关事项所做的设想及其书面安排,它既是谈判前各项主要准备的提纲挈领,又是正式谈判阶段的行动指南,是谈判的重要文件,应注意它的保密性。其主要内容一般包括:谈判的基本目标、主要交易条件、各方地位分析、人员分工职责、时间和地点安排、谈判成功预算、谈判策略谋划、必要说明及附件等。

(5) 模拟谈判。模拟谈判,是正式谈判前的"彩排"。它是将谈判班子的全体成员分为两部分,一部分人员扮演对方角色,模拟对方的立场、观点和风格,与另一部分己方人员对阵,预演谈判过程。模拟谈判可以帮助己方谈判人员从中发现问题,对既定的谈判计划进行修改和加以完善,使谈判计划更为实用和有效。同时,能使谈判人员获得谈判经验,锻炼谈判能力,从而提高谈判的成功率。

2. 开局阶段

开局是指参加谈判的各方人员,从开始谈判时第一次见面到正式讨论有关议题之间的一段时间。开局时间一般应控制在 3~5 分钟就够,谈判者的工作重点主要有两个:

首先,是建立良好的谈判气氛。不同的谈判气氛,对于同意谈判具有不可忽视的影响,会在不知不觉中把谈判朝着某种方向推进。如热烈的、积极的、合作的气氛,会促使双方尽快的达成一致协议;而冷淡的、对立的、紧张的气氛则会把谈判推向破裂的边缘。最理想的开局方式是以轻松、自然的语气先谈些双方容易达成一致意见的话题。如:"我打算先和您商量一下今天会谈的话题,您看好不好?"或者"我们先把今天会谈的程序确定下来,您看如何?"从表面上看,这些问话无足轻重,但以商量口吻的方式开头,既能体现尊重对方,愿以平等态度商讨问题的诚意,同时也最容易得到对方的肯定的答复。

其次,谈判者应在开局阶段注意察言观色。按行为学家的论述,双方初次见面的前十分钟内,85%的信息是靠彼此的神态和动作来传递的。通过察言观色,可以分析出某种假象和伪装,捕捉和观察对方真实的内心世界。

3. 明示与报价阶段

此阶段双方都进入实质性问题的洽谈,谈判各方彼此明确表示自己的要求,提出明确的交易条件,以便于启动后面的谈判。千万要注意该说的要说清楚,说准确,不该说的一点也不能说,不要轻易表露自己的内心世界和商业秘密,否则,一旦对方了解了你的动机、权限及最后期限,对你的谈判就不利。相反,在明示阶段要学会"听"的艺术,专心一意地听出对方谈话的真正含义,并恰当地运用问话或插话形式引导对方透露更多隐含的内容,想方设法使对方在兴致勃勃的谈吐中表达出对我方有利的内容。

报价,不仅指在价格方面的要价,而且泛指谈判一方向另一方提出的所有要求,其目的在于明确己方需要。在这一阶段,要注意提出交易条件的形式、报价的先后、条件的变换、报价的原则和信息传递方式几个方面。

4. 交锋阶段

在谈判双方各自明确对方的基本企图后,就进入交锋阶段。在这个阶段中,双方都想竭力列举材料,运用策略来最大限度地遏制对方企图后,达到自己的目标。所以交锋阶段是谈判过程中最充满对抗性的阶段。同时,也是谈判最关键的阶段,在这段时间内双方的表现与能力发挥,直接关系到谈判各方的利益分配。

交锋阶段应该注意:①资料准备要充分,要"九备一说",即花九分力气做准备,花一分的力气来说。②语言要文明,切忌煽动情绪、无理纠缠、强词夺理、讽刺挖苦、人身攻击,态度要稳重,不要手舞足蹈、面红耳赤。③辩论时要事理交融、论证有力、条理清晰、表达严密、言词简洁、重点突出,不要离开双方关注的主题搅乱洽谈的正常进行。④"穷寇莫追",当对方经过一轮交锋后因失败而作出一定让步后,不能乘人之危"直捣黄龙",提出让对方难以承受的要求,这必然导致谈判的破裂,使自己前功尽弃,事与愿违。

5. 妥协阶段

在谈判中,妥协是通过有关各方的相互让步来实现的。这种相互让步,并不等于有关各方的对等让步,真正的对等让步总是难以作出的。在较量的基础上,双方都应抱着真诚合作的态度,在坚持自己必须达到的目标的前提下,可以通过向对方作出某些妥协、让步的途径获得谈判的成功。可以说,让步是常用的谈判技巧,也是达到谈判成功的最好方法。妥协阶段也是整个商务洽谈中必不可少的重要环节。

不过让步也是有限度的,并不是可以牺牲自己的基本利益来作出某种妥协,自己要清楚究竟哪些方面可以让步,退让到何种程度,以什么样的让步形式表现出来,让步以后能得到什么样的回报等,这些问题都要考虑成熟,切忌作盲目和草率的让步。一般来说,事先确定的洽谈目标中那些乐于达到的最高目标,可以作为让步的筹码在达成自己某一点成功时作出放弃,当对方必须作出重大让步、牺牲,甚至会引起洽谈破裂时,那些希望达到的目标也可以放弃,但最终目标(基本目标)是一定要实现的,否则,宁可谈判破裂。让步时,不能一下子让得太多,要采取"步步为营"的方法。妥协、让步一旦作出就不能反悔,要珍惜信誉,重视自身形象。

6. 签约阶段

成交签约是商务谈判的最后阶段。谈判双方经过几个回合的交锋和让步,各自调整自己的交易条件,终于达成共识,并要用协议的形式予以认可,使之合法化,并受到法律的保护。谈判双方把谈判成的内容,用准确规范的格式和文字记录下来,形成协议并签字。到这时洽谈才算是真正成功。

签约阶段应将一切洽谈的结果见诸于文字,协议的文字要简洁,表达要准确,以免以后出现不必要的争端。不能贪求"速战速决",轻易就在对方拟定的协议上签字,应进行认真细致的检查,对不同意见要及时商讨。商讨时态度要诚恳、现实,商讨时要对事不对人,每一次商讨都应确定一个具体目标,进行有目的的商讨。

在谈判结束后,不论谈判结果如何,都能握手言欢,是礼之所在。任何组织或个人都经历过许多成功与失败,只有对两者都坦然接受——"胜固可喜,败亦欣然"者,才算是一个谈判高手。因此,谈判人员在谈判的始终都应该保持冷静、机智、风趣,以不失绅士风度。

（五）运输商务谈判的策略与技巧

在现代的物流中,运输商务谈判越来越多,对企业的经营活动也起着越来越重要的作用。运输商务谈判的技巧不仅仅适用于公司与公司之间的谈判,同时也适用应聘者与公司、销售人员与顾客等。

1. 确定谈判态度

即根据谈判对象与谈判结果的重要程度来决定谈判时所要采取的态度。

如果谈判对象对企业很重要,比如长期合作的大客户,而此次谈判的内容与结果对公司并非很重要,那么就可以抱有让步的心态进行谈判,即在企业没有太大损失与影响的情况下满足对方,这样对于以后的合作会更加有利。

如果谈判对象对企业很重要,而谈判的结果对企业同样重要,那么就保持一种友好合作的心态,尽可能达到双赢,将双方的矛盾转向第三方,比如市场区域的划分出现矛盾,那么可以建议双方一起或协助对方去开发新的市场,扩大区域面积,将谈判的对立竞争转化为携手竞合。

如果谈判对象对企业不重要,谈判结果对企业也是无足轻重,可有可无,那么就可以轻松上阵,不要把太多精力消耗在这样的谈判上,甚至可以取消这样的谈判。

如果谈判对象对企业不重要,但谈判结果对企业非常重要,那么就以积极竞争的态度参与谈判,不用考虑谈判对手,完全以最佳谈判结果为导向。

2. 充分了解谈判对手

知己知彼,百战不殆,对对手的了解越多,越能把握谈判的主动权,自然成本最低,成功的几率最高。

了解对手时不仅要了解对方的谈判目的、心里底线等,还要了解对方公司经营情况、行业情况、谈判人员的性格、对方公司的文化、谈判对手的习惯与禁忌等。这样便可以避免很多因文化、生活习惯等方面的矛盾,而对谈判产生额外的障碍。还有一个非常重要的因素需要了解并掌握,那就是其他竞争对手的情况,可以适时给出相较其他竞争者略微优惠一点的合作方式,那么将很容易达成协议。如果对手提出苛刻的要求,我们也就可以把其他对手的信息拿出来,让对手知道,我方是知道底细的,同时暗示,我方有很多合作的选择。

3. 准备多套谈判方案

谈判双方最初各自拿出的方案都是对自己非常有利的,而双方又都希望通过谈判获得更多的利益,因此,谈判结果肯定不会是双方最初拿出的那套方案,而是经过双方协商、妥协、变通后的结果。

在双方你推我拉的过程中常常容易迷失了最初的意愿,或被对方带入误区,此时最好的办法就是多准备几套谈判方案,先拿出最有利的方案,没达成协议就拿出其次的方案,若仍没有达成协议就拿出再次一等的方案,即使我方不主动拿出这些方案,但是可以做到心中有数,知道向对方的妥协是否偏移了自己最初设定的框架,这样就不会出现谈判结束后,仔细思考才发现,自己的让步已经超过了预计承受的范围。

4. 建立融洽的谈判气氛

在谈判之初,最好先找到一些双方观点一致的地方并表述出来,给对方留下一种彼此更像合作伙伴的潜意识。这样接下来的谈判就容易朝着一个达成共识的方向进展,而不是剑拔弩张地对抗。当遇到僵持时也可以拿出双方的共识来增强彼此的信心,化解分歧。

也可以向对方提供一些其感兴趣的商业信息,或对一些不是很重要的问题进行简单的探讨,达成共识后双方的心里就会发生奇妙的改变。

5. 设定好谈判的禁区

谈判是一种很敏感的交流,要避免出现不该说的话,谈判时间越长,越可能出错。最好的方法就是提前设定好谈判中的禁语、危险话题、不能做的行为以及谈判的心里底线等。这样就可以最大限度地避免在谈判中落入对方设下的陷阱或误区中。

6. 语言表述简练

人类接收外来声音或视觉信息的特点是:一开始专注,注意力随着接受信息的增加,会越来越分散,如果是一些无关痛痒的信息,更将被忽略。因此,谈判时语言要做到简练,针对性强,争取让对方大脑处在最佳接收信息状态时表述清楚自己的信息,如果要表达的是内容很多的信息,比如合同书、计划书等,那么适合在讲述或者诵读时语气进行高、低、轻、重的变化,比如,重要的地方提高声音,放慢速度,也可以穿插一些问句,引起对方的主动思考,增加注意力。

在谈判中切忌模糊、啰嗦的语言,这样不仅无法有效表达自己的意图,更可能使对方产生疑惑、反感情绪。在谈判中想靠伶牙俐齿、咄咄逼人的气势压住对方,往往事与愿违,多数结果不会很理想。

7. 做一颗柔软的钉子

运输商务谈判虽然不比政治与军事谈判,但是谈判的本质就是一种博弈,一种对抗,充满了火药味。这个时候双方都很敏感,如果语言过于直率或强势,很容易引起对方的本能对抗意识或遭致反感,因此,谈判时要在双方遇到分歧时面带笑容,语言委婉地与对手针锋相对,这样对方就不会启动头脑中本能的敌意,使接下来的谈判不容易陷入僵局。

谈判中并非张牙舞爪、气势夺人就会占据主动,反倒是喜怒不形于色,情绪不被对方所引导,心思不被对方所洞悉的方式更能克制对手。至柔者长存,至刚者易损,想成为运输商务谈判的高手,就要做一颗柔软的钉子。

8. 曲线进攻

孙子曰:"以迂为直"。想达到目的就要迂回前行,否则直接奔向目标,只会引起对方的警觉与对抗。应该通过引导对方的思想,把对方的思维引导到自己的包围圈中,比如,通过提问的方式,让对方主动替你说出你想听到的答案。反之,越是急切想达到目的,越是可能暴露了自己的意图,被对方所利用。

9. 多听少讲

在谈判中我们往往容易陷入一个误区,那就是一种主动进攻的思维意识,总是在不停地说,总想把对方的话压下去,总想多灌输给对方一些自己的思想,以为这样可以占据谈判主动,其实不然,在这种竞争性环境中,你说的话越多,对方会越排斥,能入耳的很少,能入心的更少,而且,你的话多了就挤占了总的谈话时间,对方也有一肚子话想说,被压抑下的结果则是很难妥协或达成协议。反之,让对方把想说的都说出来,当其把压抑心底的话都说出来后,就会像一个泄了气的皮球一样,锐气会减退,接下来你再反击,对手已经没有后招了。更为关键的是,善于倾听可以从对方的话语中发现对方的真正意图,甚至是破绽。

10. 控制谈判局势

谈判活动表面看来没有主持人,实则有一个隐形的主持人存在着,不是你就是你的对手。因此,要主动争取把握谈判节奏、方向,甚至是趋势。想做谈判桌上的主持人就要运筹帷幄,从容不迫,不用语言把对手逼到悬崖边,而用语言把对手引领到崖边。要通过你的公平,即客观的问题,慢慢地将对手本能地被你潜移默化,从而使局势向对你有利的一边倾斜。

11. 让步式进攻

在谈判中可以适时提出一两个很高的要求,对方必然无法同意,在经历一番讨价还价后可以进行让步,把要求降低或改为其他要求。这些高要求我们本来就没打算会达成协议,即使让步也没损失,但是却可以让对方有一种成就感,觉得自己占得了便宜。这时我们其他的,相较起这种高要求要低的要求就很容易被对方接受,但切忌提出太离谱、过分的要求,否则对方可能觉得我们没有诚意,甚至激怒对方。先抛出高要求也可以有效降低对手对于谈判利益的预期,挫伤对手的锐气。

其实,谈判的关键就是如何达成谈判双方的心里平衡,达成协议的时候就是双方心里都达到平衡点的时候。也就是认为,自己在谈判中取得了满意或基本满意的结果,这种满意包括预期的目的、自己获得的利益、谈判对手的让步、自己获得了主动权、谈判时融洽的气氛等。所以,在谈判中可以输掉谈判,只要赢得利益。表面上做出让步,失掉一些利益,给对手一种攻城略地的快感,实则是洒了遍地的芝麻让对手乐颠颠地去捡,自己偷偷抱走对手的西瓜。

四、技能训练准备

(1) 学生每 5 人为一个小组,每个小组选一名组长;
(2) 卡片若干张;
(3) 教师现场指导;
(4) 训练时间安排:2 学时。

五、技能训练步骤

(1) 以每位学生为单位,在卡片上写出运输商务谈判的阶段、策略和技巧;
(2) 教师列举出不同运输商务谈判的阶段,各组通过卡片问询法,收集每位学生根据运输商务谈判的阶段而选择的策略和技巧;
(3) 以组为单位确定选择的运输商务谈判的策略和技巧;
(4) 每组派一位代表陈述结果。

六、技能训练注意事项

(1) 卡片填写要认真,一丝不苟;
(2) 卡片汇总后要进行归类;
(3) 选择的运输商务谈判的策略和技巧要有依据、要准确。

七、技能训练评价

请完成技能训练后填写附录一。

八、技能训练活动建议

建议组织学生到物流运输企业进行调研运输商务谈判相关案例。

思考练习

1. 简答题
(1) 运输商务谈判的程序包括几个基本环节?
(2) 运输商务谈判的特征?
(3) 运输商务谈判的内容?
(4) 运输商务谈判的策略和技巧?
2. 案例分析题

商务谈判技巧案例

欧洲 A 公司代理 B 公司到中国与中国 C 公司谈判出口工程设备的交易。中方根据其报价提出了批评,建议对方考虑中国市场的竞争性和该公司第一次进入市场,认真考虑改善价格。该代理商做了一番解释后仍不降价并说其委托人的价格是如何合理。中方对其条件又做了分析,代理人又做解释,一个上午下来,毫无结果。中方认为其过于傲慢固执,代理人认为中方毫无购买诚意且没有理解力。双方相互埋怨之后,谈判不欢而散。

分组讨论回答以下问题:
(1) 欧洲代理人进行的是哪类谈判?
(2) 构成其谈判因素有哪些?

项目二 运输合同及管理

教学要点

(1) 利用网络,收集运输合同资料
(2) 由小组讨论,运输合同签订的原则和程序
(3) 根据客户需求签订有效的运输合同

教学方法

可采用讲授、案例教学等方法。

一、情景设置

某物流公司张经理通过多次谈判终于和上海明星电器有限公司达成物流运输一致意见,双方就要签订运输合同了,该物流运输合同应如何签订? 包括哪些内容? 具体如何操作呢?

二、技能训练目标

通过学习、讨论分析后，熟悉运输合同内容及有关方的权利与义务，并能签订运输合同。

三、相关理论知识

(一)运输合同的概念与特征

运输合同是承运人和托运人双方签订的、明确双方权利义务关系、确保货物有效位移、具有法律效力的书面文件。根据合同承运人要将货物从起运地点运输到托运人指定地点，托运人或收货人要按照约定的价格支付运输费用。

运输合同涉及的当事人有承运人、托运人及收货人。将货物送到指定地点的是承运人；将货物交付于承运人运送并支付相关费用的是托运人；从承运人处接受货物的人是第三方当事人，又叫收货人。我国法律规定，承运人要具备一定的承运能力，必须得到运输主管部门批准，并领取运输许可证或从业资格证后，才能从事物流运输业务活动的开展。对于托运人的资格基本没有限制，一切社会公民、经济组织、物品所有人、非物品所有人以及收货人等都可以充当运输合同中的托运人。

1. 运输合同一般为格式合同

在运输中，承运人面对的是无数的、不特定的服务对象，如果每一份合同都要与托运人按照合同的一般程序，通过协商谈判方式签订，将成倍增加承运人的工作量，延长合同订立时间，增加承运人的经营成本，同时也会由于对合同内容的理解的差异，增加很多的经营纠纷，无法保障所签订合同的履行。为体现物流运输合同的公正和效率，国家授权交通主管部门以规章形式来规范主要内容和条款，以维护双方当事人的合法权益，也杜绝承运人利用其控制的运输工具的有利条件制定有利于自身的条款或免除或降低自身应负的责任。对于大宗或承运人长期运输货物等特殊要求的运输，也可以不采用格式合同，有双方当事人按照合同法制定的原则和程序另行协商约定。

运输合同中的主要内容和条款都是由国家授权的交通、铁路等主管部门以法规的形式统一规定的，双方当事人和任何机构均无权变更，如《公路货物运输合同实施细则》、《铁路货物运输合同实施细则》、《水上货物运输合同实施细则》等。

2. 运输合同是双务合同

在运输合同中，双方当事人都享有权利和承担义务，承运人在拥有收取运输费用权利的同时，负有将物流服务对象按照约定运送到指定目的地的义务；托运人在享有运输服务的同时，负有支付相应的运输费用的义务。

3. 运输合同是诺成合同

运输合同是不依赖标的物的交付，只需当事人意思表达一致即刻成立的合同，即"一诺即成"的合同。

4. 运输合同是有偿合同

在运输合同中，托运人是以支付票款或运输服务费用为代价，获得承运人提供的物流服务的。因此运输合同是有偿的合同，相应的这些物流活动的书面证明文件如车票、机票、承运单、提单等就是有价单据。

5.运输合同可以采取留置的方式担保

留置是指债权人按照约定占有债务人的动产。当债务人不能按照约定期限履行还款义务时,债权人有权依法留置债务人的财产,以财产拍卖、变卖的价款优先得到偿付。我国法律对留置权有明文规定,运输合同中的债权人就享有留置权。

(二)运输合同的类型

(1)按照运输对象分,可分为普通货物运输合同和特殊货物运输合同。

(2)按照运输合同形式分,可分为书面合同、契约合同、口头合同。书面合同是指签订正式书面协议书的合同。契约合同是指托运人按照规定填写货运托运单或货单,这些单证具有契约性质,承运人必须按照托运单证的要求承担义务,履行责任。

(3)按照运输合同组织方式分,可分为单一运输合同和多式联合运输合同。

(4)按照承运方式的不同,可分为公路运输合同、铁路运输合同、水路运输合同、航空运输合同、管道运输合同和多式联运合同。

(5)按照货物数量的不同,可分为批量合同和运次合同。批量合同是指一次托运货物较多的大宗货物运输合同;运次合同是指托运货物较少,一次即可完成的货物运输合同。

(6)按照合同的期限的长短不同,可分为长期合同和短期合同。长期合同一般是指期限在一年以上的合同;短期合同是指期限在一年一下的合同,例如季节合同、月度合同等。

(三)运输合同的签订与履行

1.签订的原则及程序

(1)订立的原则。

根据《合同法》的规定,运输合同由双方当事人协商签订,在订立合同时,承运人和托运人双方必须遵循以下原则。

①平等互利、协商一致的原则。运输合同当事人双方不论企业规模大小、实力强弱、所有制性质差异,在签订合同时的法律地位一律平等,合同应该是双方当事人经过协商达成一致的结果。任何一方不能强加自己的意识来签订合同,在合同的内容上,双方应该遵循公平和对等的原则确定各自的权利和义务。

②合法规范的原则。除个别情况外双方当事人可以即时结清费用外,应当采用书面形式,在内容和程序上必须符合法律的规范和要求。在运输过程中,有关运输计划表、货物运单和货票本身就是书面形式的合同;当事人协商好的一些合同的文书、图表和传真,也算合同的组成部分。

③不得违反国家利益和社会公众利益的原则。当事人双方违反上述原则而签订的运输合同属于无效合同。

④等价有偿的原则。运输合同双方当事人享有同等的权利和义务,并应当依法承担相应的责任。每一方从对方得到利益时,都要付出相应的代价,不能只享受权利而不承担义务。

除了遵循上述合同的一般原则外,结合物流运输的特点,根据《合同法》等有关规定,合同双方还必须遵守以下规定:一是对国家下达的指令性计划运输的物资,承运、托运双方必须根据国家下达的指标签订运输合同,保证优先运输;二是对抢险、救灾、战备等紧急运输的货物和国家规定的其他优先运输的货物,应该优先签订运输合同,优先运输;对其他物资,由承运、托运双方自由协商签订运输合同,自行安排运输。

(2)订立程序。

运输合同一般由托运人提出运输货物的要约,承运人同意运输的承诺而成立。《合同法》中规定:从事公共运输的承运人不得拒绝托运人通常、合理的运输要求。

要约是指合同一方当事人向另一方当事人提出订立合同的建议。要约中要明确运输合同的主要条款,具有要求对方答复的期限,而且在约定的对方答复期限内要约人要受其要约内容的约束。要约一般由托运人提出。

承诺是指受要约人同意要约的意思表示。即承运人接受或受理托运人的提议,对托运人提出的全部内容和条款表示同意。受理的过程包括双方协商一致的过程。承诺一旦生效,合同即成立。

运输合同签订后,即具有法律的约束力,合同当事人必须按照合同规定的条款认真履行各自的义务。

2. 运输合同中的各方的权利与义务

(1)托运人的权利与义务。

托运人的主要权利:请求承运人按照合同约定的地点和时间将货物运达目的地;在承运人交付货物给收货人之前,托运人可以要求承运人中止运输、返还货物、变更到达地或者将货物交给其他收货人。

托运人的主要义务:托运人应按合同的约定提供托运的货物;托运人应提交相关的文件;托运人应按照约定的方式包装货物;托运人应按照合同的约定及时交付运输费和有关费用;赔偿因变更、中止运输造成的承运人损失的义务。

(2)承运人的权利与义务。

承运人的主要权利:承运人有权收取运输费用及其他有关费用;承运人有权要求托运人提供货物运输的必要情况;承运人有权留置运到目的地的货物;承运人有权处置无人认领的货物。

承运人的主要义务:按照合同约定的要求配发运输工具,接受托运人依约定托运的货物;按照合同约定的时间、地点将运输的货物安全地送达目的地;货物运达目的地后,应及时通知收货人;承运人对运输过程中货物的毁损、灭失承担损害赔偿责任。如果不是自身原因造成的,还负有举证责任加以证明。

(3)收货人的权利和义务。

收货人的主要权利:承运人将货物运到指定地点后,持凭证领取货物的权利;在发现货物短少或灭失时,有请求承运人赔偿的权利。

收货人的主要义务:检验货物的义务;及时提货的义务;支付托运人少交或未交的运费或其他费用的义务。

3. 运输合同的内容

订立运输合同宜采用书面形式,有利于保护双方的权益。运输合同主要条款如下:

(1)货物的名称、性质、体积、数量及包装标准;

(2)货物起运和到达地点、运距、收发货人名称及详细地址;

(3)运输质量及安全要求;

(4)货物装卸责任和方法;

(5)货物交接手续;

(6)批量货物运转起止时间;

（7）年、季、月度合同运转计划(文书、表格、电报)提前期限和运转计划的最大限量；

（8）运杂费计算标准及结算方式；

（9）变更解除合同的期限；

（10）违约责任；

（11）双方商定的其他条款。

虽然每一份运输合同未必都具备前述各条，但是主要的条款是必不可少的，当然还可以在以上范围内增加条款。

附：运输合同文本格式如下所示：

运 输 合 同

订立合同双方：

托运方：_____；承运方：_____；

托运方详细地址：_____；收货方详细地址：_____。

根据国家有关运输规定，经过双方充分协商，特订立本合同，以便双方共同遵守。

第一条 货物名称、规格、数量、价款

货物编号	品名	规格	单位	单价	数量	金额(元)

第二条 包装要求 托运方必须按照国家主管机关规定的标准包装；没有统一规定包装标准的，应根据保证货物运输安全的原则进行包装，否则承运方有权拒绝承运。

第三条 货物起运地点_____

　　　　　货物到达地点_____

第四条 货物承运日期_____

　　　　　货物运到期限_____

第五条 运输质量及安全要求_____

第六条 货物装卸责任和方法_____

第七条 收货人领取货物及验收办法_____

第八条 运输费用、结算方式_____

一、托运方的权利义务

1.托运方的权利：要求承运方按照合同规定的时间、地点，把货物运输到目的地。货物托运后，托运方需要变更到货地点或收货人，或者取消托运时，有权向承运方提出变更合同的内容或解除合同的要求。但必须在货物未运到目的地之前通知承运方，并应按有关规定付给承运方所需费用。

2.托运方的义务：按约定向承运方交付运杂费。否则，承运方有权停止运输，并要求对方支付违约金。托运方对托运的货物，应按照规定的标准进行包装，遵守有关危险品运输的规定，按照合同中规定的时间和数量交付托运货物。

二、承运方的权利义务

1.承运方的权利：向托运方、收货方收取运杂费用。如果收货方不交或不按时交纳规定的各种运杂费用,承运方对其货物有扣压权。查不到收货人或收货人拒绝提取货物,承运方应及时与托运方联系,在规定期限内负责保管并有权收取保管费用,对超过规定期限仍无法交付的货物,承运方有权按有关规定予以处理。

2. 承运方的义务:在合同规定的期限内,将货物运到指定的地点,按时向收货人发出货物到达的通知。对托运的货物要负责安全,保证货物无短缺、无损坏、无人为的变质,如有上述问题,应承担赔偿义务。在货物到达以后,按规定的期限,负责保管。

三、收货人的权利义务

1. 收货人的权利:在货物运到指定地点后有以凭证领取货物的权利。必要时,收货人有权向到站、或中途货物所在站提出变更到站或变更收货人的要求,签订变更协议。

2. 收货人的义务:在接到提货通知后,按时提取货物,缴清应付费用。超过规定提货时,应向承运人交付保管费。

第九条 违约责任

一、托运方责任

1. 未按合同规定的时间和要求提供托运的货物,托运方应按其价值的_____%偿付给承运方违约金。

2. 由于在普通货物中夹带、匿报危险货物,错报笨重货物质量等而招致吊具断裂、货物摔损、吊机倾翻、爆炸、腐蚀等事故,托运方应承担赔偿责任。

3. 由于货物包装缺陷产生破损,致使其他货物或运输工具、机械设备被污染腐蚀、损坏,造成人身伤亡的,托运方应承担赔偿责任。

4. 在托运方专用线或在港、站公用线、专用铁道自装的货物,在到站卸货时,发现货物损坏、缺少,在车辆施封完好或无异状的情况下,托运方应赔偿收货人的损失。

5. 罐车发运货物,因未随车附带规格质量证明或化验报告,造成收货方无法卸货时,托运方应偿付承运方卸车等存费及违约金。

二、承运方责任

1. 不按合同规定的时间和要求配车(船)发运的,承运方应偿付托运方违约金_____元。

2. 承运方如将货物错运到货地点或接货人,应无偿运至合同规定的到货地点或接货人。如果货物逾期达到,承运方应偿付逾期交货的违约金。

3. 运输过程中货物灭失、短少、变质、污染、损坏,承运方应按货物的实际损失(包括包装费、运杂费)赔偿托运方。

4. 联运的货物发生灭失、短少、变质、污染、损坏,应由承运方承担赔偿责任的,由终点阶段的承运方向负有责任的其他承运方追偿。

5. 在符合法律和合同规定条件下的运输,由于下列原因造成货物灭失、短少、变质、污染、损坏的,承运方不承担违约责任:

①不可抗力;
②货物本身的自然属性;
③货物的合理损耗;
④托运方或收货方本身的过错。

本合同正本一式二份,合同双方各执一份;合同副本一式__份,送……等单位各留一份。

托运方：_____　　　　　承运方：_____

代表人：_____　　　　　代表人：_____

地　址：_____　　　　　地　址：_____

电　话：_____　　　　　电　话：_____

开户银行：_____　　　　　开户银行：_____

账　号：_____　　　　　账　号：_____

　　　　　　　　　　　　　　　　　　____年___月___日订

4. 运输合同的履行

运输合同自签订之日起就具有法律的约束力，合同当事人双方必须按照合同约定的条款认真履行各自的义务。

（1）托运人应该按照约定的时间和要求提供托运货物；按照合同约定的方法包装货物，并做好托运标志；办理货物运输的相关手续，如填写托运单；将有关审批、检验的文件提交给承运人；及时发货、收货，并提供装卸条件。

（2）承运人应该按照合同约定配备交通运输工具；按照合同约定的运输期限、货物数量、起止地点组织运输，保质保量完成运输任务。在货物装卸和运输过程中，承托双方应该办理货物交接手续，做到责任分明，并分别在发货单和运费结算凭证上签字。

（3）收货人收到提货通知后，应该及时提货并清点验收。收货人请求交付货物时，应该将提单或其他提货凭证交还承运人，逾期提货应该向承运人交付保管费用。收货验收时，如果发现货物有毁损、灭失、变质等现象，收货人应当在接受货物之日起15日内通知承运人，以便明晰事故责任。

5. 运输合同的变更与解除

《合同法》规定："在承运人将货物交付收货人之前，托运人可以要求承运人中止运输、返还货物、变更到达或者将货物交给其他收货人。"但是，如果因为单方变更或解除合同给承运人造成损失的，托运人或者提货凭证持有人"应当赔偿承运人因此受到的损失"，并且还要承担因变更或解除合同而产生的各种费用。

凡发生下列情况之一，可以允许变更和解除运输合同：

（1）由于不可抗力使运输合同无法履行；

（2）由于合同当事人一方的原因，在合同约定的期限内确实无法履行运输合同；

（3）合同当事人违约，使合同的履行成为不可能或不必要；

（4）经合同当事人双方协商同意解除或变更合同，如承运人提出解除运输合同的，应该退还已经收取的运输费用。

（四）运输纠纷的处理

许多物流运输企业在货运质量管理上下了很大功夫，以防止运输纠纷的发生，但由于运输途中存在的各种情况千变万化，运输纠纷的发生难以完全避免。

运输纠纷既可能由承运人因货损等各种原因造成货方的损失所引起的，也可能因货方的原因造成对承运人的损害所引起的，但总的可归纳为以下几种情况：

1. 货物灭失纠纷

造成货物灭失的原因很多，例如：因承运人的运输工具如船舶沉没、触礁，飞机失事，车辆发生交通事故，火灾等；因政府法令禁运和没收、战争行为、盗窃等；因承运人的过失，如绑扎不牢导致货物落海等；当然也不排除承运人的故意，如恶意毁坏运输工具以骗取保险，或明知运输工具的安全性能不符合要求仍继续行驶而导致货物灭失等。

2. 货损、货差纠纷

货损包括货物破损、水湿、汗湿、污染、锈蚀、腐烂变质、混票和虫蛀鼠咬等,货差即货物数量的短缺。货损、货差可能是由于托运方自身的过失造成,如货物本身标志不清、包装不良,货物自身的性质和货物在交付承运人之前的质量、数量与运输凭证不符等;也可能是由于承运人的过失造成,如装载不当,装卸操作不当,未按要求控制货物运输过程中的温度,载货舱室不符合载货要求,混票等。

3. 货物延迟交付纠纷

因承运货物的交通工具发生事故,或因承运人在接受托运时未考到本班次的载货能力而必须延误到下一班期才能发运,或在货物中转时因承运人的过失使货物在中转地滞留,或因承运人为自身的利益绕航而导致货物晚到卸货地。

4. 单证纠纷

承运人应托运人的要求倒签、预借提单,从而影响到收货人的利益,收货人在得知后向承运人提出索赔,继而承运人又与托运人之间发生纠纷;或因承运人(或其代理人)在单证签发时的失误引起承托双方的纠纷;此外,也有因货物托运过程中的某一方伪造单证引起的单证纠纷。

5. 运费、租金等纠纷

因承租人或货方的过失或故意,未能及时或全额交付运费或租金;因双方在履行合同过程中对其他费用如滞期费、装卸费等发生纠纷等。

6. 船舶、集装箱、汽车、火车及航空器等损害纠纷

因托运人的过失,造成对承运人的运输工具损害的纠纷。

承运人、托运人、收货人及有关方在履行运输合同或处理货运事故时,发生纠纷、争议,应及时协商解决或向县级以上人民政府交通主管部门申请调解;当事人不愿和解、调解或者和解、调解不成的,可依仲裁协议向仲裁机构申请仲裁;当事人没有订立仲裁协议或仲裁协议无效的,可以向人民法院起诉。

(五)运输合同管理

在运输组织中推行合同运输,要抓好以下几方面工作:

(1)建立健全运输合同管理制度,实现运输合同管理制度化。有关合同管理制度的内容主要包括:合同审核制度、归档保管制度、履行检查制度、总结报告制度等。

(2)加强合同运输的推广工作。对于适宜签订合同进行运输的货物,原则上均应采用合同运输。运输市场放开后,许多货源单位与运输单位之间建立了承托关系,但是,往往只是口头协议,没有纳入合同运输范畴,由此而引出的经济纠纷也很多,影响整个货运业的形象和货运市场的秩序。管理部门应加强合同运输实施工作,把货运行为引向法制的轨道。

(3)运输主管部门需依据国家有关经济法规,对合同运输进行监督检查,防止假运输合同等现象以及各类危害社会经济运行的违法行为的发生。

(4)运输主管部门应将合同履行情况的检查作为建立和完善运输市场机制的重要工作来抓,形成定期检查货运合同的工作体系,针对有关问题,及时做好协调工作,使货运业管理逐步走向法制化轨道。

四、技能训练准备

(1)学生每5人为一个小组,每个小组选一名组长;
(2)卡片若干张;
(3)教师现场指导;
(4)训练时间安排:2学时。

五、技能训练步骤

(1)以每位学生为单位,在卡片上写出运输合同的内容;
(2)教师列举出运输合同有关方的业务信息,各组通过卡片问询法,收集每位学生根据业务背景信息而拟定的运输合同有关方的权利和义务;
(3)以组为单位签订运输合同;
(4)每组派一位代表陈述结果。

六、技能训练注意事项

(1)卡片填写要认真,一丝不苟;
(2)卡片汇总后要进行归类;
(3)签订的运输合同要有依据、要准确。

七、技能训练评价

请完成技能训练后填写附录一。

八、技能训练活动建议

建议组织学生到物流企业、运输企业进行参观和调研。

思考练习

1.简答题
(1)运输合同的类型?
(2)签订运输合同签订的原则?
(3)运输纠纷有哪几种情况?
2.案例分析题

A 单位与 B 单位运输合同纠纷上诉案

上诉人(原审原告)A 单位。
法定代表人杜俊鹏,总经理。
委托代理人李振山。委托代理人郑洪笔。

上诉人(原审被告)B单位。

法定代表人邱金顺,总经理。

委托代理人焦建。

上诉人A单位(以下简称鹏达机械公司)因与上诉人B单位(以下简称福来达运输公司)运输合同纠纷一案,不服北京市通州区人民法院(2009)通民初字第12244号民事判决,向本院提起上诉。本院于2009年12月21日受理后,依法组成由法官巩旭红担任审判长,法官刘斌、郑亚军参加的合议庭,于2010年3月11日公开开庭进行了审理。鹏达机械公司的委托代理人李振山、郑洪笔,福来达运输公司的法定代表人邱金顺及其委托代理人焦建到庭参加了诉讼。本案现已审理终结。

鹏达机械公司在一审中起诉称:2009年7月6日鹏达机械公司经人介绍,与福来达运输公司达成口头协议:福来达运输公司如约将鹏达机械公司的室外电梯(施工升降机)(出厂编号2006-31)运至河北省唐山市丰润韩城镇中铁建设集团工地(以下简称唐山工地);鹏达机械公司派人跟车押运;电梯安全到后,鹏达机械公司支付运费2400元。2009年7月6日下午2点左右,福来达运输公司如约到北京市亦庄地区三羊居工地(以下简称亦庄工地),装上电梯后,福来达运输公司并未按约定将电梯运往唐山工地,而是以欺骗的手段将电梯运至福来达运输公司所在地北京市通州区台湖镇麦庄村进行扣留,理由是介绍人的亲戚欠福来达运输公司的钱。为此,鹏达机械公司多次找到福来达运输公司协商,要求福来达运输公司将电梯还给鹏达机械公司,至于他人所欠的欠款可以通过正常途径解决,但福来达运输公司拒绝归还电梯。由于福来达运输公司的扣留电梯行为使租用鹏达机械公司电梯的中铁建设集团有限公司(以下简称中铁集团公司)与鹏达机械公司终止已签订的租用鹏达机械公司电梯的租赁合同,给鹏达机械公司造成一定的经济损失。经催要未果,故鹏达机械公司诉至一审法院,请求判令:福来达运输公司归还扣留的室外电梯(施工升降机)(出厂编号2006-31)、赔偿经济损失139595元,并承担本案诉讼费用。

福来达运输公司在一审中答辩称:不同意鹏达机械公司的诉讼请求,请求驳回鹏达机械公司的诉讼请求。

一审法院经审理查明:2009年7月6日,鹏达机械公司将其所有的位于亦庄工地三期一批工程3号、4号的登记号为京MT-S04446的施工升降机予以拆卸,并委托母朝军、邵新平为其寻找承运人运至唐山工地,该电梯的安装、拆卸工为申佳。2009年7月8日晚19点50分,鹏达机械公司向北京市公安局通州分局次渠派出所(以下简称次渠派出所)报警,称福来达运输公司扣押了其所有的出厂编号为2006-31的室外电梯(施工升降机)。次渠派出所到达现场后,对福来达运输公司法定代表人邱金顺、母朝军、邵新平、鹏达机械公司经理李振山进行了询问。鹏达机械公司经理李振山在询问中称,其通过母朝军、邵新平找到福来达运输公司将鹏达机械公司所有的室外电梯(施工升降机)运至唐山工地,福来达运输公司于2009年7月6日14时许在亦庄工地将电梯运至其单位后扣押了该电梯并拒绝归还。福来达运输公司法定代表人邱金顺在询问中称母朝军与邵新平委托福来达运输公司运送室外电梯(施工升降机)至唐山工地,其于2009年7月6日下午将电梯从亦庄工地运至其单位,因邵新平、母朝军拖欠其运费76000余元未归还,故福来达运输公司扣押了该室外电梯(施工升降机),福来达运输公司不清楚该电梯是否为鹏达机械公司所有,并认为该电梯属邵新平、母朝军所有。母朝军在询问中称,李振山托他找一家运输公司托运室外电梯(施工升降机)至唐山工地,其委托邵新平找到福来达运输公司运送该电梯,因其拖欠福来达运输公司运费

76000余元,福来达运输公司于2009年7月6日下午5时许将该电梯扣押在该公司内,福来达运输公司与李振山不存在业务往来,福来达运输公司认为电梯是母朝军本人的故予以扣押。邵新平在询问中称,李振山和母朝军委托他找一家运输公司为鹏达机械公司运送室外电梯(施工升降机)至唐山工地,其通过一个司机找到福来达运输公司,福来达运输公司于2009年7月6日下午2时许将电梯从亦庄工地运至其单位后予以扣押,原因是邵新平、母朝军拖欠福来达运输公司运费76000余元未归还,鹏达机械公司与福来达运输公司不存在业务往来,福来达运输公司以为电梯是邵新平和母朝军所有,故予以扣押。次渠派出所认为此事属经济纠纷,只是登记了鹏达机械公司单方陈述的设备型号,没有对其具体型号进行核实,并告知鹏达机械公司到有关部门予以解决。一审期间,福来达运输公司认可其扣押了母朝军、邵新平交付托运的与鹏达机械公司所有的京MT-SO4446的施工升降机(出厂编号为2006-31)相同外观的施工升降机,但是以没有核实编号为由不提供其扣押的施工升降机的型号。后一审法院组织双方到福来达运输公司厂区进行现场勘验,在福来达运输公司处没有找到鹏达机械公司诉称的电梯,且鹏达机械公司增加诉讼请求,要求福来达运输公司承担电梯测试费用750元并解除双方的运输合同关系。

一审法院另查明一:证人申佳的证言称,其于2009年7月6日为鹏达机械公司拆卸电梯,电梯登记号为京04446(京MT-S04446)。

一审法院另查明二:鹏达机械公司请求福来达运输公司返还的是登记编号为京MT-SO4446的施工升降机,出厂编号为2006-31,该电梯属鹏达机械公司所有。

分组讨论回答以下问题:

(1)签订运输合同时应注意哪些细节?

(2)如果您是法官,你会如何判决此案?

项目三 货物运输风险防范

教学要点

(1)利用网络,收集货物运输风险的资料

(2)由小组讨论,货物运输风险及运输保险的不同险别的特点

(3)根据客户需求制定有效的货物运输风险防范及运输保险策略

教学方法

采用情境教学、分组讨论等方法。

一、情景设置

最近一段时间以来,某物流公司运输事故频频发生。除了自然灾害,一些意外事故导致的损失也比较频繁,致使公司都受到很大的损失。于是公司总经理派老李负责解决运输事故问题,老李该如何做才能有效降低公司损失呢?

二、技能训练目标

通过学习、讨论分析后,能制定有效的货物运输风险防范及运输保险策略,并能计算相应的保险金额。

三、相关理论知识

(一)运输风险的概念

运输风险是指在运输过程中,在某种情况下,发生某种货物损失、人身伤亡及其他损失的可能性。运输风险由运输风险因素、运输风险事故和运输风险损失等要素组成。

运输风险因素是指增加物流运输风险事故发生的频率或严重程度的任何事件。如开快车、疲劳驾驶、车辆带病行驶、酒后开车、货运诈骗等,构成风险因素的条件越多,发生损失的可能性就越大,损失就会越严重。

运输风险事故是指运输风险的可能成为现实,以致造成人身伤亡或财产损害的偶发事件。例如,火灾、地震、洪水、龙卷风、雷电、爆炸、盗窃、抢劫、疾病、死亡等都是风险事故。运输风险事故发生的根源主要有三种:①自然现象,如地震、台风、洪水等;②社会政治、经济的变动,如社会动乱、汇率的变动等;③人或物本身内在属性、缺陷,如疾病、设备故障等。

运输风险损失是指在运输过程中非故意的、非预期的和非计划的货物经济价值的减少和灭失,包括直接损失和间接损失。

在运输过程中通常会遇到自然灾害和意外事故以及运输欺诈等风险。自然灾害是指恶劣气候、雷电、海啸、地震、火山爆发等;而意外事故则是指运输工具事故,如船舶搁浅、碰撞、沉没、失踪,列车出轨或碰撞,汽车碰撞、火灾等现象;运输欺诈是指货物运输的过程中,由于合同一方当事人或承运人或其代理人,故意隐瞒事实,而使另一方当事人造成损失或失去其收益的行为。

(二)运输风险的类型与特征

1. 运输风险的类型

一般而言,现代物流运输风险主要包括以下三个方面:

(1)与托运人之间可能产生的风险。

①货物灭损带来的赔偿风险。包括货物的灭失和损害。可能发生的环节主要有运输、仓储、装卸搬运和配送环节。发生的原因可能有客观因素,也可能有主观因素。客观因素主要有不可抗力、火灾、运输工具出险等,主观因素主要有装卸人员野蛮装卸、配载不合理、丢失、偷盗等。

②延时配送带来的责任风险。在准时制生产原则的要求下,物流运输企业延时配送往往导致客户索赔。在实践中,客户索赔的依据大多是物流服务协议。也就是说,此时第三方物流企业承担的是违约赔偿责任。

③错发错运带来的责任风险。有些时候,物流运输企业因种种原因导致分拨路径发生错误,致使货物错发错运,由此给客户带来损失。一般而言,错发错运往往是由于手工制单字迹模糊、信息系统程序出错、操作人员马虎等原因造成的。企业与客户的物流服务协议中往往约定有"准确配送条款",因此客户也可以依据该条款的约定提出索赔。

④价格波动带来的损失风险。一些物流运输企业在合同签署时没有根据全年价格综合情况确定服务价格,而是依据签署时的低位价格签订了全年统一的价格合同,忽略了全年价格波动因素,从而引起高位价格执行时的收益缺失。

物流运输行业存在淡季、旺季的需求波动。许多地方的物流市场,4~7月为淡季,8~9月为平季,10月份转旺,一直持续到来年春节前后。一般情况下,淡季车辆运输价格偏低,旺季车辆运输价格偏高,在签订价格合同时要充分考虑这些因素的存在。

物流运输企业在执行某个项目操作时,应充分考虑到必要的毛利率,从而计算出毛利金额,在签署项目合同时的市场价低就会导致合同价格偏低,根据市场价格变动情况,衡量全年综合均价,并加以说明,在适当的时候予以调整,避免价格损失,也可考虑根据淡旺季制定变动价格,降低价格风险程度。

⑤资金结算异常带来的损失风险。一些物流运输企业和客户之间运输费用采用月结方式,平时收取回单,这样就有可能出现因回单丢失,到货延时及其他事件导致不能正常结算运费收入的风险。

月结客户一般结算运费时要求有:托运方托运单;承运方运单;收货方收货确认后,需返回的回单。托运方托运单及承运方运单一般不易丢失,收货方收货确认回单因为有在途时间,尤其是跨省跨区域运输,很容易丢失,所以回单管理是一项非常重要的管理内容。

(2)与分包商之间可能产生的风险。

①传递性风险。传递性风险是指第三方物流企业通过分包协议把全部风险有效传递给分包商的风险。分包商如果没有实力,可能造成的损失就要由自己承受。例如,运输企业与客户签订的协议规定赔偿责任限额为每件500元,但分包商没有实力,只能签订规定赔偿责任限额为每件100元的协议,差额部分则由运输企业买单。在这里,运输企业对分包环节造成的货损并没有过错,但依据合同不得不承担差额部分的赔偿责任。由于目前铁路、民航、邮政普遍服务等公用企业对赔偿责任限额普遍规定较低,因此运输企业选择由公用企业部门分包时将面临着不能有效传递的风险。

②诈骗风险。资质差的分包商,尤其是一些缺乏诚实信用的个体户运输业者配载货物后,有时会发生因诈骗而致货物失踪的风险。如有的个体户运输业可能会将物流公司的货物装车后部分或全部私自拉走,隐匿占为己有。

为杜绝诈骗事件发生,要做好以下几个方面的外请车辆管理工作:

a. 对外请车辆严格查验。

b. 尽量使用新车。破旧车辆的诈骗的可能性高。

c. 证照齐全,真实有效。诈骗的车辆行驶证和驾驶员的驾驶证通常都是假的,通过各种合理手段判别车辆和驾驶员的真实性,包括网上查询、电话询问核对等。

d. 核对驾驶员住宅固定电话不低于两部(不包括小灵通)。要在驾驶员报出后立即核对,核实双方关系、外部特征等,不厌其细。

e. 对所使用车辆的完全资料档案加以管理,包括车辆型号、购置时间、行驶证复印件、驾驶员本人驾驶执照、车辆正侧面照片各一张、驾驶员全身近照、家庭和亲属的电话号码、挂靠单位证明、联系电话和联系人等,要形成独立的档案管理系统。

(3)与社会公众之间可能产生的责任风险。

①环境污染风险。运输活动中的环境污染主要表现为交通拥堵、机动车排放尾气、噪声等。根据环境保护法,污染者需要对不特定的社会公众承担相应的法律责任。

②交通肇事风险。驾驶员在运输货物的过程中发生交通肇事,如碰撞、翻车、火灾等,都会引起货物损坏,甚至整车货物损毁。因其属于履行职务的行为,其民事责任由其所属的物流企业承担。要防止车辆事故,就要经常性地对车辆驾驶人员进行安全行驶教育,督促驾驶人员对车辆进行保养、维护和安全检查,尤其是车辆制动系统、转向系统,注意观察轮胎的磨损程度和耐受力,杜绝超载、超高、超宽负载行驶。

③危险品泄漏风险。危险品物流有泄漏的风险,随时会给社会公众的生命财产安全带来威胁,从事危险品物流运输企业要予以警惕。一定要对员工进行危险品运输知识培训,考核上岗。无危险品运输资质不承接承运此类货物。

2. 运输风险的特征

在现代社会,运输风险几乎无处不在,每天都会出现物流运输事故,仅在中国,每年运输事故造成的损失就达几百亿元。但运输风险具有明显的不同于其他风险的特征。

(1)客观性。由于自然灾害、意外事故存在以及人们为了某些利益进行的欺诈,造成运输风险的客观存在。

(2)偶然性。运输风险是不确定的,不是每次都必然出现的,它的出现有一定的条件的。如果采取适当的措施就会使破坏或损失的概率降低。

(3)损害性。运输风险轻则使企业发生经济损失,重则使企业破产倒闭。一次的事故可能让企业赔偿几万元甚至几千万元。

(4)结果的不确定性。运输风险具有结果的不确定性,损失的特点、会不会损失、什么时间损失、损失多少,谁也无法预测。而且每一次的事故损失都是不一样的。

(三)运输风险防范措施

1. 风险转移

(1)保险。物流运输是机遇和风险并存的。当运输公司无法自我承担某些经营风险时,就要购买相应的保险,从而将风险转嫁给保险公司。运输公司如担心火灾或意外会导致运输货物损失,就可选择购买货物运输保险,通过保险公司的保障来减少自身的经济损失;如担心货物出海后,海上风险难以预测,就可购买一份海洋货物运输险,确保自身收入与利润的"安全性"。

随着货物运输量的增长,风险的进一步增加,越来越多的运输公司选择货物运输保险,从而造成一个良性的循环:投保的人越多,总体货运险保费就越低。外资保险公司的进入也加剧了货物运输保险市场的竞争,进一步促使货物运输保险的费率下降。如国内著名的货运险平台保运通的费率就低至万分之五左右。因此,在目前的货物运输保险整体费用便宜的情况下,保险成本已不再是问题,所缺的只是企业本身的风险防范意识和投保意识了。

(2)押金。通过对固定的承运商收取一定数额的押金,货物发生意外时可抵扣押金,这也是降低风险的一种重要方法。

(3)月结。对业务相对固定的线路实行按月结算的方式,出现货损货差后,在结算额中抵减。

2. 风险的预防

(1)提高员工基本素质。员工的基本素质对风险的控制有非常重要的作用,尤其是工作责任心和工作态度,具体操作人员要有高度的责任心和认真细致的工作态度以及敏锐的才智,员工素质与风险控制程度关系非常紧密,许多风险都可以因为员工素质的提高得到控制,诸如货损货差、飞货、配载操作等人为因素多的风险,都可通过员工的工作责任心防患于未然。

（2）提高员工的操作技能和技术水平。员工的操作技能和技术水平,如对证件真伪的识别能力、装卸车操作技能、车辆驾驶技术等,对于风险控制也是非常重要的。

要经常性地对员工的技能技术组织定期培训,对于技术要求严格的岗位要配有专人指导,使全体员工在技术技能上都能胜任工作要求。

（3）关怀员工能降低风险程度。公司关怀员工的程度决定着员工对企业的责任心和负责态度,给予员工足够的关怀,使员工以公司为家,事事细心,高质量地完成工作,对风险的预见性就会明显提高,能够极大地降低风险发生的几率。

（4）严格管理制度。物流运输企业在营运过程中,通过严格的制度管理可以避免大部分风险。因此,要有严格的规章制度,将工作中出现的责任落实到个人,并结合相关的奖惩机制,将人为原因造成的失误降到最低。对于可能出现问题的地方,应制订专门的审核制度,将操作流程进行标准化处理,对整个物流运输服务制度化管理,保证物流运输系统的顺畅营运。一方面要对信息系统和硬件设备进行专门的检修和保养,避免硬件的故障造成物流运输服务环节中的差错;另一方面服务流程尽量标准化,有章可循,减少人为原因造成的风险。

（5）设立风险预防岗位。物流运输企业要设立风险预防岗位,积极引进运输风险管理人才,从事运输风险预防工作。从源头上控制运输风险,降低风险发生率。如果一时难以引进,也要派人去相关高校学习、培训。运输风险管理对理论性与实践性要求都很高,企业应派有优秀实践经验的人才去高校学习,高校与企业可以通过项目合作来培养人才和解决实践问题。

（6）建立稳定的合作伙伴关系。物流运输企业经营中,可以考虑与有丰富管理经验大型物流企业或相关行业的大型企业合作,这样既可以降低经营风险,又能够在合作中学习大型企业先进的管理经验。首先将原有的简单运输服务进行重组,形成一个有机整体,然后在稳定原有业务的基础上发展新的业务,根据自身实力对目标客户进行定位,积极寻找物流服务需求企业,经过与合作企业不断沟通,了解客户所需物流服务的具体内容,以及对物流设施的要求,考察该企业的物流服务需求是否在项目的服务能力内,如果符合要求,结合实际为客户企业进行物流流程的设计,并与企业进一步切磋,最后制订标准的服务流程后,签订长期物流服务合同,发展为稳定的合作伙伴关系,定期进行沟通,不断改进工作中存在的不足,提高物流运输服务质量,以巩固合作模式的稳定性。同时可以考虑采取与合作伙伴利益一体化的方式保证客户的稳定性,密切关注客户的资信状况,对于资信状况好、发展能力强的客户,可考虑通过合资、相互控股的方式将物流项目的发展与生产企业紧密联系起来,两者相互依存,共同发展。

（四）货物运输保险的类型

货物运输保险是以运输途中的货物作为保险标的,保险人对由自然灾害和意外事故造成的货物损失负责赔偿责任的保险。

货物运输保险按运输工具的不同可以分为海上、陆上、航空、邮包以及多式联运货物保险,货物运输保险也可以分为涉外货物运输保险和国内货物运输保险。国内货物运输保险与海上货物运输保险同为运输保险的重要组成部分,由于国内货物运输保险是从海上货物运输保险演变而变的,因而其性质与海上货物运输保险有颇多的相似之处。又因为国内货物运输保险标的由海移到陆上,故有自己的特殊性质。

国内货物运输保险是以在国内运输过程中的货物为保险标的,在标的物遭遇自然灾害或意外事故所造成的损失时给予经济补偿。国内货物运输保险按运输方式、运输工具的不同有不同的分类。

1. 按不同的运输方式分

(1) 直运货物运输保险。直运货物运输保险承保的货物是从起运至目的地只用一种运输工具的运输,即使中途货物需转运,转运用的运输工龄与前一段运输所使用的运输工具仍属同一种类。

(2) 联运货物运输保险。联运货物运输保险承保的是两种或两种以上不同的主要运输工具运送货物的运输,可以有水陆联运、江海联运、陆空联运等。联运货物运输保险的保险费率高于直达运输下的货运险费率。

(3) 集装箱运输保险。集装箱运输也叫货柜运输,它是20世纪50年代出现的一种运输方式。集装箱运输的优点在于能做到集装单位化,即把零散包件货物集中在大型标准化货箱内,因而可以简化甚至避免沿途货物的装卸和转运,从而可以使得降低货物运输成本,加速船舶周转,减少货物残损短少成为可能。集装箱运输方式自产生以后历经了迅速的发展。若投保集装箱货物运输保险,其费率较利用其他运输方式运输货物的要低。

2. 按不同运输工具分

(1) 水上货物运输保险。承保用水上运输工具承运货物的一种运输保险。水上运输工具指轮船、驳船、机帆船、木船、水泥船等。

(2) 陆上货物运输保险。承保除水上运输工具和飞机以外的所有其他运输或手段运载货物的运输保险,运输工具包括机动的、人力的、畜力的,例如火车、汽车、驿运等。

(3) 航空货物运输保险。承保以飞机为运输工具运载货物的运输保险。

按运输工具的不同对国内货物运输保险进行分类是最常见的一种分类方法。在国内货物运输保险的保险单上还可以见到特殊货物保险,如排筏保险、海上抢轮木排运输保险、港内外驳运险和市内陆上运输保险等。

(五) 海上货物运输保险

1. 海上货物运输保险险别

在国际货物买卖业务中,海上保险是一个不可缺少的条件和环节。其中业务量最大,涉及面最广的海上保险是海洋运输货物保险。海洋运输货物保险条款所承保的险别,分为基本险别和附加险别两类。

(1) 基本险别。

基本险别有平安险(Free from Paricular Average, F. P. A)、水渍险(With Average or With Particular Average, W. A or W. P. A)和一切险(All Risk, A. R.)三种。

平安险的责任范围:①被保货物在运输过程中,由于自然灾害造成整批货物的全部损失或推定全损。被保货物用驳船运往或远离海轮的,每一驳船所装货物可视为一整批。②由于运输工具遭受意外事故造成货物全部或部分损失。③在运输工具已经发生意外事故的情况下,货物在此前后又在海上遭受自然灾害落海造成的全部分损失。④在装卸或转运时,由于一件或数件货物落海造成的全部或部分损失。⑤被保人对遭受承保范围内的货物采取抢救、防止或减少货损的措施而支付的合理费用,但以不超过该批被救货物的保险金额为限。⑥运输工具遭难后,在避难港由于卸货所引起的损失以及在中途港、避难港由于卸货、存仓以及运送货物所产生的特别费用。⑦共同海损的牺牲、分摊和救助费用。⑧运输合同订有"船舶互撞责任条款",根据该条款规定应由货方偿还船方的损失。

水渍险的责任范围:除平安险的各项责任外,还负责被保货物由于自然灾害造成的部分损失。

一切险的责任范围:除平安险和水渍险的各项责任外,还负责被保货物在运输途中由于一般外来原因所造成的全部或部分损失。

(2)附加险别。

附加险别是基本险别责任的扩大和补充,它不能单独投保,附加险别有一般附加险和特殊附加险。

一般加险有11种,它包括:偷窃,提货不着险(Theft, Pilferage and Nondelivery, T. P. N. D),淡水雨淋险(Frrsh Water and/or Rain Damage),短量险(Risk of Shortage in Weight),渗漏险(Rish of Leakage),混杂、沾污险(Rish of Intermixture and Contamination),碰损、破碎险(Risk of Intermixture and Contamination),串味险(Risk of Odour),受潮受热险(Sweating and Heating Risk),钩损险(Hook Damage Risk),包装破裂险(Breakage of Packing Risk),锈损险(Risk of Rust)。

特殊附加险包括:交货不到险(Faliure to Deliver Risk),进口关税险(Import Duty Risk),舱面险(On Deck Risk),拒收险(Rejection Risk),黄曲霉素险(Aflatoxin Risk),卖方利益险(Seller's Contingent Risk),出口货物到港九或澳门存仓火险责任扩展条款,罢工险(Fire Risk Extention Clause for Storage of Cargo of Destination Hongkong Inaluding Kowloon, or Macao),海运战争险(Ocean Marine Cargo War Risk)等。

2. 海上货物运输保险涉及的费用和损失

海上风险还会造成费用支出,主要有施救费用和救助费用。所谓施救费用是指被保险货物在遭受承保责任范围内的灾害事故时,被保险人或其代理人或保险单受让人,为了避免或减少损失,采取各种措施而支出的会理费用。所谓救助费用是指保险人或被保险人以外的第三者采取了有效的救助措施之后,由被救方付给的报酬。保险人对上述费用都负责赔偿,但以总和不超过货物险保险金额为限。

海上货物运输的损失又称海损(Average),指货物在海运过程中由于海上风险而造成的损失,海损也包括与海运相连的陆运和内河运输过程中的货物损失。海上损失按损失的程度可以分成全部损失和部分损失。

(1)全部损失。

全部损失又称全损,指被保险货物的全部遭受损失、有实际全损和推定全损之分。实际全损是指货物全部灭失或全部变质而不再有任何商业价值。推定全损是指货物遭受风险后受损,尽管未达实际全损的程度,但实际全损已不可避免,或者为避免实际全损所支付的费用和继续将货物运抵目的地的费用之和超过了保险价值。推定全损需经保险人核查后认定。

(2)部分损失。

不属于实际全损和推定全损的损失,为部分损失。按照造成损失的原因可分为共同海损和单独海损。

在海洋运输途中,船舶、货物或其他财产遭遇共同危险,为了解除共同危险,有意采取合理的救难措施所直接造成的特殊牺牲和支付的特殊费用,称为共同海损。在船舶发生共同海损后,凡属共同海损范围内的牺牲和费用,均可通过共同海损计算,由有关获救受益方(即船方、货方和运费收入方)根据获救价值按比例分摊,然后再向各自的保险人索赔。共同海损分摊涉及的因素比较复杂,一般均由专门的海损理算机构进行理算(Adjustment)。

不具有共同海损性质,未达到全损程度的损失,称为单独海损。该损失仅涉及船舶或货物所有人单方面的利益损失。

按照货物险保险条例,不论担保何种货运险险种,由于海上风险而造成的全部损失和共同海损均属保险人的承保范围。对于推定全损的情况,由于货物并未全部灭失,被保险人可以选择按全损或按部分损失索赔。倘若按全损处理,则被保险人应向保险人提交"委付通知"。把残余标的物的所有权交付保险人,经保险人接受后,可按全损得到赔偿。

3. 海运保险的保险责任期限

按照国际保险业的习惯,海运保险基本险采用的是"仓至仓条款"(Warehouse to Warehouse Clause,WWClause),即保险责任自被保险货物远保险单所载明的起运地发货人仓库或储存处所开始生效,包括正常运输过程中的海上、陆上、内河和驳船运输在内,直至该项货物到达保险单所载明目的地收货人的仓库为止,但最长不超过被保险货物卸离海轮后60天。

一般附加险均已包括在一切险的责任范围内,凡已投保海运保险一切险的就无需加保任何一般附加险,但应当说明海运保险一切险并非一切风险造成的损失均予负责。特殊附加险的海运战争险的承保责任范围,包括由于战争、类似战争行为和敌对行为、武装冲突或海盗行为,以及由此引起的捕获、拘留、扣留、禁制、扣押所造成的损失;或者各种常规武器(包括水雷、鱼雷、炸弹)所造成的损失;以及由于上达原因引起的共同海损牺牲、分摊和救助费用。但对原子弹、氢弹等热核武器所造成的损失不负赔偿责任。战争险的保险责任期限以水面危险为限,即自货物在起运港装上海轮或驳船时开始,直到货物卸离海轮或驳船为止;如不卸离海轮或驳船,则从海轮到达到目的港的当天午夜起算满15天,保险责任自行终止。保险条款还规定,在投保战争险前提下,加保罢工险不另收费。

4. 基本险别的除外责任

除外责任指保险不予负责的损失或费用,一般都有属非意外的、非偶然性的或须特约承保的风险。为了明确保险人承保海运保险的责任范围,中国人民保险公司《海洋运输货物保险条款》中对海运基本险别的除外责任有下列五项:①被保险人的故意行为或过失所造成的损失;②发货人责任所引起的损失;③在保险责任开始前,被保险货物已以存在的品质不良或数量短差所造成的损失;④被保险货物的自然损耗、本质缺陷、特性以及市场跌落、运输延迟所引起的损失和费用;⑤战争险和罢工险条款规定的责任及其险外责任。空运、陆运、邮运保险的除外责任与海运基本险别的险外责任基本相同。

5. 海洋货物运输保险索赔期限

海洋货物运输保险索赔时效,从被保险货物在最后卸载港全部卸离海轮后起算,最多不超过两年。

(六)陆上与航空货物运输保险

1. 陆上货物运输保险

陆上货物运输保险是货物运输保险的一种。

(1)陆上货物运输保险的种类。

陆运险的责任范围:①保险人负责赔偿被保险货物在运输途中遭受暴风、雷电、洪水、地震等自然灾害或由于运输工具遭受碰撞倾覆、出轨或在驳运过程中因驳运工具遭受搁浅、触礁、沉没、碰撞,或由于遭受隧道坍塌、崖崩或失火、爆炸等意外事故造成的全部损失或部分损失。②被保险人对遭受承保责任内危险的货物采取抢救,防止或减少货损的措施而支付的合理费用,但以不超过该被救货物的保险金额为限。

陆运一切险的责任范围:陆运一切险的责任范围除了陆运险的责任外,保险人还负责被保险货物在运输途中由于外来原因所致的全部损失或部分损失。

(2)陆上货物运输保险的除外责任。

陆运险对于下列损失不负责赔偿:

①被保险人的故意行为或过失所造成的损失;

②属于发货人责任所引起的损失;

③在保险责任开始前,被保险货物已经存在的品质不良或数量短差所造成的损失;

④被保险货物的自然损耗、本质缺陷、特性以及市价跌落、运输延迟所引起的损失和费用;

⑤陆上货物运输战争险条款和货物运输罢工险条款规定的责任范围和除外责任。

(3)陆上运输货物保险条款。

中国人民保险公司的陆上运输货物保险条款以火车和汽车为限,其主要险别分为陆运险和陆运一切险,陆上运输货物战争险是陆上运输货物保险的附加险。

附:中国人民保险公司陆上运输货物保险条款(火车、汽车)

一、责任范围

本保险分为陆运险和陆运一切险二种。被保险货物遭受损失时,本保险按照保险单上订明承保险别的条款规定负赔偿责任。

(一)陆运险

本保险负责赔偿:

1.被保险货物在运输途中遭受暴风、雷电、洪水、地震自然灾害或由于运输工具遭受碰撞、倾覆、出轨或在驳运过程中因驳运工具遭受搁浅、触礁、沉没、碰撞;或由于遭受隧道坍塌,崖崩或失火,爆炸意外事故所造成的全部或部分损失。

2.被保险人对遭受承保责任内危险的货物采取抢救,防止或减少货损的措施而支付的合理费用,但以不超过该批被救货物的保险金额为限。

(二)陆运一切险

除包括上列陆运险的责任外,本保险还负责被保险货物在运输场中由于外来原因所致的全部或部分损失。

二、除外责任

本保险对下列损失不负赔偿责任:

(一)被保险人的故意行为或过失所造成的损失。

(二)属于发货人责任所引起的损失。

(三)在保险责任开始前,被保险货物已存在的品质不良或数量短差所造成的损失。

(四)被保险货物的自然损耗、本质缺陷、特性以及市价跌落、运输延迟所引起的损失或费用。

(五)本公司陆上运输货物战争险条款和货物运输罢工险条款规定的责任范围和除外责任。

三、责任起讫

本保险负"仓至仓"责任,自被保险货物运离保险单所载明的起运地仓库或储存处所开始运输时生效,包括正常运输过程中的陆上和与其有关的水上驳运在内,直至该项货物运达保险单所载目的地收货人的最后仓库或储存处所或被保险人用作分配、分派的其他储存处所为止,如未运抵上述仓库或储存处所,则以被保险货物运抵最后卸载的车站满60天为止。

四、被保险人的义务

被保险人应按照以下规定的应尽义务办理有关事项,如因未履行规定的义务而影响本公司利益时,本公司对有关损失有权拒绝赔偿。

(一)当被保险货物运抵保险单所载目的地以后,被保险人应及时提货,当发现被保险货物遭受任何损失,应即向保险单上所载明的检验、理赔代理人申请检验。如发现被保险货物整件短少或有明显残损痕迹,应即向承运人、受托人或有关当局索取货损货差证明,如果货损货差是由于承运人、受托人或其他有关方面的责任所造成,并应以书面方式向他们提出索赔,必要时还需取得延长时效的认证。

(二)对遭受承保责任内危险的货物,应迅速采取合理的抢救措施,防止或减少货物损失。

(三)在向保险人索赔时,必须提供下列单证:保险单正本、提单、发票、装箱单、磅码单、货损货差证明、检验报告及索赔清单。如涉及第三者责任还须提供向责任方追偿的有关函电及其他必要单证或文件。

五、索赔期限

本保险索赔时效,从被保险货物在最后目的地车站全部卸离车辆后计算,最多不超过两年。

2.航空货物运输保险

航空货物运输保险是以航空运输过程中的各类货物为保险标的,当投保了航空货物保险的货物在运输途中因保险责任造成货物损失时,由保险公司提供经济补偿的一种保险业务。

(1)保险标的范围

①凡在中国境内经航空运输的货物均可为本保险之标的。

②下列货物非经投保人与保险人特别约定,并在保险单(凭证)上载明,不在保险标的范围以内:金银、珠宝、钻石、玉器、首饰、古币、古玩、古书、古画、邮票、艺术品、稀有金属等珍贵财物。

③下列货物不在航空货物保险保险标的范围以内:蔬菜、水果、活牲畜、禽鱼类和其他动物。

(2)保险责任

由于下列保险事故造成保险货物的损失,保险人应该负航空货物保险赔偿责任:

①火灾、爆炸、雷电、冰雹、暴风、暴雨、洪水、海啸、地陷、崖崩;

②因飞机遭受碰撞、倾覆、坠落、失踪(在三个月以上),在危难中发生卸载以及遭受恶劣气候或其他危难事故发生抛弃行为所造成的损失;

③因受震动、碰撞或压力而造成破碎、弯曲、凹瘪、折断、开裂的损失;

④因包装破裂致使货物散失的损失;

⑤凡属液体、半流体或者需要用液体保藏的保险货物,在运输途中因受震动、碰撞或压力致使所装容器(包括封口)损坏发生渗漏而造成的损失,或用液体保藏的货物因液体渗漏而致保藏货物腐烂的损失;

⑥遭受盗窃或者提货不着的损失;

⑦在装货、卸货时和港内地面运输过程中,因遭受不可抗力的意外事故及雨淋所造成的损失。

在发生航空运输保险责任范围内的灾害事故时,因施救或保护保险货物而支付的直接合理费用,但最高以不超过保险货物的保险金额为限。

(3)保险期限

航空运输保险的保险责任是自保险货物经承运人收讫并签发保险单(凭证)时起,至该保险单(凭证)上的目的地的收货人在当地的第一个仓库或储存处所时终止。但保险货物运抵目的地后,如果收货人未及时提货,则保险责任的终止期最多延长至以收货人接到《到货通知单》以后的15天为限(以邮戳日期为准)

(4)航空货物运输险保险金额及保险费率

航空运输保险的保险价值按货价或货价加运杂费确定,保险金额按保险价值确定,也可以由保险双方协商确定。其他规定与国内水路陆路货物运输保险类似。

(七)运输保险业务管理

1.运输保险策略

(1)如果是国内货物运输,首先按照运输工具的不同确定采用国内水路、铁路、公路或航空货物运输险中的一种或多种(联运),再根据所希望得到的保障水平和所能承担的费用选取国内货物运输基本险、综合险及各种附加险进行投保。

(2)如果是国外货物运输,就要进行国际运输货物保险。

国际货物运输保险的险种繁多,条款内容较复杂,例如,海上保险中的一般附加险就有11种、特别附加险6种;邮包运输保险包括海、陆、空三种运输方式或联运方式中的邮包保险责任。在办理国际货物运输保险时,除了需要选择合适的险种(包括附加险),还要选择适用的保险条款(如中国人民保险公司条款、伦敦保险协会条款等),以保证在发生保险事故时,通过理赔使被保险人利益能得到保障。

(3)运输活动离不开相应的运输工具,因此还要对运输工具进行保险,根据不同的运输工具及其风险可选择的险种主要有:机动车辆保险、船舶保险、飞机保险及其相应的附加险种。

2.保险金额的计算方法

(1)国内货物运输保险业务。按起运地成本价或者协商价确定。其中起运地成本价是指按货物在起运地购进时的成本价(以发票为准)或调拨价或购进价加运费、包装费、搬运费等来确定;协商价不得超过保险价值。一张投保单不同单价、不同品名的货物,保险金额应分别列明,同时须填写总保险金额。另外,也可按照增值税发票价计算保险金额,即保险金额 = 货价 × (1 + 增值税)。

(2)出口货物运输保险业务。在国际贸易中广泛采用的装运港交货一般有三种价格:到岸价(船上交货价,即FOB价);成本加运费价(即CFR价);到岸价(包括成本加运费加保险费,即CIF价)。

一般来说,各国保险法及国际贸易惯例一般够规定出口货物运输保险的保险金额在CIF货价基础上适当加成,加成率一般是10%,也可以与被保险人约定不同的加成率,但一般不超过30%。保险金额 = CIF货价 × (1 + 加成率)。

如果是CFR报价,则应折算成CIF价,CIF = CFR/[1 - (1 + 加成率) × 保险费率];如果是FOB报价,则需先在FOB价中加入运费,变成CFR后,再折算成CIF价。

(3)进口货物运输保险业务。保险金额以进口货物的 CIF 价格为准,若要加成投保,可以加成 10% 为宜。若按 CFR 或 FOB 条件进口,则按特约保险费率和平均运费率直接计算保险金额。

按 CFR 进口时:保险金额 = CFR 价格 × (1 + 特约保险费率);按 FOB 进口时:保险金额 = FOB 价格 × (1 + 平均运费率 + 特约保险费率)。

四、技能训练准备

(1)学生每 5 人为一个小组,每个小组选一名组长;
(2)卡片若干张;
(3)教师现场指导;
(4)训练时间安排:2 学时。

五、技能训练步骤

(1)以每位学生为单位,在卡片上写出货物运输保险的险别;
(2)教师列举出货物运输保险的若干特点,各组通过卡片问询法,收集每位学生选择的货物运输保险的险别;
(3)以组为单位确定选择的货物运输保险的险别;
(4)每组派一位代表陈述结果。

六、技能训练注意事项

(1)卡片填写要认真,一丝不苟;
(2)卡片汇总后要进行归类;
(3)选择的货物运输保险的险别要有依据、要准确。

七、技能训练评价

请完成技能训练后填写附录一。

八、技能训练活动建议

建议组织学生到物流企业、运输企业、货运保险代理企业进行参观和调研。

思考练习

1.简答题
(1)货物运输风险的类型和特征?
(2)运输风险防范有哪些措施?
(3)货物运输保险有哪些分类?

（4）共同海损和单独海损的区别？

（5）保险金额的计算方法有哪些？

2. 案例分析题

CIF 合同的保险条款

有一份 CIF 合同，卖方甲投保了一切险，自法国内陆仓库起，直到美国纽约的买方仓库为止。合同中规定，投保金额是"按发票金额点值另加百分之十"。卖方甲在货物装船后，已凭提单、保险单、发票、品质检验证书等单证向买方银行收取了货款。后来，货物在运到纽约港前遇险而全部损失。当买方凭保险单要求赔偿损失，但卖方保险公司拒绝。

分组讨论回答以下问题：

（1）卖方甲有无权利要求保险公司赔偿损失？为什么？

（2）CIF 合同下，卖方承担什么责任？

任务八 绿 色 运 输

内容简介

随着社会实践活动的开展,人们逐渐在前行和反思中认识到经济与环境、运输与环境协调发展的重要性。本部分从可持续发展的角度出发,从理论层面上讲述绿色运输的发展演变、绿色经济的理论基础,绿色运输的理论以及运作方式,重点讲述道路运输业绿色运输发展的途径和评价体系。

教学目标

1. 知识目标

(1)了解绿色运输产生的背景、概念及内容

(2)理解可持续发展、生态经济学和生态伦理学这三大绿色运输的理论基础

(3)理解运输系统中运输活动的负外部性,掌握绿色运输活动的管理与技术手段

(4)掌握运输系统绿色度评价体系

2. 技能目标

(1)调查某一典型运输企业对环境的负的外部影响,形成典型运输企业在运作过程中对环境的污染途径的报告,并提出解决方案

(2)能够针对具体的绿色运输系统灵活选用管理策略

(3)能够根据具体运输企业的实际情况,合理设计运输行业评价指标体系,并能够按照运输评价指标体系对某典型运输企业进行有效评价

案例导入

绿 色 生 活

为了控制日益严重的环境污染,许多国家相继实施了更为严厉的环保法规,全球绿色工业因此迅速崛起。绿色工业是指生产环保产品的产业,包括制造改善空气质量、保护水土资源等自然环境的产品以及加工处理回收物品的行业。据估计,目前全球绿色工业拥有的市场规模约 2000 亿美元。一些专家认为,绿色工业革命起源于对环境问题的重视,涉及的总资金将逾万亿美元。为此,美、日及欧盟竞相制定出扶持政策,以争夺庞大的环保市场。美国能源部、环保署、进出口银行组成特别小组,研究如何开拓绿色产品出口市场,计划用环境投资基金帮助企业促销。绿色商品呈现出日趋走俏的势态。许多国家追求的绿色商品已成为人们的新时尚,部分产品格外受宠。一些企业抓住人们追求"绿色消费"的心态,纷纷推出新的绿色商品,一些商品也因印有绿色产品商标而备受人们青睐。绿色意识已经逐渐深入人心,渗透到人们日常生活领域中去,人们开始自觉地要求视绿、穿绿、食绿、住绿、吸绿。

1. 视绿

国际上提出"绿视率"理论,认为绿色是一种柔和、舒适的色彩,它能给人以镇静、安宁、

凉爽的感觉。由绿色植物组成的世界,会对人体的神经系统,特别是大脑皮层产生良好的刺激,使人们紧张的精神情绪得以改善。据测定,绿色在人的视野中达到25%时,人的精神感觉最为舒适,对健康也最为有益;人体在25%左右的绿色环境中皮肤温度可降低1～2℃,脉搏每分钟可减少8次。在夏季,绿色地区可降温1.3～8℃,减尘4%～28%,灭菌2%～59%。世界上几个有名的长寿区,其"绿视率"均在15%以上。

2. 穿绿

时装在制作过程中会使用多种化学添加剂,因为这样可以使时装防缩、挺括,然而这些化学物质对皮肤有刺激作用,一些染料化合物甚至会释放出致癌物,当其接触人体皮肤时,可通过汗液和体温作用释放出各种有害物质,从而引起人体病变。因此,以天然纤维为原料的"绿色"服装日益受到人们的重视与喜爱。

3. 食绿

所谓绿色食品,是无污染、安全、优质、营养类食品的统称。目前我国已成立了"中国绿色食品发展中心",要求所生产食品的原料产地符合农业部制定的绿色食品标准,农作物种植、畜禽饲养、水产养殖及食品加工符合绿色食品的生产操作规程,产品符合绿色食品的质量与卫生标准,产品包装符合国家食品标签通用标准,符合要求的绿色食品被冠以国家级绿色标志,给人们一种安全感。

4. 住绿

一股绿色建筑热正在全球悄然兴起,建筑设计师们尽可能地采用可再生材料,努力设计开发低能耗的保暖和降温系统,减少化学品的使用以防止室内污染。英国、德国设计的绿色住宅,其热能供应来自人体散发的热、阳光及家电设备所产生的热量;家庭用电则依靠太阳能和风力发电提供;水是将屋檐下的雨水蓄积于地下室,经过滤后使用;粪便与污水流入一个堆肥坑,经发酵后提供花园施肥。我国南方近些年来也兴建了不少绿色建筑。许多国家、地区已把垂直绿化作为美化城市住宅的重要标志之一,他们在房屋的屋顶、窗台、阳台上种植各种爬藤植物,使鳞次栉比的房子掩映、笼罩在绿色丛中。此外,绿色旅馆、绿色办公室、绿色体育馆等也应运而生。

5. 吸绿

吸绿是指呼吸绿色环境中的空气,以获得养生健身的功效。绿色植物有抗污染的能力,据测定,一公顷阔叶林每天可"吃"掉1000kg CO_2,一公顷草坪也能"吃"掉900kg CO_2。至于SO_2、氟化氢(HF)及其他有害气体,同样也逃不脱绿色植物的"胃"。绿色环境空气中的含氧浓度很高,一公顷阔叶林每天"产氧"730kg,一公顷草坪"产氧"600kg以上,而成人每天大约吸氧0.75kg,若要保持体内的氧平衡,每个成人平均需要10m^2树林或50m^2草坪。

同时,绿色植物释放的气体中还含有不少其他有益健康的成分,如植物杀菌素、负氧离子等,吸入它可使人体消灭潜伏的细菌,清除致病隐患,获得和维生素一样有益健身的气体元素。近些年来,世界上许多国家开始利用森林湿润的空气、芳香气味及森林中特有的负氧离子来调节人体机能,治疗疾病,兴起"森林浴"。森林可消除噪声,它对声波有着散射作用,故林中特别幽静,能使人旷神怡、抑制焦躁,从而调节人体机能。

引导思路

(1) 简述绿色生活对可持续发展的影响。

(2) 结合实例思考绿色生活对绿色物流提出了什么样的要求。

项目一　绿色运输基础

教学要点

(1) 组成 4~6 个分析小组,并由小组讨论

(2) 利用网络资源,收集相关绿色运输的内涵,并根据不同货物选择适合的运输方式

(3) 选择某代表性的运输企业,通过对其运作方式的调研,形成典型运输企业在运作过程中对环境的污染途径的报告

教学方法

可采用讲授、分组讨论等方法。

一、情　景　设　置

自然资源与环境为人类的运输活动提供了有效保证,由于环境承载力的限制,运输活动要求应与环境承载力相适应,请你根据运输物品的质量、性质、大小,从保护环境角度来设计运输流程的实现。

二、技能训练目标

根据运输车辆运行及车辆结构、企业的状况、目标市场等特点来分析运输污染的结构、总量等内容,拟定合理的运输方式。

三、相关理论知识

(一) 绿色运输产生的背景

20 世纪 60 年代以来,气候变暖、空气污染、水污染和土地沙化等一系列工业化进程造成的严重后果使人类付出了惨痛的代价。我国也不例外,在追求经济高速增长的同时,"高投入、低产出"的低效增长模式也给环境带来了严重的负面影响。因此,不断增强社会经济可持续发展的能力、改善生态环境、提高资源利用效率、推行可持续发展的绿色经济成了社会经济发展的目标,作为可持续发展模式的绿色运输应运而生,最终目的在于引导和促进企业顺应可持续发展和物流经济发展的要求,实施环境友好的绿色运输战略。

1. 生态危机

所谓生态危机,指的是人类赖以生存和发展的自然环境或生态系统的结构和功能,由于人为的不合理开发利用而引起的生态环境退化和生态系统的严重失衡现象。一旦形成生态危机,生态在较长时期内很难恢复。

(1) 全球变暖。全球变暖是指全球气温升高。最近一百多年来,全球平均气温总体为上升趋势,导致全球变暖的主要原因是人类在近一个世纪以来大量使用矿物燃料(如煤、石油

等),排放出大量的二氧化碳(CO_2)等多种温室气体。全球变暖会使全球降水量重新分配、冰川和冻土消融、海平面上升等,既危害自然生态系统的平衡,又威胁到人类的食物供应和居住环境。

(2)臭氧层破坏。在地球大气层近地面约 10~50km 的平流层里存在着一个臭氧层(20~30km),其臭氧含量占这一高度气体总量的十万分之一。臭氧含量虽然极其稀少,却具有强烈的吸收紫外线的功能,它能挡住太阳紫外线辐射对地球生物的伤害,保护地球上的一切生命。然而人类生产和生活所排放出的一些污染物,在紫外线的照射下会发生连锁的化学、物理变化,使臭氧迅速耗减,臭氧层遭到破坏。南极的臭氧层空洞就是臭氧层破坏的一个最显著的标志。臭氧层的破坏将严重威胁人类的生存。

(3)酸雨。酸雨是由于空气中二氧化硫(SO_2)和氮氧化物(NO_x)等酸性污染物引起的 pH 值小于 5.65 的酸性降水。受酸雨危害的地区会出现土壤和湖泊酸化,植被和生态系统遭破坏,建筑材料、金属结构和文物被腐蚀等一系列严重的环境问题。

(4)空气污染。除了酸雨外,还有很多其他的物质,如臭氧、一氧化碳(CO)、铅和借助空气传播的有毒物质,都会导致空气污染。美国一份报告显示,每年至少有 110 万吨的危险污染物排放到空气中,化学工业是酸雨的元凶,它产生的工业废气致使空气中充满各种致癌物质、突变剂、神经毒素。除空气污染外,这些空气中的有害物质也污染了水源,影响到鱼类和野生动物的生存,甚至危害到人类的繁衍。

(5)淡水资源匮乏。地球表面虽然有 2/3 被水覆盖,但其中 97% 为无法饮用的海水,只有不到 3% 是淡水,其中又有 2% 封存于极地冰川之中。在仅有的 1% 可用淡水中,25% 为工业用水,70% 为农业用水,只有很少的一部分可供饮用和其他生活用途。然而,在这样一个缺水的世界里,水却被大量滥用、浪费和污染。加之淡水资源分布不均匀,致使世界上缺水现象十分普遍,全球淡水危机日趋严重。一些河流和湖泊的枯竭、地下水的耗尽和湿地的消失,不仅给人类生存带来严重威胁,而且使许多生物也随着人类生产和生活造成的河流改道、湿地干化和生态环境恶化而濒临灭绝。

(6)资源与能源短缺。资源和能源短缺问题已经在大多数国家甚至全球范围内出现。这种现象的出现主要是人类无计划、不合理地大规模开采所致。从目前石油、煤、水利和核能发展的情况来看,要满足全球日益增加的需求量是十分困难的。因此,在新能源(如太阳能、快中子反应堆电站、核聚变电站等)开发利用尚未取得较大突破之前,世界能源供应会日趋紧张。

(7)森林锐减。森林是人类赖以生存的生态系统中的一个重要的组成部分。世界人口的日益增长,使得人们对耕地、牧场、木材的需求量增加,导致了对森林的过度采伐和开垦,使森林受到前所未有的破坏。据统计,全世界每年约有 1200 万公顷的森林消失,其中对保持全球生态平衡至关重要的热带雨林占绝大多数。对热带雨林的破坏主要发生在热带地区的发展中国家,尤以巴西的亚马孙雨林情况最为严重。此外,在亚太地区和非洲,热带雨林也遭到严重破坏。

(8)土地荒漠化。土壤层是地球陆地表面极薄的一层物质,它对于人类和陆生动植物的生存极为关键。没有这一层土质,地球上就不可能生长任何树木、谷物,就不可能有森林或动物,也就不可能有人类生存。荒漠化就是指这一层土质的恶化、有机物质减少乃至消失,造成表面沙化或板结而成为不毛之地(包括沙漠和戈壁)。目前全球沙化土壤正以每年 5~7 万公顷的速度扩展,有 10 亿以上的人口、40% 以上的陆地表面受到荒漠化的影响。荒漠化已经演变为经济问题和社会问题,给人类带来贫困和社会的不稳定因素。

(9)物种加速灭绝。物种就是指生物种类。一般来说,物种灭绝速度与物种生成的速度应该是平衡的。但是,由于人类活动破坏了这种平衡,使物种灭绝的速度加快,据《世界自然资源保护大纲》估计,每年有数千种动植物灭绝,而且灭绝速度越来越快,物种灭绝将给整个地球的食物供给带来威胁,它给人类社会发展带来的损失和影响是难以预料和挽回的。

(10)垃圾成灾。全世界每年产生近100亿吨垃圾,一些发达国家已处于垃圾危机之中。我国的垃圾排放量也相当大,许多城市周围排满了一座座垃圾山,不仅占用大量土地,还对环境造成了很严重的污染。其中危险垃圾,特别是有毒、有害垃圾造成的危害更为严重,产生的影响更为深远,其处理问题(包括运送、存放)成为当今世界各国面临的一个十分棘手的环境问题。

(11)有毒化学品污染。目前市场上约有7~8万种化学品,对人体健康和生态环境产生危害的约有3.5万种,其中500余种有致癌、致畸、致突变作用。随着工农业生产的发展,如今每年又有1000~2000种新的化学品投入市场。化学品的广泛使用使全球的大气、水体、土壤乃至生物受到了不同程度的污染和毒害。

(12)人口爆炸。据人口学家估算,公元1650年,世界人口约为5.4亿;1830年工业革命时期已跃至10亿;1960年,世界人口已达到30亿;2011年10月31日世界人口突破70亿。据联合国人口学家预测,如果世界人口保持现在的增长速度,到2050年,全球人口将会增至90亿。人口的过快增长势必带来资源的过快消耗,人口增多会严重破坏自然环境,生态失衡的情况也将会更加严重。同时,人口增加将会带来无法预计的社会问题,如犯罪、战争等。

2. 绿色运动

工业文明对环境和资源的破坏给人类自身的健康与生存造成了严重的威胁,因而,如何面对自然对人类的惩罚,如何使得人类既能不断推进工业革命和提升科技水平,又能够继续在地球上繁衍发展,成为一个世界性的重大课题。在这种背景下,绿色运动应运而生。

(1)绿色运动的产生与发展。绿色运动又叫生态运动或环境保护运动,它兴起于20世纪早期,于1970年达到高潮。1970年4月22日,美国参议员盖洛德·内森倡议这一天为"地球日",得到公众的响应,美国约1500所大学和一些社会团体的近2000万人在纽约、华盛顿等地举行集会和游行,呼吁保护环境。这是人类历史上第一次以环保为内容的群众运动,对推动政府和人们采取措施保护环境起到了重要作用。1972年,联合国通过并发布了《联合国人类环境会议宣言》。目前,世界上的环保小组已遍布一百多个国家。

(2)绿色运动的基本思想。从总体上讲,西方的绿色运动是针对主要发达国家的社会问题而提出的各种观点的集合,其思想内容庞杂,没有共同的目标和纲领。可以把各种绿色组织不同的思想与主张形象地看成"由浅绿到深绿的一段光谱"。

"浅绿色"的思想体系属于温和改良型的,它的建立者来自不同的社会阶层,更多地带有理性色彩。他们对生态、环境、资源和人口等全球性问题具有不同程度的危机感和责任感。他们认为全球性问题的产生是现代科学技术无评价、无控制地滥用所引发的,而解决问题的出路仍然是科学技术。具有较高文化教育背景的人更多地倾向于"浅绿色"的思想体系。

"深绿色"的思想框架是激进的,它并不把环境问题、生态问题、资源问题等简单地归结为科学和技术的后果,而是把全球性问题的根源归结为传统观念和社会结构,归结为社会政治与文化。英国地球之友的领导人乔纳森·波里特认为:"最激进的绿色目标是推翻我们的整个造成污染的、掠夺性的、物质主义的工业社会,在这个基础上建立新的经济和社会秩序,这种秩序将使人类同我们的星球和谐共处。从这方面来说,绿色运动希望成为自社会主义诞生以来最激进、最重要的政治和文化力量。"

3. 绿色运输的产生

随着我国经济迅速发展,GDP高速增长带来的能源过度开采、环境污染、生态系统的破坏等,使我国经济的高速发展很难长期持续下去。由于生产和运输等环节消耗的大量能源(如石油、天然气等)是不可再生的,随着能源的不断开采,余留的能源逐渐减少,因此开采难度逐步加大,生产成本随之增加。绿色运输是为了在经济的高速发展中,降低交通拥挤、降低污染、促进社会公平、节省建设维护费用而发展低污染的有利于环境的多元化交通工具,最大限度地降低运输污染程度而采取的对运输源、运输量、运输流的规制体系。

绿色运输的理念是三个方面的完整统一结合,即通达、有序;安全、舒适;低能耗、低污染。

(二)绿色运输的概念及内容

1. 绿色运输的概念

绿色运输是继绿色制造、绿色消费后又一个新的绿色热点。

(1)从技术层面上,绿色运输主要表现为减轻运输拥挤、降低环境污染。具体表现在以下几个方面:减少高污染运输车辆的使用;提倡使用清洁干净的燃料和绿色运输工具;控制设备的资源消耗;降低固定资产折旧;控制汽车尾气,制定排气标准;加强交通管制、道路设计合理化、减少堵塞;降低污染等。因此,绿色运输可以改善环境质量、节约不可再生资源、提高资源的利用率,降低运输成本等,总之发展绿色运输意义重大。

(2)从运输系统上,绿色运输是指货物在运输过程中,抑制运输对环境造成危害的同时,实现对运输环境的净化,使运输资源得到最充分的利用。它要求从环境的角度对运输体系进行改进,形成一个环境共生型的运输系统。这种运输系统建立在维护地球环境和可持续发展的基础上,改变原来经济发展与运输、消费生活与运输的单向作用关系。在抑制传统运输对环境造成危害的同时,采取与环境和谐相处的态度和全新理念,去设计和建立一个循环的环保型运输系统。强调了全局和长远的利益,强调了全方位对环境的关注,体现了企业的绿色形象,形成了一种能促进经济和消费健康的运输系统。

(3)从生态环境上,绿色运输是为了降低交通拥挤、降低污染、促进社会公平、节省建设维护费用,发展低污染的有利于环境的多元化交通工具来完成运输活动,建立科学合理的综合运输系统,最大限度地降低运输污染程度而采取的对运输源、运输量、运输流的规制体系。绿色运输的理念是三个方面的完整统一结合,即通达、有序;安全、舒适;低能耗、低污染。绿色运输更深层次上的含义是一种与生态、未来、社会和资源和谐的交通。

以上是从不同角度上定义绿色运输,虽然其研究范围与重点有所不同,但关于绿色运输的本质则是一致的,即绿色物流是生态型、环境友好型的运输系统,是符合循环经济和可持续发展理念的运输。绿色运输的主要目的在于减小运输对生态和环境的影响。

绿色运输对货运网点、配送中心的设置做合理布局与规划,实现交通基础设施对土地资源的合理占用;通过对配送车辆的线路优化,缩短路线和降低空载率,实现运输车辆的集约使用,达到节能减排的目标;改进内燃机技术和使用清洁燃料,提高能效。还应当防止运输过程中的泄漏问题,以免对局部地区造成严重的环境危害。

综上所述,绿色运输可以定义为:以可持续发展和绿色理念为指导,为实现运输资源的优化配置与合理利用,利用先进的运输技术对运输活动进行环境友好设计、管理与实施的系统化过程。

2. 绿色运输的特征

绿色运输是对传统运输的发展和完善,它不仅具有一般物流的基本特征,还表现出了更多有利于社会发展的特征。

(1)资源集约性。绿色运输不仅注重运输过程对环境的影响,而且强调整合现有资源,优化资源配置,以提高运输企业资源利用率,减少资源成本。

(2)环境内生性。环境内生性是绿色运输与传统运输相区别的基本特征。在传统运输中,环境因素是运输系统的外生变量,对运输的制约作用很小,运输在很大程度上仅表现出对环境的干扰和破坏。绿色运输将环境作为内生变量进行考虑,这样不仅减少了运输对环境的负面作用,而且对环境起到了保护作用,最终实现运输与环境的协调运作与发展。绿色运输注重对环境污染的控制,注重运输活动对环境的改进作用,同时也注重对资源的高效利用。

(3)双目标性。传统运输以追求企业内部效益的最大化为目标,为降低运营成本,实现运输的效率化,往往以对环境与生态的破坏为代价。绿色运输则考虑了企业的内部经济效益和运输活动造成的外部效益,它注重从环境保护和可持续发展的双重角度求得环境和经济的共同发展。

(4)多层次性。绿色运输既包括企业的绿色运输活动,又包括社会对绿色运输活动的管理、规范和控制。

(5)低熵性。熵是物理学上的一个概念,是系统内无序状态的一种量度,是不可逆的。根据罗马尼亚的著名经济学家尼古拉斯·乔治斯库-罗根(Nicholas Georgescu-Roegen,1906—1994)的"熵"法则,经济和环境的矛盾是不可调和的。因为经济过程是一个持续的转变过程,在这一过程内,可利用的原料和能量向低利用率的原料和能量(即几乎没有任何价值的废品)转换。一方面,如果人们对原料进行创新,提高原料的再利用率,这一矛盾就可以缩小;另一方面,应该实行一切可能的办法,延缓"熵"在经济过程的增加。

低熵型运输要求熵值尽可能小,例如,在运输过程中的运输线路优化设计、运输车辆的合理配置、易于搬运、与其他系统的衔接紧密性强均可提高运输过程的有序性,从而实现低熵型运输。

(6)复杂性。绿色运输是运输与环境相互作用的结果,绿色运输的环境内生性增加了运输运作的难度和运输决策的复杂性;另在研究运输问题时必须考虑环境问题和资源问题;又由于生态系统与经济系统之间的相互作用和影响,生态系统也必然会对运输这个经济系统的子系统产生作用和影响。因此,绿色运输必须结合环境科学和生态经济学的理论、方法进行运输系统的管理,控制和决策,这就使得绿色运输的研究方法非常复杂。

3. 绿色运输的内容

(1)绿色运输的理论基础。

绿色运输的理论基础主要包括可持续发展理论、生态经济学理论和生态伦理学理论。

运输过程中不可避免地要消耗资源和能源、产生环境污染,要实现长期、持续的发展,就必须采取各种措施,形成运输与环境之间的共生发展模式;运输系统既是经济系统的一个子系统,又通过物(人)流动、能量流动建立起与生态系统之间的联系和相互作用,绿色运输正是通过经济目标和环境目标之间的平衡,实现生态效益与经济效益的协调发展;生态伦理学表明,不能一味地追求眼前的经济利益而过度消耗地球资源,破坏子孙后代的生存环境,绿色运输及其管理战略将迫使人们对物流中的环境问题进行反思和控制。

(2) 绿色运输系统。

绿色运输系统是由不同的功能要素构成的,广义上绿色运输系统包括基础设施结构(含通道条件)、车辆运力结构、能源消费结构、绿色运输管理服务水平、驾驶员培训等各个方面的功能要素,不同的功能要素可能分属于不同的企业,位于不同的地理位置,受制于不同的政策法规。绿色运输系统还可从功能要素角度进行具体划分,如按运输对象可分为食品绿色运输、粮食绿色运输等;按温度条件可分为常温绿色运输、冷链绿色运输等。这些子系统又可按空间或时间特性划分成更低层次的子系统,即每个子系统都具有层次结构;不同层次的运输子系统通过相互作用,构成一个有机整体,实现绿色运输系统的整体目标。

(3) 绿色运输作业。

从绿色运输作业环节来看,绿色运输包括:运输的准备工作;运输装载工作;运输的运送工作;运输卸载工作。运输活动的各个环节都会表现出负外部性,绿色运输就是要减少或消除各作业环节的负外部性。

(4) 绿色运输技术。

绿色运输技术作为绿色科技的重要组成部分,在绿色运输运作的实施中起着至关重要的作用,是绿色物流能否实现绿色化目标的技术基础。绿色运输技术主要表现在以下几个方面:

①大力发展智能交通技术。大力推进运输的信息化和智能化进程,有利于运输系统的合理规划和运输系统效率的提高,可以实现运输资源的共享,减少无效运输量,提高运输效率,进而减少能量消耗和污染物排放等。

②强化车辆节能技术应用。推广柴油车辆、混合动力汽车、替代燃料车等节能车型,推广应用自重轻、载质量大的运输设备;开发、推广汽油发动机直接喷射、多气阀电喷、稀薄燃烧、提高压缩比、发动机增压等先进节油技术。鼓励使用子午线轮胎、安装导流板、安装风扇离合器等汽车节能技术和产品的推广应用,降低附属设备能耗。大力加强在用车辆的定期检测维修保养,改善营运车辆技术状况。

(5) 绿色运输管理。

绿色运输管理主要表现在以下几个方面:

①提高货运组织水平。引导运输企业规模化发展,优化运输组织和管理,加强货运组织和运力调配,有效整合社会零散运力,实现货运发展的网络化、集约化、有序化和高效化。大力推进拖挂和甩挂运输发展,充分发挥其车辆周转快、运输效率高和节能减排效果好的优势。有效利用回程运力,降低车辆空驶率,提高货运实载率,降低能耗水平。

②提升公路客运组织管理水平和服务品质。加强客运运力调控,大力推进客运班线公司化改造,提高公路客运企业集约化水平;推广滚动发班等先进客运组织模式,提高客运实载率;完善公共客运服务体系,加快构建由快速客运、干线客运、农村客运、旅游客运组成的多层次客运网络服务体系,全面提升客运服务品质,积极引导私人交通转向公共交通,降低全社会的能源消耗水平。

③提高汽车驾驶员素质。强化节能驾驶培训管理。制定节能驾驶技术标准规范,编制培训教材和操作指南,积极推广模拟驾驶,强化运输企业节能驾驶的培训力度,全面提升汽车驾驶员的节能意识与素质。

（6）绿色运输主体。

专业运输企业是运输作业绿色化的主体。绿色运输的行为主体不仅包括专业运输企业，也应还包括运输工具制造和维修商、货（客）源集结商、包装企业及各级政府和公众。

各运输主体应协同一致，设计、制造绿色运输工具，从节约资源、保护环境的目标出发，制定绿色运输策略，做到绿色生产、绿色运输、绿色消费。政府应制定国家运输总体发展规划、法规、政策鼓励发展绿色运输。公众的环保意识也能促进绿色运输战略的实施，并对绿色运输的实施起到监督的作用。

（7）绿色运输法规。

一些发达国家的政府非常重视政策法规的制定，从宏观上对绿色运输进行管理和控制。尽管我国自20世纪90年代以来一直致力于环境污染方面的政策和法规的制定与实施，但针对运输行业的还不是很多，也还没有上升到法规层面上。制定、实施这些环保政策或法规，既可以使其成为企业的压力，又可以为企业提供发展的机遇。

（8）绿色运输评价。

要使环境管理具有可操作性，就必须有一套评价绿色运输系统的方法。绿色运输是经济效益与社会效益、环境效益、生态效益的统一，因此，对绿色运输系统的评价也应该从多个方面进行。绿色运输的评价研究就是对绿色运输系统评价的内容、评价指标及评价体系等进行探讨。

（三）运输活动对自然环境的影响

1．运输对环境的危害原理

运输系统的运行离不开自然环境提供的物质与能量的输入，而运输系统的输出又必定包含了会使自然环境受到污染的物质。运输系统排放的污染物含量一旦超出环境的承载能力，环境就会遭到破坏。其危害过程如图8-1所示。

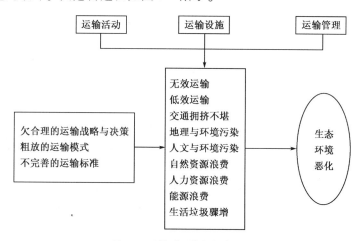

图8-1 运输对环境的危害过程

由图8-1可知，运输系统对环境系统造成危害的原因主要有以下几个方面：

（1）欠合理的运输战略与决策。

运输基础设施要占用大量的土地资源和设备资源，但由于缺乏合理的运输系统规划，会造成这些资源的极大浪费；而且，运输系统规划的混乱还可能导致节点之间无效运输的增加，造成资源的不合理消耗，加大交通拥挤程度，使交通工具对环境的排放物增多。

（2）粗放的运输模式。

目前,我国的经济发展模式仍然是粗放式的,经济的快速增长在很大程度上是靠消耗大量物质资源实现的,单位产出的能耗和资源消耗水平明显高于国际先进水平,矿产资源的消耗强度也比世界平均水平高出许多。在这种粗放的经济发展模式下,我国的运输业很难向精细化方向发展。而在粗放的运输发展模式下,为了加快发展速度,一般只关注运输数量的增长,而不注意运输系统的精细化。这就出现了运输的混乱和效率的低下,导致单位经济的增长要付出过多的运能和运力,造成交通混乱和排放物的增加。

(3)不完善的运输标准。

现代运输标准对于运输各环节的高效率运行和协调管理具有重要的作用,虽然运输活动本身已形成了行业内部的标准或习惯,但是这些标准往往只重视运输设施、设备、车辆等内在的技术或工作的规定,没有从运输系统甚至延伸到物流系统的角度上考虑各子系统的高效衔接以及运输系统对自然环境及社会的影响。其次,由于各国经济、社会、文化等方面的不同,其标准或习惯也不完全相同,这就为运输国际标准的制定增加了难度,很难实现全球运输的绿色化。

2. 运输对环境危害的表现形式

运输对环境的危害主要体现为运输活动对环境的危害、运输设施对环境的危害和运输管理对环境的危害。

(1)运输活动对环境的危害。

运输活动对环境的危害主要体现在以下几个方面:

①直接污染及其危害。运输工具一般都会因燃烧各种燃料而排放大量含有 CO、未完全燃烧的碳氢化合物(HC)、NO、铅化合物等有害成分的气体,从而污染大气,不仅对人们的生存环境造成影响,而且严重损害人类的身体健康。

大气污染:由于内燃机的广泛使用,运输产生了对外部环境污染的负效应,内燃机的排放物不仅影响空气质量,也影响全球气候。空气中有 67% 的 CO,30% 能产生臭氧的碳氢化合物,42% 的氮氧化合物和 44% 的悬浮物质都是运输产生的。

噪声污染:公路运输网络的发达所产生的噪声污染几乎影响到了社会的每个角落;铁路及水运线作为一种移动点污染源,随着运输工具往来频率的增加,已经逐步转化为线状噪声源;飞机起降时的噪声对机场附近的居民更是有害至深。

废弃物油料泄漏等的污染:汽车废旧壳体的大量堆积是环境污染的潜在隐患;废弃的油料经常渗入到土壤和水体中,造成污染;空运时是货物的装载和卸载、航空器的运行、设备维修、燃料加注、解冻和清洗等,都会造成环境污染;塑料品和船上垃圾对海洋环境造成污染,鸟和海洋生物等易受这种污染的影响,从而严重影响了海洋生态环境。

②间接污染及其危害。运输过程产生的废弃物、运输物品的遗漏与散失、运输事故都会造成污染,同样,运输网络的扩张对土地、水体需求的急剧膨胀也会破坏生态平衡。

人身安全:运输的一个最让人头疼的副产品就是人员死伤,而造成事故的主要原因则是车辆超载、驾驶员麻痹大意和酒后驾车。据统计,我国每年因交通事故伤亡人数为 248801 人,造成直接经济损失达 20 亿元,其中仅道路交通事故伤亡人数为 248102 人,占伤亡总数的 99.7%,造成直接经济损失达 17.2 亿元,对人身安全影响巨大。

货物安全:有毒有害物质,如酸液、有毒类药品、油类、放射性物品等对环境构成威胁的物质,在物流过程中如果因储存或运输不当而发生泄漏,将对环境造成严重破坏。用管道运送石油产品和化学制品,一旦出现渗漏会对管道周围的生态环境产生很大影响。

③装卸搬运造成的污染及危害。装卸搬运造成的污染及危害主要表现为装卸搬运设备运行时产生的废气与噪声污染；装卸搬运行为不当导致商品破损、废弃和遗漏，造成资源浪费和水体、土壤污染等。

④使用信息技术造成的危害。运输信息技术对于节约资源、提高作业效率是有积极作用的，一般认为其对生态环境没有负面影响。但是，电子、通信技术和设备的使用、维修、更新与废弃均会对生态环境和人体健康造成巨大危害，长期处于这种环境，会对人体产生不良影响。

（2）运输设施对环境的危害。

运输网络结构由打破空间障碍的线路和打破时间障碍的节点两种基本元素组成。全部运输活动都是在线路和节点上进行的。因此，运输设施包括线路设施和节点设施两种。

①线路设施对环境的影响。在线路上进行的活动主要是运输，包括集货运输、干线运输、配送运输等。线路设施是指运输基础设施（道路、铁路），完善发达的运输基础设施是运输快速发展的重要前提，也为国民经济的发展提供了保证的同时，但同时也给环境带来了负面影响。

a. 线路设施对环境的污染。线路设施对环境的污染是由与线路交通相关的人为活动向环境排放某种物质或能量所造成的。主要表现为：汽车尾气中的 CO、NO_2 等有害气体对大气环境的污染；交通噪声对周围环境的污染；固体废弃物、生活污水、洗车废水及路面径流对地表水环境及植被土壤环境的污染。

b. 线路设施对资源的破坏。线路设施对资源的破坏是与线路交通运输相关的人为活动改变了自然资源原有的性质与用途，从而使其遭受损坏的现象。主要表现有：

土地占用：永久性的占地将使土地丧失其原有的功能，对土地的整体生产力产生极其严重的影响；临时性占用由于破坏了地表植被，改变了土壤理化性质，在恢复原有功能前也将对土地利用产生影响，如植被消失、山体滑坡、河流淤积、农田污染、土壤贫瘠等。

水土流失与植被破坏：影响水土流失的主要因素有气象条件、植被覆盖率、土壤性质、地形等。在建设过程中，线路两侧工程所设置的筑路料场、取土弃土等施工场地和便道等临时占地，将破坏原有土壤和植被，使表层土壤的抗流失能力减弱；填挖表土使土层疏松，也造成了土壤流失的可能；施工时产生的扬尘和排放的有害气体对植被也会产生一定的影响。

对动植物的影响：线路对动植物的影响主要是在营运期，包括对原有生态区域的分割阻断，改变地表径流流向，沿线众多服务设施排放污水和垃圾及人类活动的延伸造成的生态影响。线路对生态区域的分割主要是对野生动物的影响，随着林区的日益减少以及居民区和交通网对森林的分割，使得动物活动范围日益变小，威胁着仅存的少量野生珍稀动物，最终甚至会导致这些动物走向灭绝。

对自然景观的影响：主要体现地表植被被大量破坏，使景观要素发生变化，景观斑块的比例结构也就发生了相应的变化；在原来的景观系统中溶进新的景观要素，增大了景观的碎裂度，出现新的景观斑块；运输线路在景观相邻组分之间增加了一道屏障，对景观造成分裂效果。挖方和填方路段由片石砌成的不能进行生态处置的边坡和开山取石破坏了山体的植被和自然曲线，对景观也有一定的影响。

c. 线路设施对生态系统平衡的破坏。运输线路设施严重损坏了水土与植被等自然资源，破坏了动植物生长与栖息的自然条件，打破了自然界既有的生态平衡，也影响人类生存。

②节点设施对环境的影响。运输节点是指所有进行物资人员中转、集散和储运的节点，

包括海港、空港、火车货运站、公路枢纽、大型公共仓库及现代物流(配送)中心、物流园区等。

运输节点设施也会对环境造成污染及危害,在节点中进行的运输活动更多、更频繁,因而其对环境的污染与危害更甚。运输设施对环境的危害主要来自于运输作业过程中的作业工具、作业方式和作业材料,其危害主要表现在对自然环境的污染(如对空气和水体的污染)、对社会环境的污染(如对城市布局的破坏)和对人类自身的危害(如噪声污染)等方面。

(3)运输管理对环境的危害。

二十多年来的改革开放使得我国经济有了较大发展,但我国运输业的绿色化理念淡漠,和美、日等发达国家相比,运输业的绿色化现状仍很令人担忧。从政府和企业层面上均存在一些理念和管理上的缺陷,对环境造成了危害。

①受资源分布、流通体制、产业布局和企业生产组织的影响,舍近求远、迂回运输的现象较为严重,大量活动缺乏专业化的物流服务。运输组织方式和手段落后,组织化程度低,分散经营,背离了集约化发展的方向。货物运输还基本处于单车单干的原始状态,运输信息不畅,车辆空驶和车辆超载现象并存且相当严重,运输效率低下。据测算,目前货运汽车平均实载率只有52.1%。运输量的不合理增大使得对环境和资源的消极影响也随之增大。

②我国运输企业系统功能不强,仓储功能与运输功能缺少协调,长途运输与短途配送缺乏联系衔接,各种运输方式配合不力,不同物流服务很少结合,能够提供综合物流服务,"一票到底"和"门到门"运输服务的运输企业很少。企业使用第三方物流服务商时很少委托外包。各环节的衔接较差,运转效率不高,反映为货物在途时间、储存时间、基础设施劳动生产率等方面均有较大改善和提高的余地。

③从道路运输装备看:营运车辆性能差、结构不合理。现有的载货汽车中,重、中、轻的比重不合理,中型货车占70%左右,重型货车只占10%左右,专用货车的比重也只占10%左右;老旧车辆约占总车辆的25%,还有30万辆大量拖拉机和农用机动车甚至人、畜力车在参与营业性运输;低效率运输工具、老旧车辆和大量轻中型汽车的使用,使得公路运输对资源的消耗和对环境的污染显得极为突出,这与美国的公路货运车辆以大型卡车为主形成鲜明的对比。

④市场经营主体数量过多、规模小、实力弱,经营不规范,不正当竞争的现象比较普遍。全国营业性经营者拥有营运车1.37辆/户;在道路运输市场主体中,缺少大型名牌企业,与美国的大型运输企业的频繁并购形成大的反差。难以通过大型名牌企业以先进的经营方式和优质服务,在市场竞争中引导和稳定运输市场,推动行业技术进步,市场无序的矛盾较为突出,对绿色理念的关注也相应减弱。

⑤多式联运除沿海港口城市得到一定发展外,在广大内陆地区发展缓慢,集装箱、危险品、冷藏保鲜以及大件物品等特种运输发展不够,在国外较为普遍的快件货运、散装货物运输、现代物流等服务在国内近于空白。

⑥配送中心的建设还处于初级阶段。我国目前连锁商业发展势头强劲,尤其是零售业态中的超市、便利商店及仓储式商店异军突起,但连锁商业发展中,第三方物流实施社会化、共同化配送程度很低,使连锁企业仍未摆脱流通费用较高的局面;大型企业建立配送中心一般只能为自己服务,其他中小型企业难以进入物流配送中心实施共同物流共同使用资源,造成了运输资源的浪费,这和日本的全社会范围内的共同配送有着质的差别。

许多企业为了不断提高服务水平和效率,都积极实施即时配送策略,取得了显著成效,同时也对生态环境造成了不良影响。即时制是现代物流管理中最为成功的革新,它强调的是无库存经营。我国许多制造商乃至零售商都热衷于采用即时制送货方式。但从环境角度讲,由于即时配送使用多个小型运输车辆所运送,与采用即时配送前用一辆大型运输车所运送的货物数量相同,却消耗了更多的汽油,对环境的污染也更大。而且除增加了空气污染和能源消耗外,还产生了一系列相关问题,如更大的噪声扰民和行车时的视线障碍。实施即时配送的另外一个结果是使货物运输从铁路转向公路,这一发展趋势对环境也有消极作用。因此要实行即时配送,要充分考虑环境条件以及对环境可能产生的影响。

⑦运输信息技术落后。我国运输企业活动本身的落后也是绿色运输落后的重要原因。低标准无序的运输活动使得我国企业对绿色运输的认识严重不足,由于国家在环境保护方面的法律还并不完备,使得企业对自身运输活动对环境的污染没有足够的重视,对能源的节约不能合理完成。

(四)自然环境对运输活动的制约

1. 环境容量

(1)环境容量的定义。

环境容量的概念源于比利时数学生物学家 P. E. 弗胡斯特于 1838 年提出的逻辑斯蒂(Logistic)方程式,然而当时并不被人们重视。到 1920 年,环境容量经美国人口学家珀尔(Pearl)及里德(Reed)再次提出,逐渐成为生态学描述生物与环境相互关系的重要方法。

环境科学中的环境容量是指某一环境区域内自然环境或环境要素(如土地、空气、水体、生物等)对污染物质的承受量或负荷量。《中国大百科全书·环境科学》(1983)将环境容量定义为:在人类生存和自然不致受害的前提下,某一环境所能容纳的污染物的最大负荷量。这种承受量以人类和生物能忍受、适应和不发生危害为准则。

(2)环境容量的分类。

①按研究对象,可将环境容量分为整体环境单元容量(如一座城市、一个水系等的容量)和单一环境要素容量(如大气、生物、岩石和土壤等的容量)。

②按环境要素,可将环境容量分为大气环境容量、水环境容量(包括河流、湖泊和海洋环境容量)、土壤环境容量和生物环境容量等。此外,还有人口环境容量、城市环境容量等。

③按污染物,可将环境容量分为有机污染物(包括易降解的和难降解的)环境容量、重金属与非金属污染物环境容量。

④按与时间相关,可将环境容量分为总容量(即绝对容量)与年容量。前者是某一环境在污染物的积累浓度不超过环境标准规定的最大容许值的情况下,所能容纳某种污染物的最大负荷量,没有时间限制,与年限无关。年容量是指某一环境在污染物的积累浓度不超过环境标准规定的最大容许值的情况下,每年所能容纳污染物的最大负荷量。

(3)环境容量的特征。

环境容量具有以下特征:

①有限性。在一定的时间、空间、自然条件及社会经济条件下,某一区域保持一定的稳定结构与功能时,环境所能容纳的物质量是有限的,尤其是这一区域的自然过程、社会经济发展方式、规模会对环境容量的阈值有极大的制约。人类活动必须在环境容量阈值之内才能保持所处环境单元的稳定发展。

②客观性。环境容量作为一种自然系统净化、处理、容纳污染物的能力,同能量一样,是看不到、摸不着的,但确实又是客观存在的。人类也可以通过优化环境系统的能量、物质及结构而提高容量,然而这样不等于环境容量可以任意改变,特别是环境的自净能力,它是环

境系统自身演化过程决定的一种能力,人类的利用活动只能基于这个基础上。

③稳定性。在一定的自然条件、社会活动方式与规模、经济技术水平和相对稳定的各部分结构、功能的前提下,环境单元作为一个独立的环境系统处于动态平衡之中,在其中发生的能量与物质的流动保持相对稳定的状态,环境容量是这种能量及物质流动的一个测度,必然具有相对的稳定性。

④变更性。自然条件、社会经济发展规模、人类对于环境所持观点的改变,既会影响污染物的产生与处理能力,又会影响环境评价指标的确定。在这两方面共同的影响下,环境容量在"量"上就会产生新的变化。从总趋势看,总容量会趋于增大,人类自身处理污染物的能力会随技术改进而增强。

⑤可控性。在自然领域中,各种生态环境因素的降解能力是有限的,但是人们可以通过增减能量与物质投入,改良环境系统结构,以提高其环境容量。在社会经济领域中,人类可以通过对所使用的技术、设备、生产工艺进行优化改革,并兴建污染处理设施来扩大整个社会的污染物净化能力,从而达到控制环境容量的目的。

⑥地域性、周期性。环境单元的容量是与环境中大气、水体、土地、生物、人类社会等各因素分不开的。各因素不仅在分布上有明显的地域差别,在时间上也有一定变化,尤其自然环境因素会随时间的改变而发生周期性变化,如地区主风向会随季节变化,河流有丰水期、枯水期等。因此,与之紧密相关的环境容量同样存在地域性、周期性。

(4)环境容量的制约因素。

环境容量的大小取决于以下因素:

①环境自净能力的强弱。环境自净能力越强,环境容量就越大。

②人们对特定环境功能的规定,如环境质量标准。

③污染物的理化特征:由于环境条件和污染物排放的复杂性,准确计算一定环境的环境容量是十分困难的。但是,环境容量与污染物的区域性环境标准的制定、环境污染物的控制和治理目标、工农业合理布局、区域环境影响评价和地区可持续发展等有直接的关系。开展环境容量研究,在理论上可促进环境地学、环境化学、环境系统工程学等多学科的交叉和渗透,促进环境科学理论体系的发展完善;在实践上可协调经济发展与环境保护的关系,为制定区域环境规划等提供科学依据。环境容量研究不仅关系到我国环境政策的全局,而且有助于推进环境管理的科学化。

2. 环境承载力

(1)环境承载力的定义。

环境承载力(Environmental Bearing Capacity,EBC)最早出现于20世纪70年代,是衡量环境质量状况和环境容量受人类生产生活活动干扰能力的一个重要指标。基于环境的资源观和价值观,国内外学者提出了环境承载力的概念,并进行了实践研究。

国内许多学者也给出了很多定义,其中,较严格的"环境承载力"的概念最早是由北京大学给出的,即"在某一时期、某种状态或条件下,某地区的环境所能承受的人类活动的阈值"。这里讲的"某种状态或条件",是指现实的生态环境条件;"能承受的域值"是指不影响其生态环境系统正常功能发挥的外界作用强度极限;"人类活动"是指人类的经济和社会活动,特别是指人类的生产和消费活动。《中国大百科全书》(2002)明确定义了环境承载力(本教材采用该定义),即在维持环境系统功能与结构不发生变化的前提下,整个地球生物圈或某一区域所能承受的人类作用在规模、强度和速度上的限值。

(2) 环境承载力的要素。

从力学的观点来看,承载力是在限定条件下承载物对被承载物的支撑能力。因此,对于承载力的界定,首先需要确定承载物、被承载物和两者之间的联系。因而,承载体、承载对象和环境承载率就是进行承载力研究的三要素。

① 承载体。环境的含义已超越了自然界线,具有经济化、社会化、技术化等特点。从可持续发展的角度来看环境承载力的承载体就是由自然环境与人造环境构成的。自然环境承载体(第一环境承载体)由生命支持系统(空气、水、土壤、生物等)和物质生产支持系统(矿产资源、水资源、土地资源、森林资源等)组成。人造环境承载体(第二环境承载体)有社会物质技术基础、经济实力、公用设施、交通条件等。

② 承载对象。许多环境问题都是由人类的社会、经济活动所造成的,故承载对象应是"人类的社会、经济活动",这体现了环境承载力是对社会、经济与环境起协调作用的中介。

③ 环境承载率。为了更加客观和科学地反映一定时期内区域(或城市)环境系统对社会经济活动的承受能力的实际情况,通常用环境承载率来进行评价。

$$环境承载率 = 环境承载量/环境承载力 \quad (8\text{-}1)$$

其中,环境承载量是指某一时期环境系统实际承受的人类系统的作用量值,可通过实际调查或监测得出。它分为两类:较易得到的理论最佳值(如地下水最佳开采量)和不容易直接得到的理论最佳值,如果是不容易直接得到的理论最佳值,需采用预定要达到的目标值(标准值)来间接表示。

通过对环境承载率的分析,可决定对环境采取的不同开发策略和强度。

$(0, 0.80)$:表示开发强度不足,适宜大量开发。

$(0.80, 1.0)$:表示达到开发平衡,需注意控制开发。

$[1.0, +\infty]$:表示开发强度过度,不宜进一步开发。

(3) 环境承载力的指标

环境承载力要体现环境系统和社会经济系统在物质、能量和信息方面的联系,要表示这样复杂的多维矢量,必须要有一套指标体系。根据环境承载力的定义和特点,从环境的本质出发,其可量性的指标体系有以下三类:

① 自然资源支持力指标。自然资源支持力指标包括不可再生资源和在生产周期内不能更新的可再生资源,如化石燃料、金属矿产资源、土地资源等。

② 环境生产支持力指标。环境生产支持力指标包括生产周期内可更新资源的再生量,如生物资源、水、空气的再生量等;污染物的迁移、扩散能力;环境消纳污染物的能力。

③ 社会经济技术支持力水平指标。社会经济技术支持力水平指标包括社会物质基础、产业结构、经济综合水平、技术支持系统等。

因此,某区域的环境承载力可以表示为:

$$EBC = f(R, P, N) \quad (8\text{-}2)$$

式中:R——自然资源支持力变量;

P——环境生产支持力变量;

N——社会经济技术支持力水平变量。

R、P 是内生变量,N 是外生变量。外生变量 N 是最活跃、最革命的因子,其作用机制也最为复杂,它不但是可持续发展的重要保证,而且还可以通过它改变 R、P 的组合范围和程度,以改变环境承载力的大小。例如,在同一区域,即自然资源和环境生产力相同的情况下,如果外生变量如资金技术、物质基础设施、人口条件不同,环境承载力也会有较大差异。

3. 环境容量与环境承载力的异同

环境容量与环境承载力是两个截然不同的概念。环境容量是指在人类生存和自然不致受害的前提下,某一环境所能容纳的污染物的最大负荷量,它只反映环境消纳污染物的能力;环境承载力则在环境容量基础上全面表述环境系统对人类活动的支持能力。两者的差异性表现在以下几个方面:

(1) 环境容量是专指环境要素对污染物的最大负荷量,表示环境容量大小的指标是社会经济活动所排放的某一种污染物的种类和数量。而环境承载力是在分析了社会经济环境系统后,再选择众多的指标组成的指标体系,分析环境系统对每个指标支持能力的大小,其指标体系中的指标除了排放的各种污染物外,还包括经济、社会方面的指标,如能源供应量、交通运输量、水资源量等。

(2) 环境容量最终为环境污染中的污染物总量控制提供数量依据,并以此为环境规划提供选择方案和措施建议;而环境承载力除了能提供各种污染物应该控制的排放量以外,更重要的是根据选择的社会经济指标,对社会经济发展规模提供量化的规划意见。

从功能上来说,环境容量与环境承载力具有相似之处,即要实现可持续发展就要以生态环境容量、环境承载能力为前提,以实现环境资源持续利用、生态环境的持续改善和生活质量持续提高、经济持续发展为目的。环境承载力和环境容量是将环境资源作为一个自然系统的总体来看待它所能够承受的经济发展规模和增长速度。

4. 环境对运输的制约机制

经济环境质量的下降将直接影响经济增长的速度;由于运输与经济的发展是相辅相成的,经济总量的下降将导致运输量的降低。同时,运输系统的正常运转必然要消耗资源和能源,并且会形成一定的污染物和废弃物,如果污染物和废弃物低于环境的承载量,运输活动将不会受到环境的制约;如果污染物和废弃物超过环境的承载量,运输活动将要受到环境的制约。因此,环境质量的破坏也必然会影响运输业的发展。

实际上,自然环境系统是通过社会经济环境系统作用于运输系统的。自然环境的破坏(如生态失衡、环境容量减小、环境承载力下降、资源浪费等)将提高社会经济系统的运作成本(如运输市场准入条件提高、政府环境监管力度加强、企业环境标准竞争加剧、国际运输绿色壁垒增强等),从而导致运输系统运行效率下降(如运输规模缩减、运输服务质量下降、运输成本上升、运输竞争力削弱、运输效益降低等)。

(五) 运输生态系统

1. 运输系统与环境

仿照系统的"输入转换输出"模式,可将运输系统的模式用图 8-2 进行描述。

运输系统的运行模式可以从系统的外部运行环境、输入/输出、系统处理、约束与反馈四个方面来描述。

① 运输系统的外部运行环境是指运输系统所处的更大的系统,是运输系统转换处理所需面对的外部条件。运输系统与其外部环境之间的相互作用具体表现为运输系统的输入、输出、约束和干扰。

② 运输系统的输入是外部环境对运输系统的直接输入,包括物品和信息以及人力、物力、能源等;运输系统的输出是指经过各子系统环节后对外界环境的输入,包括取得的效益、提供的服务等,还包括运输活动对自然环境造成的污染。

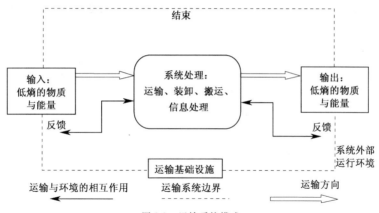

图 8-2 运输系统模式

③运输系统的转换处理是指系统本身的转化处理过程,即把输入的物品、信息转化成输出的物品、信息的过程。就是通过运输的准备、装载、运送、运输卸载等各种运输作业,在运输基础设施的支撑下,对输入的物品、信息赋予空间效用、时间效用或形质效用,变成顾客所需的物品或信息,并对外界环境进行输出。

④运输系统的约束是外界环境对运输系统的限制,包括政治、经济、文化、地理、气候等软硬件条件的限制,它们是运输系统情愿或不情愿都必须接受的外部条件;运输系统的反馈主要是信息的反馈,一般是系统和外界运行环境之间的信息反馈,在图 8-2 中用双向细线箭头表示。

2. 运输与环境的和谐

随着运输需求日益旺盛,运输规模日益扩大,运输活动对生态环境产生的负面影响日益凸现,物流污染不断加剧,为了实现社会经济的可持续发展,必须采取各种措施防止、减少乃至消除运输活动对生态环境产生的污染和危害。生态文明背景下,我国现代运输的政策取向应该是积极实行绿色物流战略,努力构建运输生态系统(见图 8-3),力求为消费者提供环境共生型运输服务。

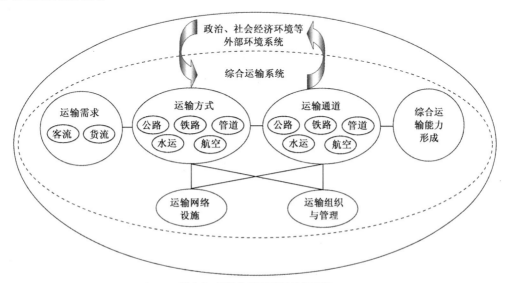

图 8-3 运输生态系统运行机理图

生态运输是生态供应链的重要组成部分,它以满足客户要求、有效利用资源、保护环境为目标,以生态效益为核心,兼顾经济效益和社会效益,遵循生态系统一般规律,利用现代科学技术对绿色商品、绿色运输服务及相关信息从起源地到消费地之间的正向和逆向移动与储存等活动进行生态设计、计划、执行与控制。

绿色运输是一种典型的运输生态系统。与传统运输相比,绿色运输是对传统运输的一种改进、完善和优化,它具有如下典型特征:

①绿色运输是人类社会可持续发展战略体系的子战略,它以整个社会和经济系统作为参照系,追求运输和资源、环境的协调发展。

②绿色运输是一种动态的系统化、网络化的循环运输,它力求使运输活动全过程对环境产生的负面效应最小化。

③绿色运输要求运输各要素按照自然生态系统的要求进行仿生态优化配置。

利用现代运输技术、基于绿色运输理念所构建的运输生态系统将遵循仿生态系统的运行机理,逐渐成为生物圈物质循环系统的一部分,它是包括供应商、生产商、物流中心、分销商、零售商和顾客(客户)在内的封闭式、仿生态循环物流网络,它强调对环境全方位的关注,有利于促进生态经济模式的建立与完善。不同类别、不同规模的企业和企业群落在物流生态系统中居于不同的生态位,承担不同的职能,具有不同的生存能力和竞争能力。

四、实训设计

运输企业运作方式与绿色化。

五、实训目标

通过调研的方式参观典型的运输公司,直观地了解运输运作的基本内容,分析其对环境的影响,进一步理解物流绿色化的必要性。

六、实训内容与要求

1. 描述企业概况
(1)企业所从事的物流业务;
(2)企业的定位与发展规划;
(3)企业发展现状(主营业务、人员、设备、技术、管理等)。
2. 总结运输企业的基本流程和主要任务
(1)明确运输业务所涉及各部门的主要职责和功能;
(2)了解运输作业中的各个环节;
(3)各环节和各部门对环境的影响情况。
3. 分组讨论
根据运输企业的实际情况,结合可持续发展与绿色理念,在老师和企业人员指导下分组讨论传统运输对环境的污染情况及发展绿色运输的必要性。

4. 要求

根据具体情况,选择有一定代表性的运输企业,总结传统物流业对环境的污染情况,并说明绿色物流发展的必要性,限期一周。

5. 成果与检验

请完成技能实训后填写附录一。

思考练习

1. 简答题

(1)简述绿色运动的基本思想。

(2)什么是绿色运输?绿色运输有何特点?

(3)什么是自然资源和自然环境?

(4)什么是环境容量?它与环境承载力有何异同?

(5)简述运输与自然环境的相互关系,并说明绿色运输是如何协调运输与环境的矛盾。

2. 案例分析题

自然资源已成为中国发展的根本威胁

不谋万世者,不足以谋一时。这句警世名言无疑是对中国当前自然资源使用状况的最佳表述。据悉,国际环境组织世界自然基金会与中国环境与发展国际合作委员会于2008年6月10日共同发布了《中国生态足迹报告》。报告所指的生态足迹,是指满足该国人口需求的、具有生物生产力的土地与水域的面积。该报告发现,中国的人均生态足迹在世界上居于较低水平;自20世纪60年代以来,中国消耗的生态资源增加了近一倍。报告警告,如果中国的人均资源消耗达到美国的水平,"那么中国将需要全球的可用生物承载力"。

该报告还指出,中国人均生态足迹仅为1.6公顷,远低于2.2公顷的世界平均水平,但中国所能提供的自然资源经计算仅为人均0.8公顷,这意味着中国消耗了相当于其自身生态系统供给能力两倍的资源。为了弥补其中部分缺口,中国从加拿大、印度及美国等国家进口原材料。但研究发现,其中部分原材料随后又通过制成品的形式再出口到西方国家,这使得中国成为自然资源的净进口国。报告表示,未来一二十年内,中国的消耗水平可能将对其自身的生态系统构成威胁,并对全球生物承载力施加更大的压力。

被别人警告自己的环境和自然资源问题,对中国来说,这显然不是第一次。早前最广为流传的一句警言是:不敢想像所有的中国人都像美国人一样使用汽车。现在的问题是,中国如果继续像现在这样发展将会怎样?无数智者已经在给我们描绘可能遭遇到的未来了:

首先,最为中国乃至全世界所关注的问题,就是中国对能源迅速膨胀的需求将如何满足。可以预见,未来中国作为向全球提供商品的"生产者"角色将会淡化,而一个面目狰狞的"资源渴求者"的形象却将被不断强化。外国媒体甚至还会不断提醒全世界注意20世纪初期对能源有高度需求的日本所造成的威胁。因此,未来中国所面临的国际政治舆论环境急剧恶化的可能性非常高。

其次,从中国自我的发展需求而言,只要发展模式不发生根本性改变,中国的国家战略就将进一步向"资源占有"倾斜。现在中国已经是全球第二大能源消费体,美国正成为中国事实上最大的能源消费竞争对手。这种现实的能源消费竞争关系以及在能源控制上的不平衡,很可能导致中美在能源问题上的矛盾激化。而富国囤油以贮财的做法,更可能在这一矛盾问题上火上浇油。由于中国能源需求的现实性,使得这种矛盾不是妥协就能加以化解的。

再者,一旦中国无法解决能源问题,那么中国的"世界加工厂"地位就必然面临被迫性的调整压力。或者被迫打开国门,卖出资产,或者关门歇业,转移生产。

最后,成为自然资源净进口国的中国,未来如果无法保证和维系这种进口的持续性,结果将只有一个:经济发展进程放缓、停滞甚至倒退。事实上,能源问题不过是当前中国自然资源净进口需求上表现最为尖锐的一个方面而已。除了能源、矿产等自然资源需要进口之外,所有改善自然资源环境的技术和管理经验的进口,提高资源使用效率的技术和管理经验的进口。无不是中国未来发展进程中的迫切需要,未来这些领域都可能成为中国的国际政治压力来源。

更严重的是,我们不能以为产业升级了,中国的自然资源需求就不会增长。根据我们对服务产业的研究以及发达国家的历史证据,发达的服务产业对自然资源的需求只多不少。美国环保署2007年公布的统计结果显示,仅计算机数据中心的一年耗电量就占美国全国的1.5%,比全美所有彩色电视机的耗电量还高,相当于580万个普通家庭的用电量。从这个角度而言,产业升级只能给中国创造一个国际压力更大的时间和空间。所以说,在未来自然资源需求膨胀的条件下,中国目前的发展模式毫无疑问地会带来巨大的国际压力和不断恶化的国际舆论环境。现在一波接一波的中国威胁论,还有不断升高的资源商品价格都在提醒我们,中国面临的是不改变自己就改变对手的抉择。

(资料来源:张巍柏.自然资源已成为中国发展的根本威胁.西部论丛,2008(7):13)

分组讨论回答如下问题:

(1)简述中国应该如何利用自然资源才能解除威胁。

(2)结合实际思考资源与环境的关系。

项目二 绿色运输的影响因素及实现途径

教学要点

(1)利用网络,理解运输活动的负外部性

(2)采用小组讨论方法,掌握绿色运输活动的技术

(3)能够分析具体运输系统中运输活动的负外部性,并提出可行的解决方案

(4)能够针对具体的绿色运输系统灵活选用管理策略

教学方法

可采用讲授和分组讨论等方法。

一、情 景 设 置

某物流公司现有一批货物,这批货物包括:鲜活易腐货物、贵重商品、整批货物、普通货物、加急快件等,货物的质量足够多,从广州运送到北京,时间要求为5天内。请你充分考虑各种运输方式对环境的影响因素,在运输线路、运输方式及运输工具的选择时应充分考虑到客户的需求和运输公司的自身效益。

二、技能训练目标

请大体设计这些货物运输线路、运输方式和运输工具的选择使这批货物运输既能满足客户需求,也能使运输过程绿色化。

三、相关理论知识

(一)运输的负外部性

运输具有非常明显的外部性,包括正外部性与负外部性两方面。正外部性主要表现为其价值;负外部性包括诸如环境污染、能源消耗、交通事故、土地占用等。在绿色运输中,主要探讨运输在环境污染方面的外部性问题。根据产生来源及影响方式的不同,运输的负外部性可归纳为三大类:

1. 运输工具的负外部性

运输活动的实现离不开大量运输工具的使用。运输工具在实现空间位移的同时,也对环境造成了污染。

(1)噪声污染。几乎各种运输工具都会产生噪声污染,而道路运输工具所造成的噪声污染更是无处不在,影响到了社会生活的每一个角落。运输载体作为一种移动的点污染源,随着运输工具频繁的增加,已经转化成了线状噪声源(许多点声源连续地分布在一条直线上,如繁忙的道路上的车辆流,可以认为是线声源)。噪声污染会给人的身心造成严重的伤害,它会损坏人的听力;损害人的心血管系统;影响人的神经系统,使人急躁、易怒;影响睡眠,造成疲倦。因此,运输过程中的噪声污染必须得到控制和消除。

(2)废气污染。运输工具对大气的污染主要来源于汽车等运输工具排放的尾气,其中含有许多有害成分,如CO、未完全燃烧的HC、NO—铅化合物和浮游性尘埃等,它们是大气污染的主要来源。近年来,随着我国物流与配送业务的发展,在途货车大幅增加,从而引起车辆废气排放成倍增加,导致大气污染加重。尤其是在汽车数量不断增加的城市区域,汽车尾气经太阳照射后形成的光合烟雾使城市空气长期处于污染状态。大量使用载货汽车运输所造成的大气污染不仅破坏了人类的生存环境,而且对居民的身体健康也造成了严重影响,必须加以治理。

(3)超载的破坏。汽车运输中大量存在着超载现象,据统计,超载车辆达到运输车辆总量的50%,载重货车道路交通事故中有80%以上是由超载运输引起的。许多运输公司依靠超载运输节约成本和提高一时的经济效益,完全不顾可能出现的严重后果,导致车辆频频发生事故,危及人身安全,造成巨大的财产损失,同时,极大地缩短了物流基础设施的正常使用寿命。而且,超载还会增加能源消耗和浪费,增加噪声污染和废气污染。

(4)废弃物污染。在公路运输中,汽车轮胎作为一种易耗品,使用数量大、寿命短,废旧轮胎的大量堆积将是环境污染的隐患。废弃的机油、柴油渗入到土壤和水体中,也会造成环境污染。

2. 运输物品的负外部性

除了运输工具外,运输物品也会产生负外部性,主要表现为特殊商品污染和回收品污染。

(1)特殊商品污染。酸液、有毒药品、油类、放射性物品等对环境构成威胁的物质,若在物流过程中因储存和运输不当而发生泄漏,将对环境造成严重的破坏,泄漏后即使有最完善的补救措施,对环境的影响仍将无法挽回。

(2)回收品污染。废弃物回收物流形成的垃圾所产生的渗沥水携带各种重金属和有机质,会严重污染水体和土壤,并影响到地下水质。而废弃物发酵过程中产生的甲烷气体也会严重污染大气。

3. 运输设施的负外部性

在运输基础设施的建设过程中,施工机械会对附近的学校、医院和村镇居民点等工作生活空间带来噪声污染。道路的养护和使用也会使路面上留下许多沉积物,沉积物会随时形成流动性污染进入到水土之中。

(二)绿色运输的影响因素分析

这里以道路运输行业为例进行说明。道路运输行业节能减排受到多种因素的综合影响,主要包括运输工具本身的技术特征、交通设施的结构及质量、驾驶人员的技术水准以及运输管理及组织结构的现行状况等。

1. 道路条件

运输道路是指允许社会机动车通行及停放的地方,包括城市道路、公路、广场、公共停车场等用于公众通行的场所。道路的几何条件和特性,如纵坡,路面平整度等对汽车能耗有很大影响,一般对于纵坡大、路面平整度差的道路,以相同的汽车完成同样的运量要比坡度小、平整度好的道路消耗更多燃料。高等级公路运输比低等级公路运输节能,即能源利用率会因公路等级的提高而提高。目前中国高速公路的平均时速可达到 80~100km,车辆的油耗要比普通道路节约 20% 以上,道路设施水平对汽车能耗起着非常重要的作用。

道路条件对汽车的油耗影响非常大,国家标准《载货汽车运行燃料消耗量》(GB 4352—2007)及《载客汽车运行燃料消耗量》(GB 4353—2007)把公路分为 6 类,见表 8-1。

《载货汽车运行燃料消耗量》(GB 4352—2007)的公路分类　　　　　　表 8-1

公路分类	公路等级	耗油情况
1 类公路	平原、微丘地形的高速一、二级公路	1
2 类公路	平原、微丘地形的三、四级公路,山岭、重丘地形的高速公路	1.10
3 类公路	山岭、重丘地形的一、二、三级公路	1.25
4 类公路	平原、微丘地形的级外公路	1.35
5 类公路	山岭、重丘地形的四级公路	1.45
6 类公路	山岭、重丘地形的等外公路	1.70

各类公路油耗情况如图 8-4 所示:

根据表 8-1、图 8-4 可知,如以 1 类公路的汽车油耗为基数,汽车在 2 类公路上行驶油耗要高 10%,在 3 类公路上要高 25%,在 4 类公路上要高 35%,在 5 类公路上要高 45%,在 6 类公路上要高 70%。

2. 车辆因素

改善车辆技术及其合理运用是道路运输行业节能减排的重要途径。车辆对道路运输行业能耗的影响主要体现在车辆技术性能、车辆维护和检测、车辆减排技术三方面。

(1) 车辆技术性能。

①发动机技术。发动机作为汽车的动力源,其能耗的高低对汽车的燃料消耗有着决定性的影响。世界上汽车发动机技术正在由传统内燃机向混合动力、电动力、氢动力发展(如图8-5)。

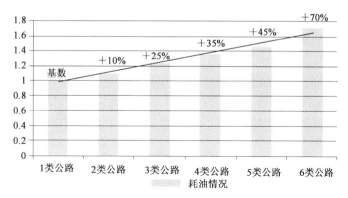

图8-4 各类公路油耗情况

由图8-5可知,随着发动机技术的发展,机动车的效率将不断提高,机动车对石油消耗将不断下降。目前,机动车发动机仍以内燃机为主,主要是汽油机和柴油机,由于燃烧方式的不同,柴油发动机的热效率比汽油机要高30%左右。因此,推动机动车柴油机化,并引导发动机向混合动力方向发展是目前我国节能减排的主要任务。

②车身自重。减轻汽车自身质量是汽车降低燃油消耗及减少排放的最有效措施之一。根据美国的统计资料表明,整车质量为1.36t的汽车,当

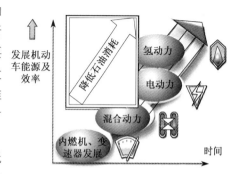

图8-5 世界发动机技术发展趋势

整车自重减轻10%,可降低燃油消耗量8%。应通过开发和应用铝合金、镁合金、高强度钢、车用塑料等新型材料减轻车体的自重。

③轮胎。作为承载汽车质量、直接与地面接触的轮胎,在汽车按正常速度行驶时所造成油耗占整个汽车油耗的20%。当轮胎与路面接触时,由于承重的原因会产生变形,其组成部件会变热,并将发动机传输来的能量损耗一部分。车辆运行所需的能量是由燃油燃烧提供的,因此降低轮胎的滚动阻力就会节省燃油消耗,从而减少二氧化碳和其他温室气体的排放。

子午线轮胎与普通斜交轮胎相比具有优异的技术性能,滚动阻力系数要比普通斜交轮胎小20%~30%,汽车使用子午线轮胎后可节省燃油3%~8%。另外,胎压的高低也会影响油耗的大小。

(2) 车辆减排技术。

车辆节能减排技术主要包括GPS技术、燃油添加剂、替代燃料和其他节能技术等。

①GPS技术。GPS技术(全球定位技术)可在全球范围内向任何用户提供车辆定位和导向服务。GPS技术具有定位精度高、报时准确、全天候服务、不受地理位置限制、显示直观和易于同其他相关设备连接等优点,很适于现代汽车行驶导向使用。汽车驾驶员可通过装置

在车辆上的 GPS 接收器和电子地图等选择最佳行车线路及获得车速、行程、油耗等车辆行驶信息,以此提高车辆运行效率和燃油使用效率。运输经营单位的调度人员还可以通过 GPS 接收机对运输车辆进行跟踪和监控,为运输组织优化提供决策支持。

②添加剂。燃油添加剂是为了弥补燃油在某些性质上的缺陷并赋予燃油一些新的优良特性,在燃油中要加入的添加剂,其添加量从万分之几到百分之几。先进的燃油添加剂对于燃油的燃烧和排放至关重要,对于车辆来讲添加剂能否及时而有效地清除积炭,不仅对于发动机稳定运行有直接影响,而且对于节能和尾气排放起到了非常关键的作用。积炭附着在发动机内壁上,占据了内部空间,使燃油得不到足够的氧气,空燃比发生了变化,因此导致燃油不能完全燃烧。不能完全燃烧的物质随排气管排出,我们可见到的现象就是炭颗粒以黑烟的形式存在。实际情况表明,喷嘴、进气阀和燃烧室积炭堆积严重时,汽车的动力可下降 20%、油耗增加 20%、尾气污染物排放大为增加。因此,不能有效清除积炭,其结果必将耗油上升,尾气的排放量大量增加。

如果使用了具有清洁作用的燃油添加剂,就可以延缓这种现象,让燃料充分燃烧。燃油添加剂的使用,能够显著减少不完全燃烧现象,有效提高车辆的燃油经济性,并降低因不完全燃烧产生的 CO 等废气的排放。

③替代燃料。替代燃料主要是为了资源综合利用,降低环境污染并为将来的石油枯竭做好能源结构调整的准备。目前国内汽车采用的主要代用燃料有:混合动力、天然气(NG)、液化石油气(LPG)、燃料电池、甲醇、乙醇汽油混合燃料、蓄电池。

3. 驾驶员培训与管理

在道路条件、载重和行驶距离相同的情况下,由不同的驾驶员,按照不同的操作,往往产生不同的燃料消耗量,有的油耗少,有的油耗多,甚至超过标准油耗。研究表明,普通驾驶员驾驶习惯对汽车的燃料耗量影响范围达 30%,职业驾驶员的操作对车辆能耗影响可达 10% ~ 12%。在驾驶过程中,对油耗影响较大的操作环节有:发动机起动升温、汽车加速、换挡变速、离合器运用、加速踏板控制、车速控制等方面。

按经济车速行驶对节油和安全最有利。变速应做到迅速、准确、无声并及时、合理地选用各级挡位,了解各挡位油耗最低的经济车速;低于或高于经济车速,燃油消耗率均有增加的趋势。在条件允许的情况下,在相同的运行条件下,同样的车速,高挡比低挡省油。如东风 EQ1090E 型汽车,当以 50km/h 速度行驶时,五挡比四挡百公里油耗低 11.5% 左右;当车速为 40km/h 时,用五挡比四挡节油 8.91% 左右;当车速为 30km/h 时,用五挡比四挡节油约为 8%,用四挡比三挡节油 15% 左右,而四挡比一挡节油约为 50%。一般情况下,以高挡行驶的里程越长,节油的效果就越佳,一般可节油 5% ~ 10%。

由此可见,驾驶员的操作技术、驾驶方法、驾驶经验对燃油消耗有很大程度的影响,因此,在保障良好的车辆技术状态的前提下,不断规范并提高驾驶员的行驶技术是节油的一种有效途径。

4. 车辆维护和检测

随着汽车使用时间的增长,其性能逐步发生衰退。研究表明,现有的营运车辆并没有严格地执行车辆维护制度,许多车辆带病运行,其油耗要比正常技术状况的车辆高出 5% ~ 30%。加强车辆维护和检测是影响道路运输行业节能减排的重要因素。

(1) 车辆维护。

汽车维护按汽车运行间隔期、维护作业内容或运行条件等等不同情况划分为:按技术文件规定的运行间隔实施的强制维护、为使汽车适应季节变化而实行的季节性维护、汽车在走合同实施的走合维护三类。

①车辆强制维护分为日常维护、一级维护、二级维护等级别。各级车辆维护作业的主要作业范围如下：

a. 日常维护：是由驾驶员负责执行的日常性维护作业，其作业中心内容使清洁、补给和安全检查；

b. 一级维护：是由专业维修工负责进行的汽车维护作业，其作业中心内容除日常维护作业外，以清洁、润滑、紧固为主，并检查有关制动、操纵等安全部件；

c. 二级维护：是由专业维修工负责进行的较高一级的汽车维护作业，其作业中心内容除一级维护作业以外，以检查、调整为主，并拆检轮胎，进行轮胎换位，附加和必要的小修项目。

②车辆的季节性维护可结合定期维护进行，季节性维护一般可结合二级维护进行。

③车辆走合维护，应根据其作业项目和深度参照制造厂的要求进行。此外，进口汽车要按制造厂的有关规定进行。汽车进行同级维护之间的时间间隔称为汽车维护周期。车辆维护必须遵照道路运输管理部门规定的行驶里程或间隔时间，按期强制进行，及时发现和消除故障、隐患，防止车辆早期损坏。车辆是否严格执行维护计划，按期维护、全面维护，会直接影响车辆的技术状况，包括安全性能，也包括燃油经济性和排放水平。

（2）车辆检测。

车辆检测是指对车辆的整车、总成和各部件的各项参数与性能进行检验、测量和诊断。它适用于对新车装配后检测和对在用车的技术状况进行诊断，对修理后汽车的质量进行检验，以及车辆管理部门对车辆进行监督检验。定期进行车辆检测，不仅使车辆的行车安全得以保障，而且对车辆节能减排意义重大。

据统计，车辆的里程利用率提高1%、3%和5%可分别使汽车油耗降低3%、7.5%和15%。加强车辆维护管理是车辆节油的重要前提。

车辆检测分为线外检测、人工检测和线内检测三个部分，如表8-2所示。

车　辆　检　查　流　程　　　　　　　　表8-2

检测流程	检测内容
线外检测	对车辆进行唯一性检测
人工检测	对车身的外观、照明和电气信号装置、发动机舱、驾驶室、发动机运转状况及轮胎等进行排查
线内检测	车辆尾气检测、检测车重与制动、前照灯光检测

由表8-2可知，车辆检测在注重对车辆安全性能进行检测的同时，还重视车辆的发动机技术状况以及检测尾气排放指标的检测，通过检测，对在用车辆的发动机技术状况和尾气排污进行监督管理，严格能耗和尾气排放超标的车辆投入运行。

目前国外基本上都不再进行汽车的整车大修，只是按检测、诊断设备提供的检测报告，对车辆进行有针对性的调整和维修作业，借以恢复汽车的技术性能，消除隐患，保证汽车具有良好的使用性能，减少尾气的排放。在我国，"定期检测、视情维修"已经成为维修体制的基本原则，获得日益广泛的应用。

5. 运输组织与保障

运输组织是运输企业在生产和经营实践中发展起来的关于运输资源合理配置和利用的理论和技术。运输组织属于企业生产组织和管理的范畴，是从系统整体优化的目标出发，以生产过程的组织管理的最优化,实现资源投入的最小化和产品利润的最大化。运输组织是影响行业节能减排工作的重要内容。具体包括站点布局、线路规划、运输企业的规模化、车辆大型化、车辆的运输组织调度等。

(1) 站点布局。

站点布局包括区域内的站点数量、规模和选址、与其他运输方式的衔接等内容,这些都会影响客货运输的实载率、往返的均衡性、中转次数,合理的站点布局能够有效提高车辆的运输节能效率,减少换乘,减少车辆空驶率。

(2) 线路规划。

不同线路行驶路径、起止点的规划,是否系统地考虑了不同线路客流的分布特征以及未来客流的变化趋势,会直接影响客运车辆的能耗水平。

(3) 运输企业的规模化、大型化。

运输企业的规模化、车辆大型化这些都是运输组织的组成部分,引导运输企业的规模化、高速公路干线货运车辆大型化,都是提高运输规模经济性,节省能耗,提高运输企业组织管理水平的有效手段。

(4) 车辆运输组织调度。

通过对车辆进行合理的运输组织调度,能够有效提高车辆实载率,具体手段包括以下几个方面:

①加大运力结构调整力度:推进营运客车类型划分及等级评定制度,贯彻落实货运汽车及汽车列车推荐车型制度,鼓励使用柴油汽车及重型车、专用车和厢式车,全面提升道路运输装备技术水平。包括旅客运输中高档车辆比重,大力发展大吨位货车、集装箱、零担、快件等特种车,还包括轻型货车和轿车的柴油化,开展拖挂运输等,均可有效提高客运实载率或者货运空驶率。

②实行滚动发班:滚动发班是以"车型分类、班次共保、滚动发班、营收共享、优质服务"为主要做法的一种运输组织方式,这种运输组织方式充分体现了运输组织合理化与节能减耗之间的紧密联系。

③改进运输组织:旅客运输,以提高客车实载率为主要目标,优化客运组织和线路布局及运力调控;货物运输,利用公路网络和信息技术,建立高效节能的多功能(包括小件、零担、集装箱和特种货物的快运)快速货运系统的政策,大力发展快速货运和现代物流。

6. 节能减排管理

(1) 企业节能减排管理。

道路运输生产的特点决定了运输企业在为社会提供运输服务时必然消耗大量的能源,同时也决定了减少能源消耗是企业降低成本,增加效益,提高企业核心竞争力,节约社会资源最有效的途径。

①道路运输企业是否加强对车辆技术性能包括环保性能管理,对节能减排起着重要作用。对新度系数在50%以下的二手车与报废车辆仍在运行的车辆,其业主应给予一定惩罚。

②道路运输企业对车辆维修检测技术的监督和管理。维修质量直接影响车辆的技术性能和车辆的质量。检查维修业主是否按核定资质从事维修,查处"超级维修行为",对汽车各类维修标准要有详细规定,并且要限制报废车辆维修。

③道路运输企业对驾驶员资质监督的管理,驾驶员的技术水平与心理素质,是否具备节能减排的相关知识,是节能减排的关键。对驾驶员培训学校的资质、教学过程与质量实行严

格管理,对滥发驾驶证的现象严肃查处,或提起诉讼,追究法律责任。

④道路运输企业车辆的管理。加大资金投入推广新产品,新技术,投入更多的资金,购买节能型汽车,提高车辆的新度系数,这也是节能减排的重要因素。

⑤道路运输企业对车辆的运输组织调度管理。提高运输车辆的里程利用率,优化行车路线,提高车速的经济性,提高车辆燃油的经济性,从而可以达到节能减排的目的。

(2)行业节能减排管理。

节能减排要和强化行业管理相结合。加强节能减排的行业监督,要将节能减排措施落实到交通运输行业管理的各个方面与各个相关政策之中,才能取得监管的实效。

交通运输行业节能减排工作要以政策引导、标准规范、市场准入、监督管理、科技创新、信息服务为手段,着力提升监管能力。节能减排的各项监管指标标准要与行业准入退出标准相结合,只有将节能减排的日常监管职责与行业运行的其他监管职责相结合,落实监管主体和责任,落实机构和经费,才能真正实现有效监管。行业管理对于道路运输行业整体节能减排工作的积极性和工作成效都有着重要影响。行业管理是对道路运输企业进行源头控制管理,可以通过政策标准强制性淘汰老旧高耗能车辆,通过相关制度促进车型结构优化、提高驾驶员节能减排素质。

(三)实现绿色运输的意义

物流运输存在着诸多的负外部性,不利于社会资源的合理配置。实现绿色运输有利于消除运输的负外部性、有利于可持续发展的实现、有利于企业竞争力的提高、有利于绿色物流的发展,具有重要的现实意义。

1.绿色运输有利于消除运输的负外部性

运输的负外部性浪费了社会资源,造成了运输生产的非效率性。绿色运输通过对物流节点的科学设置,优化运输路线,选择合理的运输工具和运输方式,构建出有利于环境的运输系统,使运输在为社会经济发展作贡献的同时,给环境带来的不利影响降到最低,促成环境运输共生,是消除运输负外部性的必由之路。

2.绿色运输有利于可持续发展的实现

可持续发展战略要求社会经济发展必须同自然环境及社会环境相适应,使经济建设与资源、环境相协调,以保证社会的良性循环。

虽然我国自然资源总量很大,但人均资源不足,生态环境脆弱,发展与环境的矛盾十分尖锐。因此,如何在保持经济持续、快速和健康发展的同时保持社会的可持续发展,已成为一个亟须解决的问题。绿色运输作为可持续发展的一个重要环节,与绿色生产、绿色消费共同构成了一个节约资源、保护环境的绿色经济循环系统,从而改变原来经济发展与物流之间的单向作用关系,抑制运输对环境造成危害,同时又形成了一种能促进经济和消费生活健康发展的现代运输系统。

3.绿色运输有利于企业竞争力的提高

随着全球经济一体化的发展,一些传统的关税和非关税壁垒逐渐淡化,环境壁垒逐渐兴起。为此,ISO 14000认证证书成为众多企业进入国际市场的通行证,它要求企业建立环境管理体系,使其经营活动、产品和服务的每一个环节对环境的影响最小化。因此,企业为了打破环境壁垒,实现持续发展,必须积极解决经济活动中的环境问题,改变危及企业生存和发展的生产方式,建立并完善绿色运输体系,通过绿色运输来获得相对竞争优势。

绿色运输不仅是一般物流活动节约和降低成本的关键,而且可以提高能源的利用效率并降低污染,它对生产经营成本的节省具有不可估量的作用。绿色运输的实施将改变传统企业的运作模式,并使其在公众中的形象得到极大改观,这必将使企业能够获得原来没有的竞争优势。

4. 绿色运输有利于绿色物流的发展

从环境的角度对运输体系进行改进,将有效利用资源和维护地球环境放在发展的首位,建立效率化的、信息流与物质流循环化的绿色运输系统,代表了21世纪新的物流管理发展趋势。

目前,我国对作为第三方利润源泉的物流业十分重视,但由于资源、环境、经济之间的矛盾,已经不能仅从经济利益单方面来衡量第三方利润空间的大小,必须从可持续发展的角度对其进行研究,以使绿色物流被广泛认可。我国绿色物流的发展程度与发达国家相差甚远,为了同世界先进水平看齐,更大程度地创造利润空间,需借鉴吸收先进国家的经验,从物流的每个环节着手,积极发展物流环节的绿色化,以促进物流整体的绿色化。绿色运输是绿色物流的重要组成部分,也是与环境交叉的主要物流环节,它涉及环境、资源、经济的每一个领域。全面落实绿色运输可以达到立竿见影的效果,对促进绿色物流的全面发展、我国经济的长期稳定发展、能源的高效利用以及环境的改善有着极其重要的作用。

(四)绿色运输的发展策略

在发展物流之初,一定要注重环境的保护,在注重绿色物流的发展过程中,要着重加强绿色运输的发展,这样才不会再度出现"先污染,后治理"的恶性循环,才不会造成巨大的社会成本浪费。发展绿色运输可采取以下措施:

1. 完善绿色运输政策,规范绿色运输发展

要控制和减少运输污染对环境的影响,必须有行之有效的法律和强有力的行政管理来加以控制。政府要制定科学的环保政策,提高对资源合理使用的监督力度和对污染行为的惩罚力度。除了严格实施《中华人民共和国环境保护法》、《中华人民共和国固体废物污染环境防治法》以及《中华人民共和国环境噪声污染防治条例》等现有环保法律法规外,政府还应制定发生源规则、交通量规则和交通流规则。发生源规则主要是对产生环境问题的源头进行管理。交通量规则主要是发挥政府的指导作用,推动企业从自用车运输向商用车运输转化,发展共同配送,减少车流总量,最终实现运输的绿色化、效率化。交通流规则制定的主要目的是通过建立都市中心地域环状道路、制定道路停车规则和交通管制,来减少交通阻塞,提高配送效率。

2. 大力宣传绿色运输,强化绿色运输理念

要充分认识交通运输领域环保形势的严峻性。确立完整的可持续发展的框架体系,选择新的治污思路;在全社会树立绿色运输理念,把绿色运输作为全方位"绿色革命"的重要组成部分;倡导绿色物流,倡导公民推崇绿色物流的意识,积极促进厂家、商家和运输企业建立绿色的同盟关系,促进绿色运输的发展。

3. 提倡社会公众参与,加强社会监督力度

在绿色物流发展过程中,应借鉴国外经验,积极发挥社区组织的作用,大力提倡公众参与,提高公众对环保、环保消费、绿色物流与可持续发展的认识,通过环保机构的各类公益活动,引导广大消费者将眼界从自身扩展到自然生态环境及整个社会范围,使环保观念深入人心,促进和监督企业实施绿色运输。

4. 加强绿色运输研究,培养绿色运输人才

我国发展绿色运输较晚,研究水平相对落后,所以要鼓励有志之士及早开展这方面的研究和实践。绿色运输不同于传统的运输,需要更多、更专业的运输管理人员、营运筹划人员和其他专门人才。各大专院校、科研机构、相关协会、企业,都要发挥自身优势,开展针对性的培养或培训。只有这样,现代运输才能在绿色的轨道上健康发展。

5. 加大技术创新力度,提高绿色运输水平

在整个运输过程中,要采用先进的保质保鲜技术保障存货的数量和质量,在无货损的同时消除污染。加强运输各环节的技术创新、技术引进和技术改造,提高运输的营运能力和技术水平,最大限度地降低运输的能耗和货损,增强环保能力,防止"二次污染"。

在运输领域发展轻污染型技术和污染预防及应急技术对保护环境有重要的作用,如在铁路运输中发展电气化铁路运输;在汽车运输中探索新型动力装置,采用电动汽车;在船舶运输中采用双层船壳;应用污水分离装置;利用各种新型技术处理燃油泄漏、生活垃圾、生活污水等问题。

(五)绿色运输的实现途径

开展绿色运输管理,发展绿色运输技术,可以极大地提高我国的绿色运输水平,有利于绿色运输的实施和经济社会的可持续发展。

1. 绿色运输管理实现途径

绿色运输管理是实行绿色运输的核心。针对当前我国的特点,绿色运输主要应从以下几个方面着手:

(1) 做好运输规划。实施绿色运输,不仅要求在整个物流网络的组织规划上能够很好地满足常规运输的需要,还要考虑高效、节能、安全、低污染,尽量实现循环物流。因此,要求有好的运输管理模式、科学合理的组织规划和切实可行的实施方案。

在制定运输规划时,首先必须处理好交通设施与自然环境之间的协调关系,尽量避开自然环境保护地带,减少对自然生态系统的破坏。其次应通过各种有效措施来控制和减少交通公害,如合理布局道路系统、设置隔音设施、增强绿化等。

(2) 选用绿色运输工具、优化运输方式。采用清洁低耗的绿色运输工具,可以控制运输过程中的能耗和污染。例如,和公路运输相比,铁路和水路运输具有耗能少、噪声小、污染低等特点。因此,要把清洁低耗的绿色运输工具作为首选。

(3) 提高公路货运组织水平。优化运输组织和管理:引导运输企业规模化发展,充分运用现代交通管理技术,加强货运组织和运力调配,有效整合社会零散运力,实现货运发展的网络化、集约化、有序化和高效化。有效利用回程运力,降低车辆空驶率,提高货运实载率,降低能耗水平。

大力发展先进运输组织方式:逐步培育一批网络辐射广、企业实力强、质量信誉优的运输组织主体,加快发展提供仓储、包装、运输等全过程一体化的第三方物流,以及提供完整物流解决方案的第四方物流。大力推进拖挂和甩挂运输发展,充分发挥其车辆周转快、运输效率高和节能减排效果好的优势。

(4) 提高车辆装载效率,减少空载现象。首先使进货供应链与出货供应链相联系,从厂家的角度来说,这意味着载货汽车放下货物,然后装载出货,而不是空车返回;其次,实行共同配送。共同配送是以城市一定区域内的配送需求为对象,人为地进行有目的、集约化的配送。它是由同一行业或同一区域的中小企业协同进行配送。共同配送统一集货、统一送货

可以明显地减少货流;有效地消除交错运输缓解交通拥挤状况,可以提高市内货物运输效率,减少空载率;有利于提高配送服务水平,使企业库存水平大大降低,甚至实现"零"库存,降低物流成本。

（5）实行夜间运输。夜间运输在很大程度上可以减少运输的负外部性,体现出其环保作用。这主要表现在夜间运输可以减少燃料消耗、降低废气排放。有试验表明,夜间行车的燃料消耗可比白天降低4%~6%,这主要是因为白天道路拥挤,严重影响燃料消耗量。

（6）合理规划运输设备。要根据运输物资的特征,采用适当的运输设备。对于易飞扬和易散落的物资,要轻装轻卸,采用密闭式运输工具运输;对于易挥发的物资、化工原料,要采用专门的运输工具。

（7）充分利用信息资源。及时准确的运输信息可以帮助运输企业合理调度车辆,减少不必要的运输和因交通堵塞而造成的资源浪费。充分利用信息资源,可以减少运输成本,更好地发挥绿色运输在高效节能、减少污染等方面的作用,也可以为企业创造更好的经济效益。

（8）提高汽车驾驶员素质。强化节能驾驶培训管理。制定汽车节能驾驶技术标准规范,编制培训教材和操作指南,积极推广模拟驾驶,强化公路运输企业节能驾驶的培训力度,全面提升汽车驾驶员的节能意识与素质。

2. 绿色运输技术实现途径

绿色运输技术是实现绿色运输的关键。开展多式联运,发展共同配送,强化智能运输,是我国绿色运输发展的技术基础。

（1）多式联运。运输业特别是公路运输造成的废气排放、噪声和交通阻塞等对环境污染很大。改变运输方式,由公路运输转向铁路运输或海上运输,或者实行多式联运,可削减总行车量(集中运输代替分散运输的必然结果),在一定程度上减少对环境的污染。多式联运是指吸收火车、汽车、船舶、飞机等基本运输工具的长处,并把它们有机地结合起来进行运输的一种方式。这种运输方式一般以集装箱作为联结各种运输工具的媒介。通过选择更经济、更快速、更合理的运输方式的组合,可以提高运输速度,节约能耗,从而减少对环境的污染;可以减少包装支出,降低运输过程中的货损、货差;可以克服单个运输方式固有的缺陷,有效地解决由于地理、气候、基础设施等环境差异所造成的商品在产销空间、时间上的分离,从而促进产销之间的联系和生产经营的有效运行。

（2）发展替代能源。在全球能源危机及环境污染日益严重的情况下,发展使用替代能源不仅能起到降低能耗和污染的作用,而且能提高运输工具的运行速度及配送效率。目前的替代能源主要有:煤油混合料(COM)和煤油水混合料(COW),乳化燃料,太阳能,电能等。

（3）研制使用更清洁能源、更节能的发动机。我国汽车运输每吨千米的油耗为4.4kg（柴油车）,比国际先进水平高25%左右。在运输过程中使用传统的柴油、汽油发动机,不仅油耗大尾气重,而且噪声也高。将发动机改进为电动时这些问题就可以避免了。而在铁路和城市轨道交通中也应广泛使用电能,充分发挥电能的高效性和清洁性。

（4）尾气净化技术。由于汽车运行严重的分散性和流动性,因而也给净化处理技术带来一定的限制。在净化处理上应从两个方面入手:一是控制技术,主要是提高燃油的燃烧率,安装防污染处理设备和采取开发新型发动机;二是行政管理手段,采取报废更新,淘汰旧车,开发新型的汽车(即无污染物排放的机动车),从控制燃料使用标准入手。

汽车燃油应采用无铅汽油,以代替有铅汽油,可减少汽油尾气毒性物质的排放量。采用绿色燃料以减少汽车尾气有毒气体排放量。大力推广车用乙醇汽油。乙醇代替汽油,既可节约能源,又可消化陈粮,使汽车排出的有害气体减少。

(5)智能运输。智能运输管理系统是将先进的信息技术、通信传输技术、电子传感技术、电子控制技术和计算机处理技术等有效集成而建立起的一种在大范围内、全方位发挥作用的,实时、准确、高效的综合运输和管理系统。利用智能运输管理系统,交通管理部门可进行合理的交通疏导、控制和事故处理,运输部门可随时掌握车辆的运行情况进行合理调度,从而改善交通拥挤和阻塞的状况,最大限度地提高整个运输系统的机动性、安全性和运行效率。

综上所述,虽然运输的负外部性会随着经济和运输的发展而进一步加剧,但是,如果能在我国运输迅速发展的过程中,积极采取相应的绿色运输策略与技术,实现绿色运输管理,便可以保证绿色运输的实现,从而促进人类社会的可持续发展。

四、实 训 设 计

运输的负外部性及绿色化对策

五、实 训 目 标

通过调研的方式,参观一些物流或运输企业,直观地了解运输活动的负外部性,提出绿色化对策。

六、实训内容与要求

1. 描述企业概况
(1)企业的业务功能和区位等方面的情况;
(2)企业发展现状(如主营业务、人员、设备、技术、管理等)。
2. 总结运输活动的负外部性
(1)明确运输活动的具体作业流程及所使用的车辆情况(如类型、吨位、燃油情况等);
(2)了解运输活动(如运输车辆、运输设施、运输物品等)对周边环境的影响;
(3)调查运输企业的社会形象及其原因。
3. 分组讨论
根据企业的实际情况,在老师和企业人员指导下分组讨论运输企业负外部性及其绿色化对策。
4. 要求
写一篇企业运输的负外部性及绿色化对策的分析报告,限期一周。
5. 成果与检验
请完成技能训练后填写附录一。

思考练习

1. 简答题
(1)什么是外部性?如何理解运输的负外部特性?
(2)就道路运输而言,影响绿色运输的因素有那些?其实现途径有那些?

(3) 具体对照一个地区,论述其道路货物绿色运输的实现策略和提升管理、技术的方法?并分小组研究讨论,形成相关研究报告,要求有准确的数据和较强的说服力。

2. 案例分析题

斯堪尼亚打造绿色运输体系

随着全球贸易的发展,道路运输量持续攀升,运输业将成为温室气体排放的主要来源之一。斯堪尼亚就可持续运输提出新旧理念相结合的全面解决方案,即使用可再生燃料和混合动力技术、驾驶员培训以及实施更高效的物流体系。

随着运输量的激增,全球对控制运输所带来的 CO_2 排放的标准也愈加严格。欧盟已就此设定了相应目标:截至 2020 年, CO_2 总排放量较 1990 年降低 20%。虽然该目标已具挑战,但斯堪尼亚更具前瞻性,预计 2000—2020 年间,斯堪尼亚卡车在欧洲每吨千米将降低 50% 的 CO_2 排量。

"为了实现这个目标,斯堪尼亚必须用新旧理念相结合的方式",斯堪尼亚集团副总裁、负责产品研发的 Hasse Johansson 如是说,"第一,使用替换燃料。基于斯堪尼亚柴油发动机技术,向可再生燃料转变。第二,混合动力技术。增加在混合动力技术上的研发投资,首先从城市公交以及卡车入手。第三,驾驶员培训。通过斯堪尼亚培训学院专业培训的驾驶员可以提高 10%~15% 的燃油效率。这相当于每行驶 20 万千米, CO_2 排放可减 9~19t。同时,谨慎驾驶还可减少车辆维修、损坏以及保养的费用。第四,校正轮胎压力。滚动阻力消耗的燃料约占整车使用成本的 30%。适当的胎压和轮胎尺寸能够优化滚动阻力。第五,优化运输系统,提高运输效率,尽量避免空载、浪费燃料。第六,提高货运能力。加长整车拖挂并最大化货运空间。第七,降低空气阻力。如果安装不当,如导流板和辅助灯,会增加空气阻力,以致提高燃料消耗。第八,利用先进技术提高燃油经济性。斯堪尼亚一直在为改进车辆的传动系统而努力,以便提供更强大的发动机、更低的传输损失、减少滚动阻力和空气阻力。"

Johansson 还谈到:"驾驶员是最重要的因素之一。2007 年,全球近 1 万名驾驶员接受了斯堪尼亚培训学院的培训,这个数字还在逐年递增。为满足日益增长的需求并保证优良、统一的质量,2007 年,斯堪尼亚为驾驶员架设了全球通用的平台,以确保驾驶员在波兰、葡萄牙、德国或任何地方接受的培训质量都是一样的。这为跨多国的大型载货汽车运输公司解决了驾驶员水平参差不齐的后顾之忧。"

可再生燃料和混合动力技术是斯堪尼亚对可持续运输做出的另外两个贡献。Johansson 说:"现在,斯堪尼亚正在向斯德哥尔摩公交系统交付第三代乙醇巴士。"

Johansson 说:"未来 25 年,市场注定要进入一种多方共存的状态,没有一种生物燃料能独占鳌头。相反,当地资源状况是该市场使用何种燃料的决定性因素。斯堪尼亚领先的柴油发动机技术是良好的基础。因为柴油发动机能适用各种不同的生物燃料,正是基于这一点,斯堪尼亚推荐使用乙醇。但不同的地区可根据当地情况选择不同的燃料,包括沼气等。"

Johansson 指出:"为了使更多像斯堪尼亚一样的载货汽车制造商为可持续运输做出贡献,政府必须明确制定法规,以便车主能够放心地选择燃料,这是至关重要的。生物燃料配送和基础设施认证需要政策的支持。生物燃料在全球各地高效的生产以及取消关税进行自由竞争十分重要。同时,也为促进发展中国家经济的繁荣带来了机遇。"

斯堪尼亚对环境的关注贯穿其整个业务过程:无论是产品的研发、生产,还是处理与供应商的关系,乃至整个销售和服务的过程中,斯堪尼亚都将环境问题列为优先考虑的因素。

斯堪尼亚在环境保护与可持续运输解决方案方面取得突出的成就,用事实兑现了公路之王应有的社会责任和义务。(资料来源:参见吴雪林《斯堪尼亚打造绿色运输体系预计可减排50%》,http://auto.sina.com.cn/news/2008 05 28/1138379487.Shtml)

分组讨论回答以下问题:
(1)简述斯堪尼亚是如何实现绿色运输的。
(2)斯堪尼亚是否消除了运输的负外部性?并请指出是哪些负外部性。

项目三 绿色运输评价

教学要点

(1)利用网络,了解运输业可持续发展评价的性质和内容
(2)由小组讨论,理解运输系统绿色度评价体系
(3)能够按照运输评价指标体系对某一运输企业进行评价

教学方法

可采用讲授、案例教学和分组讨论等方法。

一、情 景 设 置

结合教材介绍的内容和前面所做的典型运输企业调查,根据运输评价体系建立的原则和要求,请你设计对此典型运输公司的绿色运输评价指标体系。

二、技能训练目标

通过学习、讨论分析后,结合前期对此典型运输公司的评价指标体系,对调查的运输企业进行节能减排效果评价。

三、相关理论知识

(一)运输业可持续发展评价

对运输业进行可持续发展评价是实现运输业发展决策科学化和提高运输业发展综合效益的需要。为了使运输业与经济、社会、资源、环境能够协调发展,使运输业得以持续发挥其综合效益,必须以人类长远生存利益为出发点,以系统观念来评价运输业发展的状态。

1.运输业可持续发展评价的性质

运输业可持续发展的评价应包括企业层、区域层和社会层三个层次。企业层的运输系统建设是整个社会推行循环经济以及可持续发展战略的基础,引导运输企业实施可持续发展战略。区域层和社会层中运输业的可持续发展,不光涉及企业运输,而且也包括城市、区域乃至整个社会运输的可持续。

评价就是评价者对评价对象的属性与评价者需要之间价值关系的反映活动。在可持续发展中，衡量一个地区运输业的成功与否，不仅仅要看其能否实现物流通畅和经济的增长，还要有一个综合的评判，它包括生态协调性、环境稳定性、资源利用持续性、企业发展潜力的持续性、相关产业发展的平衡性（公平性）等。这样的衡量标准要求运输业实现其发展的协调性、稳定性、可持续性和均衡性。因此，运输业在获取信息、资源利用和流通实现等过程中，需注意遵循绿色化、可循环和可持续发展的原则。发展可持续的运输业的目的是为了实现可持续发展，由于开展运输业可持续发展评价的主体是人，因而在评价时，评价者必须树立可持续发展的价值观。

在评价之前，首先对运输业可持续发展评价的性质进行分析。

（1）评价目标的多元性。运输业可持续发展评价的目标是多元的，既有经济目标，又有生态目标；既有效率目标，又有协调发展目标；既有现实发展目标，又有可持续发展目标。各种目标在发展过程中应该相互兼顾，但有时为了使某一方面的目标处于最佳状态，可能会在一定程度上牺牲别的目标。为了最终实现运输业的可持续发展，可以采取适当地将各个目标分先后阶段实施的动态策略，使每一阶段内的目标处于最佳状态；也可以采取并行实施的策略，协调兼顾各个目标。

（2）评价指标的相对性。运输业本身就是一个复杂的、开放的大系统，并且具有跨区域、跨时域、多行为主体等特征，是由多个环节构成的、具有多个层次的复杂系统。运输业可持续发展涉及自然、社会、经济等众多要素，而运输业又总是处于不断的发展变化之中，某一时刻反映运输业发展变化的主要矛盾或矛盾的主要方面，在另一时刻可能会降为次要矛盾或矛盾的次要方面。人们对运输业可持续发展变化的特征与规律的认识具有相对性，在此基础上建立起来的评价指标体系也具有相对性，因此，必须随着运输业的发展变化，不断地修改补充评价指标体系。

（3）指标权重的相对性。评价指标的权重会因时空的不同而不同。运输业的可持续性就在于系统与外界环境间物质与信息交换的过程中能够以良好的状态存在并且能够得到进一步的协调发展。各个指标对于运输业可持续发展的重要性不一样，其权重会有所不同；不同的地区、不同的行业，由于其自然条件、社会经济发展水平以及其对环境的污染程度的不同，指标的权重也不同。比如，在贫困地区，社会发展的主要目标是脱贫，因而经济指标的权重要高一些；而在发达地区，人们强烈追求的是清洁、优美的生活环境，因而环境的绝对指标的权重要高一些。因此，在确定指标权重时，要充分考虑地区和行业的特点。

（4）评价的合理性。评价的合理性是指评价者在一定的约束条件限制下，做出的评价对客体（也即评价目标）意义的衡量。所谓"约束条件"，是指评价者在既定的实践条件下，主观既有的社会、经济、文化等方面的意识。在现实中，任何评价都是相对一定的实践目标而进行的，人们为了实践而进行评价，通过评价而采取行动。

一个合理的评价必须满足三个层次的条件。在第一个层次上，它对评价客体和评价所包括事实的把握必须是准确的，即评价所包含的关于评价客体的信息必须符合实际。在第二个层次上，它必须具有自洽性、和谐性。整个评价必须以评价目标为支点来选择评价的视角、评价的标准，即评价的视角、评价的标准必须与评价的目标具有逻辑自洽性、和谐性。在第三个层次上，该评价所引导的行为必须符合人类发展性和社会进步性。任何评价都是为一定的行为提供依据，都将引导一定的行为，因此，对评价合理性的最高尺度检验就是以它所引导的行为结果（或者说实践结果）为标准。运输业可持续发展评价的合理性就是在一定的自然环境和社会历史条件下,能够引导社会各个层面努力实现经济、环境和社会效益的协调发展,起到了这种效果,其评价就是合理的,否则就是不合理的。

2. 运输业可持续发展评价的内容

运输业与自然资源、生态环境、社会、经济等的协调发展以及它们之间不断发生的相互作用关系是运输业可持续发展研究的重点。运输业可持续发展的评价就是要客观科学地反映上述关系。因此,运输业可持续发展评价的内容应包括运输业可持续发展的外部性条件、运输业可持续发展的发展度、运输业可持续发展的持续度和运输业可持续发展的协调性四个方面,具体内容涉及影响运输业可持续发展的社会、经济、环境、资源等方面的指标,可以用表8-3来概括。

运输业可持续发展评价的内容 表8-3

外部性条件	发 展 度	持 续 度	协 调 性
经济条件 社会条件 政治及政策条件 基础设施配套情况	运输经济状况 资源利用状况 环境质量状况	运输经济前景 资源与环境前景 运输管理水平	与社会经济的协调程度 与环境资源的协调程度 与政治政策的协调程度

运输业的可持续发展外部性条件评价是综合评析维持运输业的运行和发展必不可少的外部条件,这其中包括经济、社会、政治以及基础设施的配套情况等。

运输业可持续发展的发展度评价是指在某一个时期按照一定的指标体系分析运输业与经济、社会、资源、环境等各方面综合发展的状况和可持续发展的水平。它充分体现了当前运输业可持续发展运作的水平。

运输业可持续发展的持续度评价是指通过分析系统状态指标纵向变化情况,并用相应测度和标准去衡量或比较,了解运输业实现可持续发展的条件和障碍,正确认识运输业实现可持续发展的能力和潜力,并结合行业、区域乃至整个国家的发展战略目标,为可持续发展能力建设提出对策。

运输业可持续发展协调性评价主要探讨运输业与资源、环境、社会、经济等方面的协调程度。

3. 运输业可持续发展评价的流程

(1) 明确评价的前提。对于运输业可持续发展评价来说,必须首先明确评价的主体是运输业可持续发展的决策者、管理者还是具体的实施者,这对评价目标的确定、评价指标的选取都有直接的影响。其次,要明确和界定运输业可持续发展评价的区域范围和时间范围,不同的层次结构和时期对评价目的、评价内容和评价要求是不同的。

(2) 建立评价指标体系。评价指标体系是对评价进行分析的出发点,是衡量总体目标的具体标志。综合评价指标体系通常具有多层次结构。对于运输业可持续发展评价指标体系来说,在明确评价前提之后,应开始确定评价目标,设计各个分目标,再依次为各个分目标设置相应的指标或标准。

(3) 确定指标值。每项评价指标都应有详细的评价标准,可以采取定性和定量相结合的方法。对可持续发展评价指标体系中一些诸如经济、社会、资源利用等指标来说,可用货币、尺度、数量等衡量,进行定量分析评价;对于基础设施配套状况、与政策状况协调程度等指标的评价,应先做定性分析,然后确定量化方法。对每项评价指标均须规定计算方法,并对评价标准作恰当说明,评价标准确定后,就可依据该标准对评价指标划分。在确定评价指标量值时,可采用直接定量、模糊定量或等级度量等方法。

(4)综合评价。在确定评价指标体系后,依据评价指标对评价目标进行综合评定。在拟定最底层指标值之后,需要将多个指标值转化为对应上层综合反映其情况的分目标值,再依次上推,直到得出总目标值。在综合评价过程中,相对于某种评价目的来说,评价指标相对重要性是不同的。一般要根据指标的重要性进行加权处理,权重系数确定的合理与否,关系到综合评价结果的可信程度。常见的确定权重系数的方法有德尔菲法、数据包络分析法、层次分析法等。具体的工作流程如图 8-6 所示。

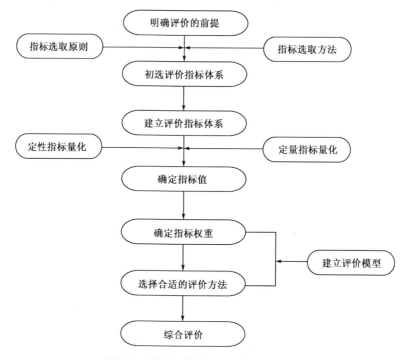

图 8-6　运输业可持续发展综合评价流程图

4. 运输业可持续发展评价指标体系设置原则

要进行运输业可持续发展评价工作,首先需要有一些能够科学、全面地描述运输业发展的实际状况的参数或物理量,这就是运输业可持续发展评价的指标。基于运输业可持续发展内涵的广泛性及其系统的复杂性,不可能用少数几个指标来描述系统的状态和变化,需要用多个指标组成一个有机的整体,通过建立指标体系来系统和科学地描述运输业可持续发展的状况。在设置运输业可持续发展评价的指标体系时,除了要符合统计学的基本规范外,还必须遵循以下原则:

(1)科学性原则。运输业可持续发展指标体系一定要建立在科学的基础上,所选指标应是客观存在的而不是主观臆造的,指标的实际意义要明确,能够客观地度量和反映运输业可持续发展的现状及其未来发展的趋势,突出运输业可持续发展的目标。研究所使用指标数据的统计方法或计算方法要规范,保证评价结果的真实性与客观性。

(2)系统性原则。应将运输业可持续发展问题放到社会大系统之中,并在这个大系统中研究运输可持续发展与经济发展、资源开发、环境保护、人口增长、社会进步之间的关系。

(3)简明性原则。选择的指标应尽可能简单明了并具有代表性,能够准确清楚地反映问题。反映运输业可持续发展的特征指标很多,评价指标虽然要求全面,但并不是越多越好。

指标的设置要围绕评价的目的有针对性地加以选择,每个指标的含义应科学明确,代表特征要清楚,且相互之间不应有交叉和重叠。在满足全面性的前提下,指标体系应尽可能简洁明晰,富有代表性,这样才不至于给评价、分析、比较造成困难和混乱。

(4)动态性原则。运输业可持续发展既是一个目标,又是一个发展过程,这就决定了指标体系应具有动态性。因此,指标的选择要求充分考虑动态变化的特点,要能较好地描述与度量未来的发展特点或发展趋势。

(5)可比性原则。运输系统是一个复杂的具有层次结构的大系统,它由若干子系统组成。因此,描述与评估运输业可持续发展程度和发展状况,应在不同层次上采用不同的指标。指标应尽可能采用国际或国内比较成熟和通用的名称、概念与计算方法,以利于进行横向比较和纵向比较。

(6)适用性原则。设置指标的目的是为分析评价服务,因此所选的指标不仅应有明确的含义,而且要有一定的外在表达形式,能够计算或观察感受得到,这样才能在实际工作中应用,具有可操作性。评价指标的设置,还应考虑能够利用已有的或常规的统计数据和调查方法加以确定,从而保证指标的适用性和有效性。

(二)绿色运输的评价体系

1. 运输业可持续发展评价体系

一般情况下,运输业可持续发展评价指标体系是根据运输业可持续发展的内涵,在运输业可持续发展综合分析的基础上,遵循运输业可持续发展评价指标体系的设置原则,采用综合评价法确定的。该指标体系分为目标层、准则层Ⅰ、准则层Ⅱ和指标层四个层次。

(1)目标层。目标层综合表达运输业可持续发展的总体能力,反映运输业可持续发展的总体状况和发展趋势。

(2)准则层Ⅰ。准则层Ⅰ是将运输业可持续发展的总体能力分解为外部性条件集合、发展度集合、持续度集合和协调性集合四个功能集。

(3)准则层Ⅱ。在这一层面中,"外部性条件"是指影响物流业发展的各方面的外部条件的发展状况;"发展度"是指物流业可持续发展过程中,在某一时期,各个方面对其发展目标的满足程度,反映了系统运行的效果;"持续度"则是对物流业可持续发展的前景进行判断;"协调性"反映的是物流可持续发展与社会、经济、资源、环境以及政策之间的相互促进、相互制约关系。

(4)指标层。指标层可以采用可测的、可比的、可以获得的指标及指标群,它们是指标体系的最基层要素。

指标体系的层次结构关系如表8-4所示。

指标体系的层次结构关系　　　　　　表8-4

目标层	准则层Ⅰ	准则层Ⅱ	指　标　层
运输业可持续发展的综合程度	外部性条件	经济条件	GDP
			人均GDP
			社会商品零售总额
			CPI与PPI
		社会条件	人口数量及素质
			居民受教育程度
			社会综合保障状况

续上表

目标层	准则层Ⅰ	准则层Ⅱ	指 标 层
运输业可持续发展的综合程度	外部性条件	政治与政策条件	社会稳定与社会治安
			运输业发展政策
			其他相关政策及措施
		基础设施配套情况	交通服务及配套
			资源与环境状况
			运输装备及设施
			信息服务及配套
	发展度	运输经济状况	运输产值及利润
			运输成本及费用
			成本利润率
			运输费用率
			运输装备水平及其他
		资源利用状况	总资源消耗及人均消耗量
			总能源消耗及人均消耗量
			原材料消耗系数
		环境质量状况	废水排放总量及人均排放量
			废气排放总量及人均排放量
			废弃物排放总量及人均排放量
	持续度	运输经济前景	运输产值增长率
			运输费用降低率
		资源与环境前景	能源利用率
			物资回收利用率
			污染物排放总量环比变化率
			三废综合治理率
		运输管理水平	运输从业人员教育与认证状况
			运输科技成果转化率
			运输装备购置使用率
	协调性	与社会经济的协调程度	社会运输总额与GDP比值变化率
			运输费用总额与GDP比值变化率
			运输从业人员占总就业人口比率
		与环境资源的协调程度	不可再生资源消耗率
			废弃物利用率
			可再生资源回收转化率
			治污投入与预计投入比率
		与政治政策的协调程度	运输从业人员综合环保意识
			政策法规的制定与执行
			组织的健全程度
			对运输业各方面变化的监控能力

2. 企业运输系统绿色度评价体系

由于绿色观念的普及和消费者的环保意识的日益觉醒,绿色消费开始取代工业文明时代的传统消费模式,成为知识经济时代的主流消费方式。因此,企业要想在激烈的竞争中立于不败之地,具有持续的竞争优势,就必须建立绿色化的运输系统,使产品具有鲜明的绿色特征,满足绿色性能的要求。

为了方便量化和评价运输系统对环境的"绿色程度",在这里借用产品的绿色度并综合本教材中绿色运输的概念,将运输系统的绿色度定义为:整个运输系统对资源和能源的输入量、对环境的输出量及这些输入输出对环境的友好程度,即运输系统满足绿色特性的程度。

运输系统的绿色度有狭义和广义之分,狭义的绿色度是指运输系统对环境的友好程度,广义的绿色度是指对运输系统的绿色性、经济性和技术先进性的综合评价。这里从广义的运输含义出发研究的绿色度指的是广义的绿色度,它是评价运输系统的资源节约性、环境友好性、经济合理性和技术先进性等综合指标。

(1) 资源节约性。运输系统中的资源是广义的资源,包括运输系统活动中的原材料资源、能源资源以及人力、设备资源。资源消耗速度越慢、消耗量越少或资源的重复利用率越高,就说明运输系统的资源节约性越好。

① 原材料、能源资源评价。运输系统中的原材料、能源消耗主要是运输环节及装卸搬运环节的能耗。有些能源是不可再生的,有些是可以再生的。因此,衡量能源资源特性不能仅凭能量消耗量的绝对数据来衡量,还要考虑能源类型、再生能源利用率等。

② 人力、设备资源评价。在运输生产系统中,人既是知识、技术的拥有者,又是企业经营活动的策划者、组织者和执行者。只有高素质的企业员工才能使企业能够应对持续变化的市场环境。设备资源指标是衡量绿色产品生产组织合理性的重要方面,主要是设备综合效率。设备综合效率由设备的时间开动率、性能开动率和合格品率三项指标综合体现,三项指标分别反映影响设备综合效率的停机损失、速度损失和废次品损失。设备综合效率指标使设备的技术管理与经济管理结合起来,能真正地反映企业的技术经济效益,体现系统管理的要求,有利于促进设备综合管理的开展和全员设备管理的推进与深入。

(2) 环境友好性。运输系统的很多方面都会对环境产生影响,环境友好性在这里指的是运输系统运作过程中的环境影响。运输活动中的产生的大气污染物、固体废弃物、废液以及噪声等的污染程度可以作为评价环境污染的指标。

(3) 经济合理性。进行运输系统经济性能的评价,不仅要考虑企业内部的运输成本,还要考虑运输系统的社会成本。传统的运输成本计算方法没有考虑运输过程对环境造成的影响,实际上运输的成本还必须包括社会成本,即环境污染治理成本、交通拥挤代价、废弃物处置成本等。因此,运输系统的经济性能应该从企业运输成本和社会成本两个方面进行评价。

① 企业运输成本。按成本项目划分,企业运输成本由运输功能成本和存货相关成本构成,具体如表8-5所示。

② 社会成本。社会成本主要是指运输活动造成的环境污染而导致的污染治理成本、交通拥挤代价、废弃物处置成本。

(4) 技术先进性。传统的运输是劳动密集型的,被认为是科技含量低的行业,而现代运输业是基于信息技术、网络技术和智能技术的新兴产业。运输系统经济效益的取得要靠运输科技,降低运输过程中的环境影响和资源消耗也要靠科学技术。因此,进行运输系统绿色度的评价也要考虑运输系统的技术先进性。

企业运输成本项目构成表　　　　　　表8-5

	成本项目	内 容 说 明
运输运作成本	运输成本	一定时期内,企业为完成货物运输业务而发生的全部费用,包括从事货物运输业务的人员费用、车辆(包括其他运输工具)的燃料费、折旧费、维修保养费、租赁费、养路费、过路费、年检费、事故损失费、相关税金等
运输功能成本	运输信息成本	一定时期内,企业为采集、传输、处理运输信息而发生的全部费用,具体包括运输信息人员费用,信息系统软硬件折旧费、维护保养费、通信费等
	运输管理成本	一定时期内,企业运输管理部门及运输作业所发生的管理费用,具体包括管理人员费用、差旅费、办公费、会议费等
	资金占用成本	一定时期内,企业在运输活动过程中负债融资所发生的利息支出(显性成本)和占用内部资金所发生的机会成本(隐性成本)
	物品损耗成本	一定时期内,企业在运输活动过程中所发生损耗、毁损、盘亏等损失
	保险和税收成本	一定时期内,企业支付的与运输工具及相关的财产保险费以及从事运输活动应交纳的税金支出

①运输装备的先进性。运输装备的先进与否体现在装备的自动化程度、作业效率、操作过程中的安全性和环境友好程度。

②运输管理的先进性。基于计算机信息、网络的运输管理有助于提高运输系统运作过程中的效率,有利于运输资源的共享和消除运输过程中的空载及无效运输等现象。

③系统决策的科学性。运输系统决策的科学性主要有两类:决策模型的科学性和决策方法的智能性。该指标不仅反映了企业管理人员的科学素质,而且也是决定企业今后发展程度的重要影响因素。

按照运输系统绿色度的上述定义,把指标体系分成目标层、准则层Ⅰ、准则层Ⅱ和指标层。运输系统绿色度评价指标体系的层次结构关系如表8-6所示。

运输系统绿色度评价指标体系　　　　　　表8-6

目标层	准则层Ⅰ	准则层Ⅱ	指 标 层
运输系统的绿色度	资源节约性	原材料、能源资源评价	材料利用率
			环保材料使用率
			原材料及能源利用率
			能源类型
			再生能源利用率
		人力、设备资源评价	员工的团队精神
			员工的科学素养
			设备综合效率
	环境友好性	大气污染物污染程度	废气排放量
			可吸入颗粒物排放量
		固体废弃物污染程度	包装废弃物
			流通加工废弃物
			最终废弃物
		废液污染程度	有毒废液排放量
			废水排放量

续上表

目标层	准则层Ⅰ	准则层Ⅱ	指标层
运输系统的绿色度	环境友好性	噪声污染程度	生产中的噪声
			流通加工中的噪声
			运输中的污染
	经济合理性	企业运输成本	运输成本
			运输信息成本
			运输管理成本
		社会成本	环境污染治理成本
			交通拥挤代价
			废弃物处置成本
	技术先进性	运输装备的先进性	装备的自动化程度
			作业效率
			操作过程中的安全性
			环境友好程度
		运输管理的先进性	技术创新能力
			供应链信息共享率
			信息技术传递率
		系统决策的科学性	决策模型的科学性
			决策方法的智能性

对于具体的企业来说,该指标体系中的指标可以根据具体的情况做变更和修改,使之更加适合对本企业运输系统绿色度的评价。

(三)道路运输节能减排评价体系构建

根据道路运输业节能减排评价的系统分析理论,运用评价指标体系的构建原则,结合我国道路运输业节能减排的现状、道路运输业节能减排的影响因素进行分析,并考虑道路运输行业节能减排工作实际,将道路运输行业节能减排评价指标体系分为道路运输管理部门和道路运输企业两个层次。

1. 道路运输管理部门节能减排评价指标体系

道路运输管理部门节能减排评价主要针对各道路运输管理部门,应根据道路运输节能减排目标,结合节能减排评价体系,做好基础组织和服务工作。为此,对管理部门的考核主要分为节能减排目标和节能减排措施两大部分,如图8-7所示。

道路运输管理部门节能减排评价指标体系的具体内容包括节能减排目标和节能减排措施两个方面。

(1)节能减排目标。

该指标是对地方节能减排工作的结果进行考核,它包含两个指标:百吨公里油耗降低率和车辆排放降低率。其中百吨公里油耗降低率可根据地区所辖各道路运输企业上报的百元产值油耗进行推算,计算方法为:

$$百吨公里油耗降低率 = \frac{\sum 前一个统计期内各企业总消耗 - \sum 该统计期内各企业总油耗}{\sum 前一个统计期内各企业总消耗} \times 100\%$$

(8-3)

车辆排放降低率的计算也由所辖各道路运输企业上报的排放降低水平进行推算,计算方法为:

$$\text{车辆排放降低率} = \frac{\sum \text{前一个统计期内各企业总排放} - \sum \text{该统计期内各企业总排放}}{\sum \text{前一个统计期内各企业总排放}} \times 100\%$$

(8-4)

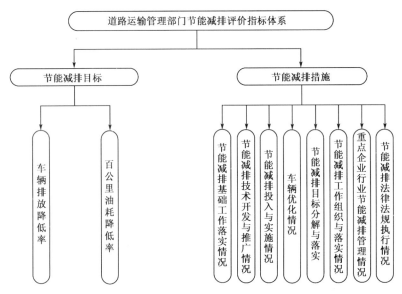

图 8-7 道路运输管理部门节能减排评价指标体系

道路运输管理部门应结合本地实际情况制定工作目标,并在考核期内对照该两个指标进行工作检查。

(2)节能减排措施。

该指标主要是对各地方道路运输管理部门在节能减排相关工作的具体实施进行过程考核,包含以下 8 个二级指标:

①节能减排工作组织和领导情况。道路运输管理部门应结合本地区实际情况,建立本地区的万元产值油耗统计、监测、考核体系,以及本地区的车辆排放的统计、监测、考核体系。同时成立专班协调地区节能减排工作,明确人员与岗位职责,定期召开会议,研究相关重大问题。

②节能减排目标分解和落实情况。道路运输管理部门应按节能减排工作目标要求,将既定地区节能减排目标向各所辖道路运输企业进行目标分解,定期公布地区和各企业能耗和排放指标。

③优化车辆结构情况。道路运输管理部门应对所辖企业运营车辆的技术状况进行跟踪考核,加快新车更新步伐,提高车辆新度系数,及时淘汰节能减排超标车辆。

④节能减排投入和实施情况。为保障节能减排工作的不断推进,道路运输管理部门应安排节能减排专项资金并足额落实到工作中,资金总额占财政收入比重应逐年增长。同时组织专门技术人员和重点企业,组织实施重点节能减排项目。

⑤节能减排技术开发和推广情况。道路运输管理部门应重视和加大节能减排技术的开发和推广力度,把节能减排技术研发列入管理部门年度科技计划。在投入上,节能技术研发资金占财政收入比重应逐年增长,结合组织实施的重点节能减排项目,开展技术示范。积极

组织推广节能减排产品、技术和节能减排服务机制。

⑥重点企业和行业节能减排工作管理情况。对所辖道路运输企业中的能耗大户进行重点管理,督促其完成当年节能减排目标。

⑦节能减排法律法规执行情况。运输管理部门应贯彻执行节约能源法和配套法律法规及地方性法规与政府规章,结合节能减排评价工作,开展日常性的节能执法监督检查等。并根据地区实际,制定和执行高耗能车辆能耗限额标准,对超标车辆应及时进行维修和报废。

⑧节能减排基础工作落实情况。运输管理部门应在专班领导下加强节能减排监察队伍,进行机构能力建设;配合节能减排评价指标体系中企业统计制度要求,完善地区能源统计制度并充实能源统计力量;为配合评价中对能耗和排放的抽检工作,应尽可能配备能源和排放计量器具;定期开展节能减排专项宣传,对企业管理人员和驾驶员进行节能减排专项知识培训;对所辖企业节能减排工作制定奖励制度。

2.道路运输企业节能减排评价指标体系

基于对道路运输节能减排相关影响因素分析和评价指标体系构建原则,结合道路运输企业节能减排工作实际,提出道路运输企业节能减排评价指标体系见图8-8,道路运输企业节能减排评价指标体系从机构与制度、车辆技术管理、驾驶员管理、组织调度、节能减排指标和节能减排技术推广应用六个方面对道路运输企业节能减排工作进行细化和分解。指标体系的这六个方面紧紧围绕着上级主管部门对道路运输企业节能减排工作的考核来展开。

图8-8 道路运输企业节能减排评价指标体系

道路运输企业节能减排指标体系的具体内容如下：

(1) 机构与制度。

该指标主要是对道路运输企业节能减排工作的管理层面进行考核，促进企业在节能减排工作方面做到有目标、有规划、有制度，有组织保障体系。在制度建设方面，要求从新车购进到车辆维护保养，以及报废的整个过程都有节能减排相关要求，并按照过程管理的原则，对节能减排制度的执行进行跟踪考核。

机构与制度一级指标下设三个二级指标项目，分别是节能减排专项规划、节能减排组织机构和节能减排相关制度，下面就这三个二级指标的进行说明。

①节能减排专项规划。

为实现整体节能减排的目标，道路运输企业对自身的节能减排工作应该有专项规划。在规划中，应该结合企业自身特点，根据整体节能减排工作的要求，明确自身节能减排方面工作的总体目标。在确定企业节能减排总体目标后，应结合企业工作安排，设立分阶段目标，并制定切实可行的执行措施，以保障目标的实现，阶段工作完成后，企业应对照目标进行检查，总结经验，发现不足，为下阶段工作开展打下基础。

②节能减排组织机构。

节能减排工作应体现全员参与原则，特别是企业管理人员，应该高度重视。对于该项工作，应该设立专门机构和专门人员，并明确机构和人员职责，企业主要负责人应亲自参与其中，以保障该项工作的顺利进行。

③节能减排相关制度。

制度是保障工作成果的重要基础，好的制度，能规范企业的发展方向，规范工作标准，明确工作权利与义务，从而调动员工的积极性和创造性。而没有制度，也就没有了工作规范，没有了管理上的考核依据。节能减排相关制度的完善本身对企业节能减排工作而言，就体现了根本性、全局性、稳定性和长期性。在节能减排工作方面，重点考核四个制度，它们分别是节能减排统计制度、节能减排考核激励制度、车辆技术管理制度和驾驶员节能减排培训制度。

a. 节能减排统计制度。由于以往对节能减排工作的不重视，相关基础数据统计十分薄弱。对于主要能耗排放数据，往往连企业自身都不清楚，更不用说管理部门的地区整体数据了。因此，评价指标体系中的一个重点就是要以评价为契机，加强基础数据的统计工作。道路运输企业应该建立单车基础台账，对营运车辆的行驶里程、加油量、维护过程、完成的周转量等各方面数据进行详细记录。企业要配备兼职节能减排统计人员，提供必要的经费和设备保障；要对参加节能减排统计工作的统计人员和驾驶员进行培训，加强能源消耗统计宣传，确保第一手统计数据和资料翔实准确。在此基础上制定全面完整的企业节能减排统计体系，要求指标齐全、记录完整准确，及时准确地统计报送有关数据。各企业还应在节能减排统计工作中监测内部能耗情况，定期分析统计结果，对自身节能减排工作进行评价，为节能减排管理决策提供依据，及时优化节能减排方案，提高决策水平。大部分节能减排相关数据统计的第一手资料来自于驾驶员，在市场经济条件下，统计调查的对象复杂多变、配合程度很低，各企业应制定相应措施，保障统计途径的畅通和统计数据的准确。

b. 节能减排考核激励制度。企业应结合既定的节能减排专项规划和相关制度，对从新车采购、维护、车辆运营，以及驾驶员管理、组织调度和技术推广等各方面工作，制定相应合理的考核机制。投入专项资金，对完成目标较好的个人和部门给予物质和政策上的奖励，反之,对无特殊缘由未能完成目标的个人和部门应进行批评和教育,并给予必要的惩罚。在制定考核机制时,应充分反映企业自身和不同工作特点,制定具体的、合理的、切实可行的考核办法。如油耗标准的制定,应结合车型、线路等因素分别制定。

c. 车辆技术管理制度。车辆是道路运输企业的核心,从节能减排工作角度来说,车辆技术管理包括从车辆采购、日常维护和按章报废的全部过程。在新车选购上,应遵循"技术先进、经济合理、生产适用、维修方便"的基本原则,除充分考虑车辆的质量、价格、售后服务等主要因素外,还必须考虑对车辆类型、使用性能、经济车速及燃料、润料、零配件等因素,并按照"公开、公平、公正"的招标程序,对各招标车辆进行深入研究全面分析、综合评价。对未达到标准的车辆,不得购买并进行营运。对自身拥有维修检测部门的企业,应认真贯彻执行《汽车维修开业条件》(GB/T 16739.1.2—2004)标准,按国标完善人员条件、维修专用设备和检测设备等;积极引导维修部门应用维修环保、节能、不解体检测和故障诊断技术,提高维修部门的整体素质。对维修人员,要按照交通部令《道路运输从业人员管理规定》(2006年第9号)、《机动车检测维修专业技术人员职业水平评价暂行规定》和《机动车检查维修专业技术人员职业水平考试实施办法》的规定,抓好维修从业人员的培训工作,培训内容有交通法规、行业管理规章制度、汽车维修过程的各种规章制度和技术规范、汽车维修岗前培训标准等,使从业人员系统了解汽车维修质量和技术要求以及相关的法律、法规,增强职业道德规范水平,以推动汽车维修部门维修质量的提高。

在日常维护上,要坚持营运车辆技术审查制度,加强对营运车辆技术状况监控,要严格执行上线检测制度,并将检测结果作为营运车辆技术等级评定基本依据,要督促经营者严格按规定及时维护修理,确保营运车辆技术性能和运行质量水平;要严格执行营运车辆二级维护上线检测制度,督促维修企业严格按照《汽车维护、检测、诊断技术规范》(GB/T 18344—2001)实行车辆二级维护工艺流程、技术规范和竣工上线检测制度,同时要督促对二级维护的营运车辆,要进行现场监管以保证二级维护质量。对参加年度等级评定的营运车辆,必须经有资格的机动车综合性能检测站检测,并依据检测评定结果办理相关手续;要建立车辆技术档案和汽车维修档案机制,做到一车一档,保存期为2年。鼓励有条件的企业建立电子档案。

要在节能减排的要求下实时对车辆的技术状况进行监控,对未达到节能减排标准的车辆,企业应及时进行维护和维修,若维修后仍无法满足要求的,应及时进行报废处理。

d. 驾驶员节能减排培训制度。企业要对驾驶员进行节能减排相关知识的专项培训,并将培训形成制度,增强全员节能意识。在营运驾驶员考核中增加节能驾驶知识的考核内容,提高节能意识、业务水平和操作技能。

(2)车辆技术管理。

该指标针对企业营运车辆的现状以及车辆维护工作进行考核,以保证企业车辆处于良好的节能减排状态。车况方面对车辆的新旧程度、车辆当前技术状况进行考核;维护方面主要对车辆执行二级维护和车辆技术档案记录的跟踪进行考核。

①车辆新度系数。

根据国家行业标准《道路旅客运输企业等级》(JT/T 630—2005)规定,车辆新度系数是表示营运车辆总体新旧程度的指标,按使用年限折旧进行计算。计算方法为:

$$a = 1 - [\sum(V_1 - t_1)]/V_n \times 96 \tag{8-5}$$

式中:a——车辆新度系数;

V_1——单车原值;

t_1——单车实际使用月数(超过96按96计算);

V_n——全部营运客车原值。

企业应结合营运工作和节能减排工作需要,加快淘汰老旧汽车,提高车辆的新度系数,从源头控制高耗油、低排放车型的选购,推进营运车辆的节能减排工作。该指标参考基准为0.7。

②车辆技术等级。

企业应按照交通部发布的《营运车辆技术等级划分和评定要求》(JT/T 198—2004)、《道路货物运输及站场管理规定》(6号令)和《道路旅客运输及客运站管理规定》(10号令)要求,对营运车辆进行综合性能检测和技术等级评定。本评价体系中采取对企业所有营运车辆的技术等级系数进行考核的方法,计算方法为:

企业车辆技术等级系数 = $\sum$车辆技术级别×相应级别车辆数量/企业营运车辆数

(8-6)

其中:车辆技术级别按照国家有关标准分为三个级别,该指标参考基准为1.5。

③车辆二级维护计划执行率。

车辆二级维护是车辆维护制度的核心内容,是车辆运行到规定的行驶里程或间隔时间,必须按期执行的维护作业。企业应该按行驶里程和间隔时间合理制定营运车辆二级维护计划,并在计划执行期内严格按照计划对营运车辆进行执行二级维护。计划执行率为计划期内实际完成车辆二级维护车次与计划期内需要完成车辆二级维护总车次之比。在指标参考基准为80%。

④车辆技术档案建档率。

根据车辆技术管理制度相关要求,企业应该对营运车辆建立完整的技术档案,其内容包括:车辆基本情况记录、车辆技术状况等级鉴定(年审)记录、车辆检测记录和其他应当建档的记录。车辆维修档案应包括:车辆同常维护、一级维护、二级维护、汽车大修、总成修理、汽车小修和汽车专项修理、二十四小时拖车、代办车辆年审和其他有关的汽车维修服务项目、维修服务费用记录和其他应当建档的记录。要力争做到一车一档,记录完整准确。该指标参考基准为90%,内容或记录不完整的视为没有档案。

⑤采用推荐车型比例。

企业在新车采购时应综合考虑线路特征和节能减排要求,优秀采购管理部门推荐的各种车型,调整运力结构,发展高效低耗的新型运力。该此指标计算方法为:

采用推荐车型比例 = 列入管理部门推荐车型的营运车辆数/企业营运车辆总数,该指标参考基准为20%。

(3)驾驶员管理。

该指标要求企业对驾驶员在节能减排方面进行有目标、有计划和有具体内容的培训工作,增强驾驶员的节能减排意识。

①驾驶员节能减排培训计划。

企业要有计划地对驾驶员进行节能知识及技术的培训。计划中应明确节能知识和节能驾驶技术培训的培训内容和学时。通过宣传、教育和培训,提高道路运输从业人员对节能减排工作的认识,使节约能源逐渐成为全行业的自觉行为。

②驾驶员节能减排培训计划的执行。

在既定的驾驶员节能减排培训制度要求和培训计划的指导下,企业应认真落实培训计划,做到有计划、有措施、有记录、有考核。结合培训,开展多渠道的节能减排宣传,鼓励广大驾驶员立足岗位开展"小革新、小创造、小发明、小设计、小窍门"和技术攻关,开展节能降耗、减排达标"小指标"劳动竞赛,大力开展群众性节能减排活动,并在此基础上进行有效总结、培训和推广,不断提高驾驶员的节能意识和节能驾驶操作技能。这种培训应该是多次长效的,并对制定的培训计划进行经验总结。

(4) 组织调度。

该指标对企业的运输组织手段以及其效果——载荷利用水平进行考核,并针对客运与货运的不同特点进行了指标的细分。

①企业平均载荷利用率。

该指标是企业有效能源消耗的一个重要指标,分客运、货运和出租车三个行业利用不同指标进行考核。客运用实载率,货运用里程利用率,出租车用空驶率。客运企业应对每次运输的实际载客人数做好基础数据统计,企业应按照不同线路分别统计实载率,计算企业的平均实载率。对货运和出租车行业在相应指标上也是同样要求。这里关键是做好基础数据的统计工作,企业应按照统计制度的要求进行数据记录、上报和汇总统计。

②运输组织手段。

企业应针对做好市场需求分析,合理配备车型,避免盲目开盘线路。对已开线路,要进行科学的调度组织,充分运用各种技术手段和信息平台,提高运输的组织化程度,降低车辆的空驶率,提高车辆的实载率,优化运输线路。

(5) 节能减排指标。

该指标是对企业节能减排工作的成效进行考核,主要包括车辆平均油耗水平、车辆排放控制两个部分。在油耗水平的考核中,主要对企业的产值油耗进行考核,例如针对客运的百人公里油耗,以及针对货运的百吨公里油耗,以及针对整个运输企业的百元产值油耗,其目的是促进企业将节能减排工作与成本意识挂钩。在车辆排放控制方面,除增加管理部门对企业进行的排放抽检合格率进行考核外,还针对某些企业车辆年检排放要求进行的作弊行为,分别增加了年检排放首检合格率以及平时抽检两方面内容,以保证车辆平时处于节能减排效果良好状态。

①车辆平均油耗水平。

车辆平均油耗水平配合不同统计口径要求,分别对客运的百人公里油耗、货运的百吨公里油耗,以及百元产值油耗进行考核,这是企业能耗的直接体现。对于前两个指标是企业所有营运车辆在该相应指标上的均值。

为了对企业节能工作成效进行考核,还增加了油耗降低水平考核指标,其计算方法是:

$$\frac{本统计期内百人公里油耗 - 上一个统计期的百人公里油耗}{上一个统计期的百人公里油耗} \tag{8-7}$$

(注:对货运用百吨公里油耗计算)。

企业应按照管理部门和节能减排目标要求,完成相应年度能耗指标降低要求。

②车辆排放控制。

由于车辆排放水平很大程度上决定于车辆的出厂水平,在使用过程中除进行淘汰更新外,应进行必要的检测维护,以维持其原有排放水平,不使之低于相关标准。因此,这里主要结合国家对车辆的年检中对排放相关要求进行合格率考核。

a. 车辆排放抽检合格率。目前企业营运车辆排放水平如未达到国家制定的排放要求,则无法获得营运资格。但由于企业对车辆排放管理不重视,往往是检测未过关就进行相应调整,有的车辆甚至要经过多次检测方能到达要求。在通过检测后,往往又忽视车辆排放控制,使车辆排放水平又超标。管理部门在日常工作中,应按照国家营运车辆排放要求对企业的营运车辆进行随机抽检,其合格要求作为该指标的得分依据。该指标参考基准为80%。

b. 车辆年检排放首检合格率。车辆年检中,单独针对排放检测方面,对其首次检测便能通过的水平进行考核,以进一步考察企业车辆在排放控制方面的重视程度。车辆检测部门应在车辆技术档案中记录车辆每年通过排放检测所需的检测次数,企业应做好相应的数据统计。

③降低排放水平。

该指标主要考核企业减排工作的成效。车辆年检时应记录相应单项排放水平,对汽油车记录一氧化碳(CO)、碳氢化合物(HC)排放水平,对柴油车记录烟度和其颗粒含量水平。然后统计其企业车辆排放总和水平,则企业的排放降低水平 =(本统计期内企业排放水平 - 上一个统计期的企业排放水平)/上一个统计期的企业排放水平。企业应按照管理部门和节能减排目标要求,完成相应年度排放指标降低要求。

(6)节能减排技术推广应用。

该指标是对节能减排中进行的各项技术创新应用进行考核。主要考核技术的应用主要包括三项:

①燃油添加剂技术。

②GPS 技术。

③替代燃料技术。

每项技术的应用应有相应的测试记录、使用效果分析等过程管理文档,以便进行考核。除此之外,还有其他节能减排相关技术的应用,具体每项技术的考核由具体研究确定。

四、实训设计内容

企业绿色度评价指标的构建。

五、实 训 目 标

参观一些制造类的企业,了解企业的原材料、外购件进库直到企业产成品出库的全过程,根据自己的理解,为该企业生产运输设计一个绿色度评价指标。

六、实训内容与要求

1. 描述企业状况

(1)企业所处领域、业务范围和生产特点;

(2)企业生产运输的现状(资源、环境、经济和技术)。

2. 总结该企业生产运输的特点

(1)总结企业各个生产环节的运输状况;

(2)绘制企业生产运输的流程图;

(3)企业生产运输的特点分析。

3.分组讨论

根据道路运输企业的现实状况,结合道路运输企业系统绿色度评价体系的构建,分组构建该企业的生产运输绿色度评价的指标体系。老师对各个小组的指标构建进行指导并进行对比分析。

4.要求

根据具体情况,选择有一定代表性的物流运输企业,按其运输生产的内容进行绿色度评价的构建,限期一周。

5.成果与检验

请完成技能训练后填写附录一。

思考练习

1.简答题

(1)简述运输业可持续发展评价的内容及流程?

(2)运输业可持续发展评价指标体系的设置原则有哪些?

(3)简述运输业可持续发展评价体系的内容。

(4)简述道路运输企业系统绿色度评价体系的内容。

2.案例分析题

企业效益绿色指标体系的设计

1.绿色指标设计的基本原则

为了便于企业考核自身的可持续发展绩效,同时便于各相关单位如环保部门、投资者、审计评估机构对企业的绩效进行监督,企业效益的"绿色"评价指标的设计在满足系统性、科学性的基础上,必须遵循以下原则:

(1)能使企业的经营决策者对企业的经营绩效进行比较和监控。

(2)必须具有广泛的适用性,便于各不同行业之间进行横向比较。

(3)指标必须定义明确、量化方便、可操作性强,并与现有的考核指标接轨。

(4)便于各利益相关部门进行审计与监督。

2.绿色指标体系的设计

按照绿色指标设计的上述基本原则,为企业效益设立了减少能源消耗类指标、控制污染类指标和环境改善投入类指标等绿色指标。

(1)减少能源消耗类指标。

为考核企业在生产经营中原料、能源等的利用效能,产品的服务效能以及原料回收成本情况等,特设立以下指标:

①产品的原料密集度。产品的原料密集度表示生产每单位产品所使用的原料数量,用原料总成本与生产产品的总产值之比表示。

②产品的能源密集度。产品的能源密集度表示生产每单位产品所消耗的能源数量,用能源总成本与生产产品的总产值之比来表示。

③产品的服务强度。产品的服务强度表示每单位产品所提供的服务效能。服务效能可以根据产品的功能性、可回收性、易于升级性、产品的耐用度等与同行业平均水平的比较系

数来评判。

④原料的可回收率。原料的可回收率可用可回收原料成本占产品原料总成本的比率表示。

（2）控制污染类指标。

为考核企业经营过程中的污染成本状况和成本支付情况，特设立以下指标：

①产品的排放物效率。产品的排放物效率表示每单位排放物所创造的利润额。排放物主要指温室气体、消耗臭氧层物质、SO_2 及 NO_2 等。

②污染成本率。污染成本率可用每年因污染所支付的成本占产品总成本的比率表示。

（3）环境改善投入类指标。

为考核企业为环境改善投入和产品环境友好情况，特设立以下指标：

①环保投入资金率。环保投入资金率表示企业环保资金投入占企业总投入的比例。

②产品的寿命周期年平均成本。产品的寿命周期年平均成本可用产品原料、能源消耗成本与回收处理费用之和与产品的寿命周期之比表示。

3. 绿色指标体系的考核

为了便于各企业之间进行比较，有必要根据各个行业的具体情况，先建立行业内部的统一标准，待条件成熟后再建立统一的适用于所有行业的标准数据。对于指标体系中能够计量的指标，采用模糊数学中隶属度的概念，通过建立一系列隶属函数将其归一化。对于定性描述指标或者短期内无法计量的指标，可以依据综合评分的方法来确定其得分。

在最终对企业进行综合评价计分时，考虑到与现行的企业效益评价体系相衔接，我们设定"绿色"的企业效益指标同传统企业效益指标具有相同的权重，这样即可得出企业的综合得分，各利益相关部门可据此对企业进行监督和考核。（资料来源：汤建影，张赛.企业效益"绿色"评价指标体系的构建.南开管理评论,2001(5):56-58）

分组讨论回答以下问题：

(1)通过学习，结合案例说明"绿色指标"及绿色评价的优点。

(2)结合实例分析当前企业绿色评价工作的不足之处，并提出可行的改进建议。

附录 技能训练评价表

技能训练评价表

专业			班级		学号		姓名	
考评地点								
考评内容								
考评标准			内　　容				分值(分)	评分(分)
考评标准	学生自评	参与度	是否积极参与学习？是否积极进入角色？是否积极动手实践？是否积极探知知识点和思考工作方法？是否积极参加研讨？是否积极提出建议？				10	
考评标准	学生自评	选择过程	是否独立完成？是否具有专业性？是否具有合理性？				15	
考评标准	小组互评	协作能力	信息传递是否准确？传递是否及时？交流是否融洽？				5	
考评标准	小组互评	岗位描述	是否口头表达顺畅？岗位职责是否详细？是否具有可执行性？是否具有有效性？				10	
考评标准	小组互评	组织能力	是否积极参与学习？是否积极探知知识点和思考工作方法？是否积极参加研讨？				10	
考评标准	教师评价	工作流程计划	流程设置是否清晰？是否具有可执行性？是否具有有效性？				10	
考评标准	教师评价	角色完成质量	卡片填写是否认真？卡片问题汇总是否科学？选择方式是否有依据、准确？是否按时完成任务？是否正确完成任务？是否采取合理工作方法？				10	
考评标准	教师评价	工作汇报	内容是否全面？是否符合实际？是否具有专业性？是否具有独创性？				15	
考评标准	教师评价	工作报告	是否独立完成？是否具有专业性？是否具有可行性？				15	
考评标准			总　评				100	

参 考 文 献

[1] 胡思继.交通运输学[M].北京:人民交通出版社,2001.
[2] 人事部人事考试中心.运输经济(铁路)专业知识与实务(中级)(第二版)[M].北京:中国人事出版社,2011.
[3] 申纲领.物流运输管理[M].北京:北京大学出版社,2010.
[4] 赵跃华.运输管理实务[M].郑州:河南科学技术出版社,2010.
[5] 王进,郭美娜.运输管理实务[M](第2版).北京:电子工业出版社,2009.
[6] 杨丽红.物流经济地理[M].北京:机械工业出版社,2010.
[7] 约翰J.科伊尔.运输管理[M].北京:机械工业出版社,2005.
[8] 梁冬梅.国际贸易与货运代理实务[M].北京:北京交通大学出版社,2011.
[9] 李勤昌.国际货物运输[M].哈尔滨:东北财经大学出版社,2008.
[10] 宋文官.运输管理实务[M].北京:高等教育出版社,2010.
[11] 侯作前,乔宝杰,刘胜利.运输合同案例评析[M].北京:知识产权出版社,2007.
[12] 吴吉明.物流运输管理实务[M].北京:北京理工大学出版社,2011.
[13] 周三元.绿色物流[M].上海:上海交通大学出版社,2009.
[14] 李梅.道路运输企业节能减排系统研究[D].成都:西华大学,2010.
[15] 习江鹏.道路运输节能减排问题研究[D].西安:长安大学,2008.
[16] 李雷.我国道路运输节能减排研究[D].西安:长安大学,2009.
[17] 戴广超.公路运输客货运站(场)节能评价研究[D].西安:长安大学,2011.
[18] 任艳静.对道路运输业节能减排的思考[J].科技情报开发与经济,2010(29):184-186.
[19] 夏秀艳,廖毅芳.运输管理实务[M].广州:广东经济出版社,2008.
[20] 刘雅丽.运输管理[M].北京:电子工业出版社,2008.
[21] 钱芝网.运输管理实务[M].北京:中国时代经济出版社,2007.
[22] 汪时珍,张爱国.现代物流运输管理[M].合肥:安徽大学出版社,2009.
[23] 黄远新.物流运输管理[M].成都:四川大学出版社,2006.
[24] 金戈.运输管理[M].南京:东南大学出版社,2006.
[25] 李贞,章银武,杨卫兵.物流运输管理实务[M].北京:航空工业出版社,2010.